신행사전 005

교회사 용어 사전

네이선 P. 펠드머드

이재근(한국 교회사 부분 저자 및 번역 감수)

ivp.co.kr

rmaenge.com

Originally published by InterVarsity Press as *Pocket Dictionary of Church History* by Nathan P. Feldmeth. ⓒ 2008 by Nathan P. Feldmeth. Translated and printed by permission of InterVarsity Press, P.O. Box 1400, Downers Grove, IL 60515, USA. www.ivpress.com. License arranged through rMaeng2, Seoul, Republic of Korea.

This Korean translation edition ⓒ 2022 by rMAENGe
This Korean paperback edition is translated by Song, Dongmin.
This Korean edition has additional terms on Korean Church History authored by Jaekeun Lee.
This paperback is published by IVP, Seoul, Republic of Korea with the arrangement of rMAENGe.
All rights reserved.

ⓒ 2022 알맹e
이 한국어판의 저작권은 알맹2를 통하여 저작권사와 독점 계약한 알맹e에 있으며, 이 종이책의 판권면은 한국 IVP에 있습니다. 신 저작권법에 의하여 한국 내에서 보호받는 저작물이므로 무단 전재와 무단 복제를 금합니다.

이 책에는 원서에 없는 한국 교회사 항목이 추가되어 있으며, 이 부분은 이재근 교수가 집필했습니다.
이 책은 IVP에서 종이책으로 알맹e에서 전자책으로 출간하며, 일부 포맷팅의 차이가 있을 뿐 내용은 같습니다. 종이책은 알맹e의 이용허락을 받아 IVP에서 출간합니다.

※ 오탈자 신고, 내용 수정 및 변경, 항목 추가 등을 알맹e 이메일(rmaenge@rmaeng2.com)로 전해 주시면 더 좋은 사전을 만드는 데 큰 도움이 될 것입니다.

교회사 용어 사전

네이선 P. 펠드머드

이재근(한국 교회사 부분 저자 및 번역 감수)

송동민 옮김

IVP 알맹e

서문

"지나간 일들은 서막이다." What's past is prologue
― 윌리엄 셰익스피어

위에 언급한 셰익스피어의 영속적인 인용구는 역사의 중요성에 관해 본질적인 요점을 지적해 준다. 과거를 알지 못한 채로 현재를 이해하려 드는 것은 연극을 2막부터 시작하는 것과 같다. 우리는 오늘날 교회가 직면한 사안들을 파악하기 위해 기독교의 이야기를 깊이 이해할 필요가 있다. 이 역사의 흐름 속에서 나아갈 길을 찾기 위해, 우리에게는 일련의 참조점이 필요하다.

이 책은 포켓 사전Pocket Dictionary 시리즈에 속한 것으로, 기독교의 역사를 형성한 주요 인물과 운동, 책과 사상에 관해 우리가 꼭 알아야 할 사실들에 관심 있는 독자와 교회사를 공부하는 학생에게 제공하기 위해 마련되었다. 이런 사전을 집필할 때 한 가지 문제점은 주어진 과제의 제약 아래서 무엇을 포함시키고 또 생략할지를 결정하는 데 있다. 이때 학자들은 저마다 독특한 목록을 만들어 내겠지만, 몇몇 핵심적이며 불가결한 항목들에 관해서는 다들 의견이 일치할 것이다.

각 항목은 간략하기는 해도 독자들이 충분한 세부 내용과 '질감'texture을 파악할 수 있게끔 집필되었다. 이는 그 주제에 관한 호기심을 자극하고, 더 공부해 나갈 길을 가리켜 보이기 위함이다. 대부분의 항목을 영어로 표기했지만, 일부 중요한 명칭들은 원어 그대로 수록했다.

불필요한 반복을 피하고자, 이 책에서는 별표(*)로 표기된 상호 참조 체계를 덧붙였다. 이 체계는 공통적인 주제나 이름 등이 담긴 항목들을 서로 연결 짓는 기능을 한다.

이 책의 끝부분에 수록된 인물들의 연대순 목록은 교회사를 공부하는 학생에게 특히 가치 있고 유익할 것이다. 세기별로 구분한 이 목록은 출생 연도순으로 구성되어 있으며, 독자에게 역사의 흐름 속에 각각의 인물들을 자리매김할 쉽고 빠른 길을 제공한다.

| 일러두기 |

1. 한국어 성경 본문은 개역개정판을 기본 판본으로 사용했습니다.
2. 인명의 경우 성이 앞에 배치되어 있습니다. 예) 바르트, 칼
3. 표제어가 여러 대안 용어로도 통용되는 경우에는 원표제어의 영문(라틴어) 표기 뒤에 추가로 나열했습니다. 예) **가현설** Docetism 도케티즘
4. 수식어가 붙은 표제어의 경우, 항목에 따라 제일 중요한 개념이 앞에 배치되도록 쉼표로 순서를 바꾸었습니다. 예) **농민 반란, 독일의**
5. 역자가 내용을 보완·보충한 경우에는 괄호로 묶고, 내용 끝에 ⓣ로 표기했습니다.
6. 편집자가 내용을 보완·보충한 경우에는 괄호로 묶고, 내용 끝에 ⓔ로 표기했습니다.
7. 한국어로 출간된 도서명은 가급적 한국어 도서명과 함께 출간 정보를 넣었으며, 출간 정보 끝에 붙은 더하기표(+)는 여러 판본이 존재함을 뜻합니다.
8. 단어나 문구 앞에 오는 별표(*)는 해당 단어나 문구가 이 책 내에 별도의 표제어로 존재함을 뜻합니다.
9. 표제어 부분에서 번역 감수자의 의견을 반영한 경우에는 감수자의 이니셜[JKL]을 표기했습니다.
10. 교부 관련 용어의 한국어 표기는 한국교부학연구회, 『교부학 인명·지명 용례집』(분도출판사, 2008)을 대부분 따랐습니다.

1

6개 조항 Six Articles 1539년, 잉글랜드 왕 *헨리 8세는 자신의 왕국에서 종교령the Religion Act을 시행했다. 이 법령은 때로 '여섯 줄로 꼰 채찍'the whip with six strings으로 불리며, 좀더 일반적으로는 '6개 조항'으로 언급된다. 로마 교회와 정치적으로 갈라섰지만, 헨리 8세는 자신이 가톨릭 신앙의 건전한 교리를 따른다는 것을 확증하는 동시에 잉글랜드에서 개신교의 확산을 저지하려 했다. 이 6개 조항에서는 화체설과 단형 영성체Communion in one kind(성찬식 때에 평신도에게는 빵만 베푸는 것), 성직자의 독신 생활과 수도 서약, 사적인 미사와 고해의 정당성을 확언했다. **참조.** *공의회, 제4차 라테란.

39개 신조 Thirty-Nine Articles 16세기에 형성된 잉글랜드 국교회의 신조인 39개 신조가 처음 공표된 것은 1563년으로, 당시 이 신조는 10년 전에 토머스 *크랜머 대주교가 작성한 원래의 42개 신조를 축약한 것이었다.

ㄱ

가디너, 스티븐 Gardiner, Stephen (약1497-1555) 케임브리지 대학 트리니티홀의 학장인 가디너는 *헨리 8세가 로마 가톨릭 교회와 관계를 단절하는 과정에서 빚어진 사건들에 휘말려, 헨리 8세와 왕비 아라곤의 캐서린의 결혼 파기를 옹호하도록 로마 교황청으로 파송되었다. 토머스 *크롬웰이 재상chancellor으로 재임하던 시기에 개신교에 대한 가디너의 반대는 더욱 완강해졌다. 또한 가디너는 전통적인 로마 가톨릭 신앙을 장려하는 *6개 조항의 주된 옹호자였다. 그는 어린 왕 *에드워드 6세 치하에서 잠시 투옥되었지만, 여왕 *메리 튜더 치하에서 권세를 얻어 재상이 되었다. 1533년 이후에는 윈체스터 주교로 봉직했다.

가르멜회 Carmelites '가르멜산의 성모 형제회'The Order of the Brothers of Our Lady of Mount Carmel는 기독교권의 기사들이 성지(이스라엘 땅ⓣ)의 일부분을 점령한 12세기의 *십자군 원정 때 생겨났다. 당시 한 무리의 *은자 수사들이 가르멜산에 교회당을 세운 뒤, 그 교회당을 그리스도의 어머니 마리아에게 봉헌했다. 그들은 선지자 엘리야를 명상 기도의 모델로 삼았다. 그러나 *이슬람교의 진격으로 그리스도인들이 팔레스타인 지역을 빼앗기자, 유럽으로 옮긴 가르멜회 수사들은 수도원들을 세우도록 교황의 승인을 얻었다. 14세기에는 여성들도 이 수도회에 합류해서 가르멜회의 수녀원들을 세웠다. 16세기에 아빌라의 *테레사는 가르멜회 수녀로서 스페인에 여러 수도원을 설립했다.

가톨릭 종교개혁, (로마) Catholic reformation, Counter-Reformation **반동 종교개혁**[JKL] 16세기의 로마 가톨릭 교회는 당시에 부상하던 개신교의 도전과는 별개로 독자적인 개혁 프로그램에 몰입해 있었다. 이 개혁의 많은 부분은 *기독교 인문주의의 자극을 받았으며, 로테르담의 *에라스무스, 존 *콜레트, 토머스 *모어 경, 존 피셔John Fisher를 비롯한 개혁자들의 작업을 통해 구체화되었다. 때로 '반동 종교개혁'이라 일컫는 이 노력의 과정에서, 로마 가톨릭 교회는 *트렌트 공의회를 열어 가톨릭 신앙을 체계적으로 기술함으로써 *루터와 *츠빙글리, *칼뱅 등이 제기한 문제에 응수하려 했다. 그리고 개신교 측에 빼앗긴 지역을 되찾기 위해 *예수회 같은 새로운 수도회들이 설립되었다. 교황청은 *금서 목록을 발표하여 신자들이 이단설에 빠지지 않도록 지키려 했으며, 위험한 이단자들을 제거하기 위해 *종교재판소를 운영했다.

가현설 docetism **도케티즘** *영지주의에 관련된 초기 기독교의 이단설. 그리스도의 물리적 본성을 부정하고 그분의 참된 인간성을 부인했다. 이 용어는 '…로 보이다', '…로 나타나다'를 뜻하는 그리스어 *dokeo*에서 유래한 것으로, 따라서 그리스도는 사람인 것처럼 보였을 뿐이라는 것이 가현설의 관점이다. 가현설의 주된 옹호자로는 3세기 말 안티오키아의 주교였던 세라피온Serapion이 있다.

갈릴레이, 갈릴레오 Galilei, Galileo (1564-1642) 이탈리아의 수학자이며 천문학자로, 당대에 엄청난 영향을 끼친 인물. 갈릴레오는 최초로 망원경을 이용해서 *코페르니쿠스가 처음 제시한 명제, 곧 지구가 우주의 중심이 아니라는 것을 증명했다. 1610년 그는 우주론에 관한 첫 번째 주요 저서인 *The Siderial Messenger*『시데레우스 눈치우스』, 승산, 2004를 출간했다. 그는 이 책에서 목성의 위성들과 금성의 형태 변화, 달의 산맥을 관측한 내용을 토대로 일지를 기록하고 그 내용을 삽화로 그렸다. 얼마 후 로마 가톨릭 교회는 갈릴레오에 관한 정보를 수집하기 시작했으며, 1630년 징계를 위한 청문회를 열어 그에게 주장을 철회하라고 강요했다. 그는 남은 생애 동안 가르침과 저술 활동이 금지된 채 가택 연금 상태로 살도록 허용되었다.

건초더미 기도회 Haystack Prayer Meeting (1806) 새뮤얼 J. 밀스Samuel J. Mills의 인도 아래, (서부 매사추세츠에 있는) 윌리엄스 칼리지의 학생 여덟 명이 캠퍼스 부근의 숲에 정기적으로 모여서 기도했다. 1806년 8월, 이 학부생 중 다섯 명이 기도 모임을 마치고 돌아가던 길에 천둥 번개를 동반한 비를 만나 건초더미 속에 몸을 피했다. 그곳에서 폭풍우가 그치기를 기다리던 그들은 기도의 충동을 느꼈으며, 기도를 마칠 때쯤에는 그들 모두 해외 선교의 부르심을 느끼게 되었다. 기독교 선교사가들은 이때의 모임에서 미국 해외 선교 운동이 시작되었다고 여긴다.

경건주의 pietism *프랑케, 아우구스트 헤르만; *슈페너, 필리프 야코프를 보라.

고등 비평 higher criticism 각 본문의 저자, 연대, 전달 과정, 역사성 문제를 다루는 *성서 비평의 하위 분과. 고등 비평적인 견해들은 19세기에 생겨나기 시작했으며, 율리우스 *벨하우젠의 저서 *History of Israel*『이스라엘 역사』(초판은 1878년 *Geschichte Israels*라는 제목으로, 개정판은 1883년에 *Prolegomena zur Geschichte Israels*로 출간됨ⓒ)을 통해 널리 보급되었다. 이 책에서 그는 오경의 기원에 관한 문서 가설을 제시했다.

고백교회, (독일) Confessing Church, 독. Bekennende Kirche 나치당이 후원한 독일국가교회the German Christian Church movement, 독. Deutsche Christen에 대한 반발로 생겨난 교회. 고백교회의 구성원은 독일의 복음주의 신자들이었으며, 퇴역한 잠수함의 함장 마르틴 니묄러Martin Niemöller와 칼 *바르트, 디트리히 *본회퍼 등이 그 지도자였다. 1934년에 고백교회는 *바르멘 선언을 채택했으며, 이 교회에 참여한 목회자들은 나치 정권의 박해를 받았다.

고트샬크 Gottschalk (약804-약869) (하나님이 '택자'the elect는 구원하지만 불택자the non-elect는 정죄를 받도록 예정한다는) 아우구스티누스적인 이중 예정론의 옹호자로 잘 알려진 인물. 교회가 그 견해를 떠나 있던 시대에 이같이 주장한 고트샬크의 삶은 논쟁에 휘말려 있었다. 색슨족인 그의 부모는 어린 고트샬크를 독일의 풀다Fulda 수도원에 헌신자oblate로 드렸다. 여러 해 이후 고트샬크가 수도회를 떠나려 하자 수도원장 라바누스 마우루스Rabanus Maurus가 그의 뜻에 반대했으며, 이에 고트샬크는 다른 곳으로 옮겨 갔다. 이후 그는 코르비Corbie 수도원에서 *라트람누스와 함께 공부하면서 *아우구스티누스의 반反*펠라기우스적인 문헌들에 매료되었다. 그는 이중 예정론을 주장하기 시작했으며 교회의 엄중한 견책을 받았다. 고트샬크는 마인츠와 키어시Quiercy 교회 회의에서 정죄되었고, 키어시 회의에서는 그가 잘못을 뉘우칠 때까지 감옥에 가두도록 선고했다. 하지만 그는 자신의 주장을 철회하지 않았다.

공동생활 형제단 Brethren of the Common Life 14세기에 헤라르트 흐루테Gerhard Groote가 위트레흐트에 설립한 공동체. 이 공동체의 의도는 기독교적 영성과 그리스도를 향한 헌신을 증진하는 데 있었다. 회원들이 어떤 서원도 하지 않고 일상적 직업 활동을 이어 갔다는 점에서 이 공동체는 수도회가 아니었다. 이 형제단의 주된 기여점은 교육이었다. 네덜란드와 독일에 학교들이 세워졌고, 아이들이 기독교 교리를 포함한 기초 과목들을 무료로 배울 수 있었다. 이 형제단의 회원인 주요 인물로는 *토마스 아 켐피스와 교황 하드리아노ᄒᆞ드리아누스 6세, *니콜라우스 쿠자누스가 있다.

공동체 수도생활 Cenobitic monasticism, coenobitic- 수도원 운동의 발전 과정에서 나타난 한 단계로, 이 공동체적 접근 방식을 통해 은둔자 또는 *은자로 고립되어 살던 수사들이 좀더 공동체적인 친교의 삶으로 옮겨 갔다. 이런 공동체는 4세기에 이집트의 나일 강변에 있는 한 섬에서 최초로 시작되었다. 이후 수사들과 수녀들이 각기 수도 공동체를 이루어 살았으며, 이런 공동체들은 사방을 둘러싼 벽으로 외부 세계와 격리되어 있었다.

공로의 보고(교회의 보고) treasury of merit (treasury of the church) 공로의 보고에 대한 가르침은 로마 가톨릭 교회가 오랫동안 고수해 온 전통으로, 1960년대에 열린 제2차 *바티칸 공의회에서 다시 체계적으로 언급되었다. 이 가르침은 그리스도와 사도들, 순교자들의 (선한) 행위들이 지닌 공로가 구원의 사역을 이루기에 필요한 정도를 훨씬 넘어선다는 신념에 근거한다. 그리하여 이 잉여 공로들이 보고寶庫에 저장되며, 교황들은 *연옥에 있는 영혼들의 유익을 위해 이 공로를 나눠 줄 수 있다는 것이다. 이를 통해 그 영혼들이 더욱 빨리 천상으로 올라가게 된다고 여긴다. 개신교 종교개혁자들은 이 견해를 거부했다.

공의회, 니케아 Council of Nicaea (325) 기독교권의 일치를 위협하던 아리우스 논쟁을 해결하기 위해 *콘스탄티누스 대제가 주교들을 소집하여 개최했던 최초의 보편 공의회. 알렉산드리아의 장로 아리우스는 (성육신 이전의) 로고스와 성부 하나님은 서로 다른 본질을 지닌다고 주장했다. 곧 전자는 피조물이며, 후자는 영원한 하나님이라는 것이다. 공의회에 참석한 약 250명의 주교들은 황제가 지켜보는 가운데, *아리우스주의를 거부하고 알렉산드리아의 *아타나시우스가 제출한 신조에 찬성하는 쪽으로 투표했다. 아타나시우스는 이 신조에서 성부 하나님과 로고스의 관계를 묘사하기 위해 '동일 본질의'of the same substance를 뜻하는 그리스어 *homoousios*를 사용했다. 나아가 주교들은 스무 개의 법령 또는 교리적 명제들을 채택했으며, 이는 *교회법의 토대가 되었다.

공의회들, 라테란 Lateran Councils 12세기부터 16세기에 이르기까지 다섯 차례에 걸쳐 로마의 라테란궁에서 열린 로마 가톨릭 교회의 보편 회의. 제1차 라테란 공의회1123는 *성직 임명권 논쟁을 끝맺는 데 도움이 되었으며, 제2차 라테란 공의회에서는 교회 내의 작은 분열을 다루었다. 제3차 라테란 공의회1179에서는 교황 선출 문제를 다루었으며, *추기경단에서 적어도 3분의 2 이상의 지지를 받아야만 교황에 선출될 수 있도록 제한을 두었다. 이 회의에서는 또한 모든 *대성당에서 사제 양성을 위한 학교를 설립해야 한다고 규정했다. 제4차 *라테란 공의회는 교황 *인노첸시오 3세에 의해 소집되었으며, '화체설'로 알려진 성찬 교리를 체계화했다. 제5차 라테란 공의회1512-1517에서는 개신교 종교개혁이 시작되기 직전에 가톨릭 교회 내의 몇 가지 사소한 개혁을 추진했다. **참조.** *공의회, 제4차 라테란.

공의회, 에페수스 Council of Ephesus 에페소스-, 에베소- (431) 황제 테오도시우스 2세가 현재 터키에 위치한 에페수스에서 소집한 세 번째 보편 공의회. 그리스도가 지닌 인성과 신성의 결합 방식에 관해 콘스탄티노플의 주교 네스토리우스가 제기한 문제를 해결하기 위해 열렸다. 이 회의는 네스토리우스와 그의 지지자 대부분이 에페수스에 도착하기도 전에 알렉산드리아의 *키릴로스에 의해 개회되었다. 이 회의에서는 *네스토리우스주의가 정죄되었으며, 네스토리우스는 해임과 *출교를 당했다.

공의회, 오랑주 Council of Orange (529) 보편 공의회라기보다 주교들의 회합에 가까웠던 제2차 오랑주 공의회는 프랑스 남부의 아라우시오Arausio, 현재 Orange에서 개최되었다. 이 회의에는 열세 명의 주교가 새 교회당을 봉헌하기 위해 모였으나, 한 세기 이전에 히포의 *아우구스티누스와 *펠라기우스가 문서로 벌인 유명한 논쟁 가운데서 남아 있던 문제들도 논의되었다. 이 회의에서 주교들이 채택한 스물다섯 조항의 교리 법령은 서방 교회에서 *반半펠라기우스주의의 진전을 늦추는 데 중점을 둔 것이었다.

공의회, 위트비 Synod of Whitby, Council of Whitby 휫비- (663-664) 노섬

브리아의 왕 오스위Oswiu가 소집했던 지역 공의회. 이 회의는 지금의 잉글랜드 북동부 지역에서 *켈트 교회와 로마 가톨릭 교회 사이의 충돌을 해소하기 위해 열렸다. 이때 논의된 사안 가운데는 부활절 날짜를 결정하는 문제, 적절한 삭발tonsure(수사들의 머리 모양)의 형태 문제, 사제의 독신 문제 등이 포함되어 있었다. 이 공의회에 참석한 역사가 *베다에 따르면 열띤 토론 이후에 두 교회를 하나로 통합하자는 주장이 힘을 얻었으며, 로마의 전례를 받아들일 수 없었던 *켈트 교회의 그리스도인들은 스코틀랜드의 아이오나Iona로 물러갔다.

공의회, 제1차 바티칸 Vatican I, or First Vatican Council (1869-1870) 교회의 스무 번째 보편 공의회로 열린 회의로, 과학, *자유주의, 합리주의가 발전하면서 제기된 신학적 사안과 과제들을 논의하기 위해 교황 비오Pius 9세가 소집했다. 약 800명의 주교들이 모인 이 회의에서는 '가톨릭 신앙의 교리 헌장'인 *Dei filius*「하나님의 아들」를 승인했다. 이 문서는 성경의 신적 영감에 관한 로마 가톨릭의 견해를 밝힌 것이었다. 두 번째 헌장인 *Pastor aeternus*「영원하신 목자」는 좀 더 논란의 대상이 되었는데 이는 로마 교황의 수위성과 무류성을 논했다. 이 헌장이 승인되기는 했지만, 많은 주교들의 경우 개인적으로는 교황의 무류성을 옹호하면서도 이 주제에 관해 공식적으로 선포하는 것을 찬성하지 않았다.

공의회, 제2차 바티칸 Vatican II (1962-1965) 교황 요한 23세의 소집으로 로마에서 열린 가톨릭 교회의 공의회. 이 회의의 목적은 교회 갱신을 촉진하고 교회의 가르침, 조직, 규율을 개정하는 데 있었다. 이 공의회 이후에는 다음의 극적인 변화들이 이어졌다. (1) 구식의 라틴어 전례를 대체하기 위해 각 나라의 자국어로 거행하는 예전이 제정되었다. (2) 평신도들에게도 양형 영성체Communion of both kinds(성찬식에서 빵과 포도주를 모두 받는 일)가 허락되었다. (3) 다른 기독교 공동체들과의 친교가 새롭게 강조되었다. (4) 제3세계 국가들의 사회적 필요에 새롭게 초점을 맞추는 일이 권장되었다. (한국어로는 『제2차 바티칸 공의회 문헌』개정판, 한국천주교중앙협

의회, 2012으로 출간되었다.ⓔ)

공의회, 제4차 라테란 Lateran Council, Fourth (1215) 로마 교황 *인노첸시오 3세의 소집으로 라테란궁에서 열렸던 거대한 교회 회의. 이단에 대응하는 동시에 건전한 가톨릭 교리를 체계화하는 데 목적이 있었다. (라틴 교회의 기준에 따르면) 열두 번째 보편 공의회였으며, 참석한 성직자의 수를 기준으로 가장 큰 규모의 공의회 중 하나였다. 당시 71명의 총대주교patriarches와 콘스탄티노플 총대주교가 이끄는 (정교회의) *대주교들, 412명의 주교, 900명 이상의 대수도원장abbots, 작은 수도원의 원장priors이 참석했다. 이들 모두 로마의 라테란궁으로 소집되었으며, 교황이 이미 작성한 일흔 개의 법령이 그들 앞에 제시되었다. 이 대표단의 임무는 이 신학적이며 교회적인 선언문들을 비준하는 것이었다. 첫째 법령은 성찬 전례에 관한 것으로, 여기서 빵과 포도주가 예수 그리스도의 몸과 피로 변화되는 것을 묘사하는 데 '화체설'transubstantiation이라는 용어가 처음 쓰였다. 인노첸시오 3세는 자신의 법령들을 통해 피오레의 *요아킴 같은 거짓 교사들을 정죄하고, 이단과 분리주의자들에게 대응하기 위한 절차와 징벌을 제정했다. 그의 넷째 법령에서는 동방 교회가 로마 교회 측과 재연합할 것을 촉구했으며, 다섯째 법령에서는 모든 그리스도인이 교황의 수위권을 인정해야 한다는 점을 밝혔다.

공의회, 칼케돈 Council of Chalcedon (451) 교회의 네 번째 보편 공의회. *에우티케스의 이단설에 대처하기 위해 소집되었다. 이 회의가 열린 칼케돈은 보스포루스보스포로스 해협의 콘스탄티노플(지금의 이스탄불) 맞은편에 위치해 있었다. 이 회의에는 500명이 넘는 주교가 참석했으며, 그중 네 명을 제외하고는 모두 동방 교회 소속이었다. 그럼에도 로마 교회는 논의를 통해 타결된 거의 모든 내용을 수용했다. 이 회의에서 *에우티케스는 그리스도의 신성과 인성을 혼동하는 경향이 있다고 판정되었으며 이단자로 정죄되었다. 나아가 주교들은 그리스도가 두 본성으로 존재하는 한 분의 인격이며, 혼동이나 변화, 분할, 분리가 없이 결합되어 있음Christ is one Person existing in two natures, united without confusion, unchangeable, indivisible and inseparable을 확언했다. 그리스도의 신성은 성부 하나님의 신성과 본질상 같으며, 그의 인성은 모든 인류의 인간 본성과 동일하다.

공의회, 콘스탄츠 Council of Constance, 독. Konzil von Konstanz (1414-1418) 교회의 열여섯 번째 보편 공의회. *대분열Great Schism 사건과 이단 문제들을 논의하기 위해 신성 로마 제국 황제 지기스문트Sigismund가 소집한 회의였다. 1378년부터 32년간 두 명의 교황이 교회 내에서 자신의 보편적 권위를 주장해 왔으며, 1409년에는 *추기경들이 이 교착 상태를 해결하려고 피사에 모여 새 교황을 선출했다. 하지만 로마와 아비뇽의 교황들은 사임을 거부했고, 이제 세 명의 교황이 존재하게 되어 위기가 더욱 심화되었다. 이에 다시 서방 교회의 모든 주교들이 이 사안을 해결하려고 콘스탄츠에 모였으며, 이 회의에서는 세 명의 현직 교황이 사임하거나 해임되고 새 교황 마르티노마르티누스 5세가 선출되었다. 이 공의회는 또한 여러 이단설을 다루었는데, 그 가운데는 이미 세상을 떠난 옥스퍼드 대학의 존 *위클리프가 가르친 것들도 있었다. 그의 가르침 중 200개의 항목이 정죄되었으며 그의 유골이 발굴되어 공개적으로 불태워졌다. 또한 위클리프의 교회 비판에 동조했던 체코의 얀 *후스는 프라하에서 오는 길에 안전 통행을 약속받았으나 콘스탄츠에 들어서자마자 체포되었다. 이후 그는 재판을 받고 말뚝에 묶여 화형을 당했다. 한편 이 공의회에서는 개혁의 필요성을 인식하고, 살펴볼 필요가 있는 열여덟 가지 사안의 목록을 작성했다. 거의 100년이 지난 후에 마르틴 *루터는 자신의 95개 논제를 게시했으며, 이는 개신교 종교개혁으로 이어졌다.

공의회, 콘스탄티노플 Council of Constantinople (381) 교회의 두 번째 보편 공의회로 인식되는 콘스탄티노플 공의회는 *아리우스 논쟁 이후에 남겨진 일부 문제들을 해결하기 위해 소집되었다. 이 회의에는 150명의 동방 교회 주교들이 참석했으나 서방 (라틴) 교회 측에서는 한 명도 참여하지 않았다. 탁월한 *카파도키아 교부들인 나지안주스의 *그레고리우스와 니사의 *그레고리우스가 이 공의회를 주도했으며, 이 공의회에서는 325년 니케아 회의에서 결정된 내용을 비준하고 *아폴리나리우스주의로 알려진 (아리우스주의에 대한ⓣ) 과민반응을 정죄했다. 지금 '니케아 신조'로 암송되는 신조는 이 콘스탄티노플 공의회에서 작성된 것이다.

공의회, 트렌트 Council of Trent 트리엔트 공의회, 트렌토 공의회 (1546-1563) 교황 바오로 3세가 소집한 19차 보편 공의회. 개신교 종교개혁의 활발한 움직임으로 제기된 도전과 비판을 염두에 두고 로마 가톨릭 교리를 재정립하기 위해 모였다. 각 대표단들은 이 기간 내내 모인 것이 아니라, 크게 세 번의 시기에 걸쳐 회집했다. (결정적인 중요성을 지녔던 *콘스탄츠 공의회 때처럼) 투표는 국가별이 아니라 주교 개인별로 이루어졌으며, 이로 인해 이탈리아 측이 최종 결정권을 쥐었다. 실질적으로 트렌트 공의회는 토마스 아퀴나스의 가르침을 약간 개정한 형태의 교리를 재확인했다. (1) 성경과 교회 전통 모두 권위를 지닌다. (2) 라틴어 *불가타 역본은 성경의 공식 판본이다. (3) 공로가 되는 행위는 구원 얻는 은혜의 필수적인 부분이다. (4) 성례는 일곱 가지다. (5) 화체설이 미사의 기적(성찬ⓣ)에 관한 바른 이해이며, *루터파, *츠빙글리파, *칼뱅파의 성찬론은 옳지 않다. (6) 평신도들은 성찬 전례에서 빵만을 받을 수 있다. 끝으로 트렌트 공의회는 (7) *연옥 교리와 *면벌부 발행, 성인 공경veneration과 *유해遺骸의 가치를 확언했다. **참조.** *공의회, 제4차 라테란.

공의회, 피사 Council of Pisa (1409) 30년 이상 경쟁하는 두 교황 사이에서 교회가 갈라졌던 *대분열 사태를 해결하기 위해 추기경단이 모인 지역 공의회. 이 회의에서는 여러 군주와 제후의 사절단들에게도 조언을 청했다. 이 회의에서 *추기경들은 투표를 통해, 교회를 분열시킨 두 현직 교황을 해임하고 알렉산데르알렉산더 5세를 새 교황에 선출하기로 결정했다. 불행하게도 두 교황 중 누구도 그들의 결정을 받아들이지 않았으며, 알렉산데르는 피사에 머물면서 세 번째 교황으로서 자신의 수위권을 주장했다. **참조.** *공의회, 콘스탄츠.

공재설 consubstantiation 마르틴 *루터는 '공재설'로 알려진 성찬 교리를 발전시켰으며, 시간이 지남에 따라 이 교리는 루터파와 긴밀히 연관되었다. 이 용어는 '…와 함께'를 나타내는 라틴어 *con*과 '실체'를 나타내는 라틴어 *substantia*에서 유래했다. 그러므로 루터의 입장에서는 성찬의 빵과 포도주 안에, 그 아래에, 그 주위에 그리스도의 '물질적인 실제 임재'real physical presence가 있었다. 그러나 로마 가톨릭 교회의 화체설에서처럼 빵과 포도주의 본질이 변화하는 것은 아니었다. **참조**. *공의회, 제4차 라테란.

과학적 인본주의 scientific humanism 20세기 미국 역사에서 나타난 세속 종교. 유신론을 벗어나서 진리와 권위의 기초로서 과학적 방법론에 의존하려 했다. 이 새로운 운동의 목표와 방향은 1933년의 *인본주의 선언을 통해 개략적으로 제시되었으며, 이 선언문의 서명자들 가운데는 교육철학자 존 듀이John Dewey 등이 있었다. **참조**. *인문주의.

교회법 canon law 교회법전 로마 가톨릭 교회는 신앙, 윤리, 권징의 측면에서 전체 교회에 보편적인 구속력을 지닌 법령들canons의 목록을 발전시켜 왔다. 이 목록의 1917년판은 *Codex iuris canonici* 『교회법』로 명명되었으며, 이후 1983년에 개정되었다. 교회법의 기원은 325년에 열린 *니케아 공의회로 거슬러 올라가며, 이 공의회에서는 스무 개의 법령이 제정되었다. 이 교회법의 공식 목록은 자주 교령papal decretals(교황의 권위 있는 서신)이나 여러 에큐메니컬 공의회에 의거해서 작성된다. 정교회와 잉글랜드 성공회 역시 각자의 교회법을 지닌다.

교회의 바빌로니아 유수 Babylonian Captivity of the church 1309-1377년에 서방 교회(로마 가톨릭 교회)의 중심지는 로마에서 프랑스의 아비뇽으로 옮겨져 있었다. 이 기간에 교황권은 프랑스 왕들의 영향 아래 놓여 있었으며, 그 이후에 로마로 복귀했다. 이 시기는 유다 왕국이 바빌론에 유배되어 있었던 70년에 빗대어 '바빌로니아 유수기'로 불린다. 16세기 초에 마르틴 *루터는 이와 똑같은 제목으로 로마 가톨릭의 성찬 교리에 관한 글을 썼다.

구도자들 Seekers 17세기에 잉글랜드에서 시작되어 미국 식민지로 퍼져 나간 급진적인 개신교 분파인 구도자들은 예수 그리스도의 참된 교회가 더 이상 지상에 존재하지 않는다고 여기고, 새로운 사도들의 존재를 통해 그 참됨이 입증되는 새로운 교회를 세우려 했다. 로드아일랜드의 로저 *윌리엄스도 침례교인으로 잠시 지낸 뒤 이 집단에 참여했다. 대부분의 구도자들은 이후 퀘이커 공동체의 일원이 되었다.

구도자석, 혹은 애도자의 좌석 anxious bench, or mourner's bench 19세기 미국 부흥운동의 특징 중 하나는 교회당이나 천막, 강당의 맨 앞쪽에 "영혼의 괴로움을 겪는"in distress of their souls 사람들이 나아와서 권면을 들을 수 있는 공간을 두는 것이었다. 개척지의 변경 지역에서 열린 *캠프 집회의 경우 '애도자의 좌석'mourner's bench이라는 표현이 흔히 쓰였으며, 찰스 G. *피니같이 대도시에서 활동하던 부흥운동가들은 '근심의 좌석'anxious bench이라는 용어를 선호했다.

구세군 Salvation Army 1865년 잉글랜드에서 윌리엄 *부스가 전도와 사회 봉사를 위해 창립한 단체로, 이제 국제적인 운동이 되었으며, 특히 미국에서 활발히 활동 중이다. 런던에 본부를 둔 이 '군대'army는 부스를 첫 '대장'으로 삼아 군대와 유사한 방식으로 조직되었다. 구세군은 철저히 복음주의적인 성격을 지니지만 기독교의 성례들에 참여하지는 않는다. 구세군에 속한 신자들은 전통적인 교회 환경에서 예배를 드리고, 야외 집회를 통해 전도 활동을 펼친다. 이때 이 집회들에는 거의 항상 브라스 밴드가 동원된다. 자원봉사자들은 학교, 병원, 무료 급식소, 쉼터에서 활동하며, 이 단체의 특별 사회 프로그램 중에는 교도소 사역과 알코올 중독자들의 회복을 돕는 사역이 포함된다.

구텐베르크, 요하네스 Gutenberg, Johannes (약1396-1468) 독일 마인츠의 금 세공인이며 발명가. 활자를 주조하는 금형과 압축기를 개량해서 인쇄에 이용했다. 그가 최초로 인쇄한 책들은 1450년대 중반에 나왔으며 1461년에는 유명한 구텐베르크 성경을 완성했다. 구텐베르크의 발명으로 책의 제작 비용이 극적으로 감소했으며, 이는 문해력 향상과 교육, 비판적 학문의 발전에 주된 자극제가 되었다. **참조.** *활판 인쇄술.

균일설 uniformitarianism 처음에는 지질학의 분야에서 발전된 균일설은 자연의 진행 과정을 지배하는 균일한 법칙들이 있으며, 충분한 시간이 주어진다면 만물에서 균일한 형태가 나타나게 될 것이라고 주장하는 원리다. 사회학자들은 이 개념을 좀더 발전시켜 문화의 발전 과정에 적용했으며, 종교학에서도 이 개념은 종교 예식과 신념들의 초기 진화 과정을 이해하는 데 영향력 있는 방편이 되었다. 한 예로 어떤 연구자들은 현대의 원시 문화권에서 행하는 종교 관습과, 동일한 수준에 있는 고대의 히브리나 수메르 문화권에서 행했던 관습 사이에 의미 깊은 유사성이 존재한다고 주장한다.

그래함, 윌리엄('빌리') 프랭클린 Graham, William ("Billy") Franklin 그레이엄 (1918-2018) 20세기 미국의 가장 영향력 있는 복음 전도자인 인물. 빌리 그래함이 거둔 성공은 대중 매체의 도구와 방법들을 활용해서 단순한 복음 메시지를 전파한 것과 관련이 있다. 노스캐롤라이나주에서 태어난 그래함은 열여섯 살에 그리스도인이 되었다. 그는 휘튼 칼리지를 졸업한 후 남침례교 총회에서 임직을 받았으며, 이후 국제 십대 선교회Youth for Christ International에서 일하다가 1949년의 로스앤젤레스 십자군 집회Los Angeles crusade를 통해 대중 복음 전도자로 나섰다. 1년 뒤, '빌리 그래함 전도 협회'the Billy Graham Evangelistic Association가 설립되었다. 그는 오랜 사역 기간 동안 아이젠하워 이후 대다수의 미국 대통령 앞에서 설교했다.

그레고리오 1세 Gregory I 그레고리스우스 1세 (약540-604) '대교황'the Great으로 알려진 인물. 그는 중세의 첫 교황이자 중세 초기의 라틴 교회 형성에 가장 큰 영향을 끼친 인물 중 하나로 여겨진다. 590년에 로마 주교로 취임하기 전까지, 그레고리오 1세는 자신이 물려받은 막대한 재산을 정리하고 가난한 자들을 돕는 일과 시칠리아에 여섯 곳의 수도원을 설립하는 일에 부단히 노력했다. 그러고는 로마에 일곱 번째로 세운 수도원에서 그 자신이 수사가 되었다. 그레고리오 1세는 행정력과 인격적인 매력, 강력한 설교의 은사를 활용해서 기독교 선교 활동을 장려했으며, 자신의 이름이 붙은 성가들을 수집하고 체계화했다. 또한 그는 교황청의 재정 상태를 안정시키고 롬바르드족과 화친을 맺었으며, 성경 강해와 신학, *성인전 등에 관해 광범위한 저서를 남겼다. 그레고리오 1세는 특히 서방 교회에서 당시 생겨난 *연옥 교리를 널리 알리고 세밀히 다듬는 데 영향을 끼쳤다.

그레고리오 7세, 성 Gregory VII, St. **그레고리우스 7세** (1073-1085 재임) 온 시대를 통틀어 가장 강력한 교황 중 하나. 1033년경에 출생했으며 본명은 힐데브란트Hilderbrand였다. 그는 이탈리아에서 수사로서 성직자 생활을 시작했으며, 탁월한 행정력과 정치적 분별력을 지녔기에 교황 그레고리오그레고리우스 6세와 레오 9세, 니콜라오니콜라우스 2세에게 없어서는 안 될 조언자가 되었다. 1073년 전임 교황 알렉산데르알렉산더 2세가 사망한 후, 힐데브란트는 교황으로 선출되어 그레고리오 7세가 되었다. 1075년에 그레고리오 7세는 평신도의 성직자 서임lay investiture을 금하는 칙령을 발표했다(이는 가장 높은 지위의 군주일지라도 평신도인 자가 고위 성직자를 임명해서는 안 된다는 것을 뜻한다). 그리고 이 일은 황제 하인리히 4세와의 오랜 투쟁을 불러일으켰다. 그레고리오 7세는 유명한 교서 *Dictatus papae*「교황 교서」를 공표하여 자신에게 황제들을 폐위시킬 권한이 있음을 주장했다.

그레고리우스, 나지안주스의 성 Gregory of Nazianzus, St. **나지안조스의 그레고리오스** (약329-390) 4세기 교회의 위대한 설교자인 그레고리우스는 *콘스탄티노플 공의회에서 말과 글로 *아리우스주의를 강력히 논박한 세 명의 위대한 *카파도키아 교부 중 하나다. 그레고리우스는 아테네에서 공부하다가 *바실리우스를 만나 친구가 되었다. 이후 그는 수사가 되어 은둔 생활을 했지만, 362년에는 사제로 안수받았으며 10년 후에는 주교로 서품되었다. 그의 중요한 저서로는 *Five Theological Orations*「신학 연설」가 있으며, 그중 한 권은 성령론에 관한 주요 작품이다.

그레고리우스, 니사의 성 Gregory of Nyssa, St. **니사의 그레고리오스** (약 330-약395) 대 *바실리우스의 동생인 인물. *콘스탄티노플 공의회 381에서 정통 신앙을 규정하는 데 기여한 세 명의 영향력 있는 *카파도키아 교부 중 하나다. 처음에는 수사였던 그레고리우스는 점점 더 직급이 올라 안수받은 사제가 되었으며, 371년에는 니사의 주교로 서품되었다. 설교와 성경 해석에 관한 글들로 잘 알려진 그레고리우스는 다수의 교리 논문을 저술했는데, 그중에는 동정의 미덕과 유익을 다룬 글, 삼위일체와 성령에 관한 글들이 있다.

그레벨, 콘라트 Grebel, Conrad (약1498-1526) 스위스 형제단the Swiss Brethren의 지도자. 이 단체는 1520년대 취리히에서 생겨난 초기 *아나뱁티스트 집단이다. 지역의 유력한 가문 출신인 그레벨은 빈과 바젤, 파리에서 인문주의 전통의 교육을 받았으며, 처음에는 *츠빙글리를 추종하다가 이후에 모든 불경건한 행습을 철폐할 것을 주장하는 사람들의 무리에 합류했다. 이 스위스 형제단은 *신자의 세례와 평화주의를 옹호하는 단체였다. 1525년, 그레벨은 유아 세례를 받은 적이 있는 동료 아나뱁티스트 신자에게 세례를 베풀었다. 취리히 시의회는 아나뱁티스트를 처벌하는 법을 제정한 상태였으므로, 그는 체포되어 종신형을 선고받았다. 그는 감옥에서 탈출해서 취리히 바깥으로 도피했지만, 곧 흑사병에 걸려 스물여덟 살의 나이로 숨을 거두었다.

그로스 뮌스터 Gross Münster 취리히에 있는 로마네스크 양식의 교회당. 16세기 초 울리히 *츠빙글리의 주도로 독일어권 스위스에서 진행된 종교개혁의 중심지였다. 그로스 뮌스터는 '큰 성당'great minster을 뜻한다.

『근본적 원칙들』 Fundamentals, The 열두 권으로 이루어진 문고본 소책자. 1910년부터 1915년 사이에 기업가인 라이먼과 밀턴 스튜어트Lyman and Milton Stewart 형제가 출판했다. 이 『근본적 원칙들』*The Fundamentals: A Testimony to the Truth*은 3백만 명에 달하는 전 세계 영어권의 개신교 목회자와 교사들에게 배포되었다. 이 책들은 64명의 보수 신학자가 저술한 것으로, 학술적인 문체와 대중적인 문체로 쓰인 아흔네 개의 글이 실려 있었다. 이 저자들은 보수적인 태도로 성경 무오의 교리를 옹호하면서, 주류 개신교에 침투한 것으로 여겨지는 *성서 비평을 비롯한 *자유주의 신학의 요소들을 직접적으로 공격했다. **참조**. *근본주의.

근본주의 fundamentalism 19세기 말부터 20세기 초까지 기독교 신앙의 근본 교리를 확언하고 옹호하려 한 미국과 영국의 보수적인 성직자들과 평신도, 학자들을 통해 시작된 운동. 이 근본 교리들로는 성경 무오, 그리스도의 동정녀 탄생, 대리 속죄, 육체적 부활, 임박한 재림이 있다. 이 운동은 여러 단계를 거쳐 진전해 나갔는데, 그 본질은 19세기 말엽에 기독교 신앙이 생물학, 지리학, 심리학, 특히 새로 생겨난 *성서 비평의 분야에서 학자들의 공격 아래 놓이게 되었다는 인식에 있었다. 좀더 진보적인 그리스도인들은 자신들의 믿음을 과학의 연구 결과와 조화시키면서 '기독교 신앙을 현대적인 토대 위에 건설하려' 했으며, 따라서 이들은 현대주의자modernists로 불렸다. 근본주의자들에게는 성경의 권위가 결정적인 사안이었으며, 이에 따라 현대주의와의 싸움에서 '성경 무오'biblical inerrancy라는 어구가 새로운 중요성을 띠었다. 이들의 주장에 따르면 성경이 무오하든지, 아니면 성경이 전체적으로든 부분적으로든 거의 권위를 지니지 않으며 늘 의심의 대상이 되든지 둘 중 하나였다. 구식 *칼뱅주의자들과 *세대주의자들은 보수적인 개신교 내부에서 서로 매우 상이한 집단이었지만, 근본주의 운동 초기에 얼마간 힘을 합쳤다. 이는 이들 모두 성경 무오의 교리에 확고히 헌신하고 있었기 때문이다. 이처럼 다양한 진영에 속한 저자들이 *The Fundamentals*『근본적 원칙들』를 공동 집필했으며, 이 *『근본적 원칙들』은 이 운동의 성격을 규정하면서 기독교 신앙을 옹호하는 여러 권의 염가 문고본 서적으로 출판되었다. 1925년에는 *스콥스 재판 때의 언론 보도를 통해 근본주의자들의 입장이 폄하되었다. 이로 인해 이 운동은 좀더 전투적인 성격을 띠고, 성경 무오를 따르지 않는 집단들과는 대화를 꺼리게 되었다. 오늘날 복음주의자들을 비롯한 많은 그리스도인들에게 '근본주의자'라는 용어는 부정적이며 경멸적이기까지 한 의미를 지닌다. (참조. 제임스 바, 『근본주의 신학』대한기독교서회, 1984ⓔ)

금서 목록 Index of Prohibited Books 16세기의 *가톨릭 종교개혁 당시에는 교회 내의 폐습을 개혁하고 이단과 분열, 부도덕, 특히 개신교에 맞서기 위한 조치들이 이루어졌다. 이 일을 위해, 교황청은 로마 가톨릭 신자들이 멀리해야 할 책들의 목록을 주기적으로 개정해서 공표했다. 이 금서들 가운데는 *루터와 *칼뱅 등 주요 종교개혁자들의 저서와 *코페르니쿠스나 *갈릴레이의 책들처럼 기존의 교회 전통에 위배되는 과학서들이 포함되어 있었다.

금욕주의 asceticism 기독교 전통에서 금욕주의는 그리스도가 제자들을 향해 "자기를 부인하고…나를 따를 것이니라" 하고 권면하신 말씀에 연관된다(막 8:34). 이 용어는 그리스어 *askesis*에서 유래한 것으로, 이 단어는 전쟁을 대비한 훈련, 또는 더 일반적으로는 운동 경기를 위한 체계적 훈련을 나타낸다. 따라서 그리스도인들은 죄 자체 또는 죄가 되는 생각과 행동으로 이끄는 일들을 부인하기 위해 운동선수처럼 스스로를 단련해야 했다. 초기의 많은 기독교 금욕주의자들은 하나님을 더 깊이 의식하기 위해 안락한 도시 생활을 버리고 이집트 주변의 사막에서 은둔자로 생활했다.

『기독교 교양』 On Christian Doctrine (4세기 초) 히포의 주교 *아우구스티누스가 남긴 주요 저서 중 하나인 『기독교 교양』『그리스도교 교양』, 분도출판사, 2011+에서, 아우구스티누스는 주로 교리의 체계화 과정에서 성경의 역할을 다루었다. 이 책에서 아우구스티누스는 큰 영향력을 지닌 해석학의 몇 가지 원칙을 제시하고 옹호했는데, 그 가운데는 '성경으로 성경을 해석하라' scripture interprets scripture는 것과 '어두운 구절', 즉 난해한 구절에 근거해서 '밝은 구절', 즉 명확한 뜻을 지닌 구절을 해석하려 들지 말라는 것이 포함된다. 아우구스티누스는 *알레고리적 해석의 가치를 인정하면서도, 알레고리를 교리의 토대로 삼아서는 안 된다고 언급했다.

기독교 인문주의 Christian humanism 15세기부터 인문주의의 결과물로 나타나기 시작한 운동. 이 운동의 초점은 성경 원어와 초기 교회 교부들의 저작에 관심을 두는 데 있었다. 기독교 인문주의자들은 교회의 첫 다섯 세기 동안에 나타났던 최상의 여러 신앙 형태와 사상에 근거해서 기독교를 갱신하기 원했다. 저명한 기독교 *인문주의자들로는 로렌초 *발라와 로테르담의 *에라스무스, 런던의 존 *콜레트, 토머스 *모어 경, 요하네스 *로이힐린과 자크 *르페브르 데타플 등이 있다.

기독교 지식 보급 협회 SPCK (the Society for Promoting Christian Knowledge) 1698년에 잉글랜드에서 성경과 기독교 소책자를 출판하고 보급하려는 목적으로 설립된 단체. 토머스 브레이Thomas Bray가 설립한 이 단체는 *외지 복음 전파회SPG와 협력해서 자신들의 과업을 수행해 나갔다. 현재 이 단체는 전 세계적으로 영향력을 끼치고 있다.

ㄴ

나이아가라 사경회 Niagara Bible Conferences (1883-1897) 캐나다 온타리오주의 나이아가라온더레이크Niagara-on-the-Lake에서 열린 연례 여름 예언 집회를 가리키는 용어. 이 사경회의 모임들에서는 전천년설적이고 *세대주의적인 신학을 옹호했으며, 이후 미국에서 생겨날 *근본주의 운동의 토대를 놓았다. **참조**. 천년왕국설.

낭트 칙령 Edict of Nantes (1598) 1598년 봄에 프랑스 왕 앙리 4세가 서명한 칙령. 이 칙령을 통해 *위그노들(프랑스의 *칼뱅주의자들)에게 권리와 특권들이 부여되었으며, 오랜 기간의 종교적 분쟁이 종식되었다. 이런 권리들로는 (1) (파리 등의 일부 지역을 제외한) 종교의 자유, (2) 민법상의 평등, (3) 목회자와 학교들에 대한 수당 지급 등이 있다. 그러나 이 권리들은 1685년 루이 14세가 철회했다.

내면의 빛 inner light 16세기의 일부 *아나뱁티스트 집단이 발전시킨 교리. 퀘이커 교도들과 청교도 앤 *허친슨도 이 교리를 따랐다. 내면의 빛은 곧 성령이 각 신자의 마음속에 개인적으로 주시는 특별한 계시였다. 이 내면의 빛을 받은 사람은 잠시 동안 예언을 하거나 성경에 대한 특별한 깨달음을 얻을 수 있었다. 앤 허친슨은 자신이 탄 배가 신대륙에 도착할 날을 정확히 예언하고, 그 원인을 내면의 빛 덕분으로 돌렸다.

네로, 클라우디우스 Nero, Claudius (37-68) 54년부터 사망 시까지 로마 제국의 황제인 네로는 클라우디우스 황제의 양아들로서 그의 사후에 열여섯 살의 나이로 제위에 올랐다. 이 젊은 황제는 자신의 통치 초기에 몇몇 잠재적인 경쟁자뿐 아니라 자기 어머니와 아내 옥타비아Octavia까지 살해함으로써 로마의 귀족 계층을 충격에 빠뜨렸다. 그의 변덕스러운 통치는 유대, 아프리카, 스페인, 골 지역에서 반란을 낳았다. 로마 역사가 타키투스에 따르면, 네로가 로마시에서 두 주 동안 계속된 주후 64년의 화재를 일으키고는 그 재난의 책임을 그리스도인들에게 돌렸다는 소문이 파다했다. 교회에 대한 네로의 박해는 기괴하고 잔인한 형태를 띠었으며, 심지어 기독교를 반대했던 로마인들조차도 개들에게 갈기갈기 찢기거나 로마 제국의 정원에서 섬뜩한 햇불처럼 불타 버린 신자들을 불쌍히 여겼다. 전승에 따르면 베드로와 바울도 네로의 치하에서 순교했다고 한다. 네로가 죽은 뒤, 1세기의 일부 그리스도인들은 그를 요한계시록 13장의 짐승과 동일시했다.

네스토리우스주의 Nestorianism 네스토리우스주의와 관련된 신학 논쟁은 345년에 사망한 콘스탄티노플의 주교 네스토리우스Nestorius의 사상에서 기인했다. 그는 안티오키아에서 수도 생활을 하면서 뛰어난 설교자로 명성을 얻었으며, 콘스탄티노플의 주교가 된 후 몇 가지 주요한 개혁을 시행했다. 이때 네스토리우스는 *Bazaar of Heracleides*『헤라클리데스의 책』를 집필했는데, 그의 글 중에 유일하게 현존하는 작품이다. 당시 벌어진 논쟁의 초점은 네스토리우스가 동정녀 마리아에게 '테오토코스'theotokos라는 명칭을 부여하기를 거부했다는 데 있었다. 네스토리우스는 인간인 여성이 영원한 하나님을 낳을 수는 없으므로, '테오토코스', 또는 '하나님을 낳은 이'God bearer라는 명칭은 부적절하다고 여겼다. 대신에 그는 마리아를 '그리스도를 낳은 이'Christ bearer로 지칭해야 한다고 주장했다.

대개 네스토리우스의 것으로 간주되는 입장에서는 그리스도의 신성이 그분의 인성과 공존하기는 했지만, 마리아가 낳은 것은 그분의 인성이라고 여겼다. 다만 네스토리우스 자신이 이 입장을 취했는지는 분명하지 않다. 이런 견해는 351년의 *에페수스 공의회에서 정죄되었다.

노바티아누스주의 Novatianism 3세기 중반에 있었던 데키우스 황제의 박해 이후 북아프리카 지역에서 시작되어 로마로 번져 간 분리주의 운동. 이 운동의 핵심 질문은 이러했다. '타락한 주교, 곧 박해 때문에 신앙을 부정하거나 자기 목숨을 건지려고 양 떼를 저버린 이가 복직될 수 있는가? 만일 그렇다면 어떤 조건 아래서 가능한가?' 로마의 장로인 노바티아누스Novatianus는 엄격주의자였으며, 타락한 주교에게는 자신의 직무를 유지하거나 다른 이에게 세례를 베풀고 사제로 서품할 자격이 없다고 주장했다. (여기서 노바티아누스를 북아프리카의 장로였던 노바투스Novatus와 혼동해서는 안 된다.) 당시에 노바티아누스가 '로마의 대립 주교'counter bishop of Rome로 선출되었으며, 타락한 주교에게 세례를 받은 이들에게 다시 세례를 받도록 요구했다는 증거가 남아 있다.

『노붐 테스타멘툼』 Novum Testamentum (1516) 네덜란드의 인문주의자 로테르담의 *에라스무스가 펴낸 작품으로, 역사상 최초로 인쇄된 그리스어 신약성경. 개신교 종교개혁 역사에서 기념비적인 중요성을 지닌다. 에라스무스는 라틴어 *불가타 역본의 정확성을 깊이 우려했는데, 이는 그 역본의 전달 과정에서 오류가 생겨났을 가능성 때문이었다. 이에 그는 최상의 그리스어 신약 사본들을 수집한 뒤, 한 페이지에는 그리스어 성경 본문을, 맞은편 페이지에는 그 본문의 새로운 라틴어 번역문을 수록한 형태의 성경을 출판했다. 에라스무스는 또한 난외주에서 불가타 역본의 오류들을 밝혔다. 이 신약성경은 여러 판에 걸쳐 인쇄되었으며, 특히 *루터, *칼뱅, *츠빙글리, *크랜머 같은 인물들이 이 성경을 활용했다.

녹스, 존 Knox, John (약1513-1572) 스코틀랜드의 장로교 종교개혁자인 녹스는 이스트 로디언East Lothian의 해딩턴Haddington에서 출생했으며, 글래스고 대학에서 교육을 받았고 세인트앤드루스 대학에서도 수학했을 가능성이 있다. 녹스는 로마 가톨릭 신자로 양육을 받았지만, 순교자 조지 위샤트George Wishart의 영향으로 개신교를 따르게 되었다. 이후 녹스는 세인트앤드루스에서 비턴Beaton 대주교를 살해하고 그의 거처를 점거한 반란군 편에 섰다. 이때 녹스는 프랑스인들에게 붙잡혔지만, 나중에 풀려난 뒤 잉글랜드로 갔다가 다시 제네바로 갔다. 이곳에서 그는 잉글랜드인 회중을 대상으로 사역하면서 장 *칼뱅의 영향을 받았다. 1559년 에든버러로 돌아온 녹스는 세인트 자일스 *대성당에서 설교하고 스코틀랜드의 신조 작성을 주도하면서, 16세기 스코틀랜드의 주된 종교개혁자가 되었다.

농민 반란, 독일의 Peasants' Revolt, German (1524-1525) 지금의 독일 남부와 알자스, 오스트리아 지방에서 벌어진 주요 봉기인 농민 반란은 본질상 봉건제의 제약 아래서 여전히 고통받는 농민들과 교회와 결탁해 있는 귀족들 사이의 계급 투쟁이었다. 당시의 핵심 사안 가운데는 과세, 어업 단속, 수렵 제한의 문제 등이 포함되었다. 농민들은 교회의 부패에 항거하는 입장을 취한 *루터가 자신들의 대변자가 되어 주기를 기대했지만, 루터는 이 정치적인 소란 바깥에 머무는 편을 택했다. 농민들은 급진적 *아나뱁티스트인 토마스 뮌처의 주도 아래, 영주들을 맹렬히 공격했으나 진압당했다. 이 반란에서 대략 15만 명 정도가 목숨을 잃었다.

뉴먼, 존 헨리 Newman, John Henry (1801-1890) 19세기 영국 *소책자 운동을 이끈 주요 인물인 뉴먼은 복음주의적인 가정에서 양육되었으나 이후 로마 가톨릭 신앙에 대한 당대의 주된 옹호자가 되었다. 뉴먼은 옥스퍼드 대학에서 첫 학위를 마친 뒤 잉글랜드 성공회에서 부제*집사로 임직을 받았으며, 힘 있고 매력적인 설교자로 명성을 쌓아 갔다. 1833년에 그는 몇몇 다른 이들과 함께 *Tracts for the Times*『시대 사조』를 펴내기 시작했는데, 이는 *성공회 고교회파의 견해를 옹호하는 소책자들이었다. 1841년에 출간된 아흔 번째 소책자는 매우 친가톨릭적인 성격을 띠었기에 뉴먼은 *성공회 측의 견책을 받았다. 그는 4년 후 로마 가톨릭 교회에 허입된 뒤 곧이어 사제가 되었으며, 1879년에는 *추기경으로 서임되었다.

니니아누스, 성 Ninian, St. 라. Ninianus (약360-432) 브리튼 족장의 아들로서 주교가 된 니니아누스는 로마인들이 칼레도니아Caledonia로 불렀던 오늘날의 스코틀랜드 지역에 복음을 전파한 최초의 기독교 선교사로 여겨진다. 니니아누스는 픽트족the Picts으로 알려진 이들을 상대로 사역했다. 그는 위트혼Whithorn에 칸디다 카사the Candida Casa 또는 '흰색의 교회'White Church를 세웠으며, 오늘날의 덤프리스Dumfries와 갤러웨이Galloway에 로스넛Rosnot 수도원을 설립했다.

니버, H. 리처드 Niebuhr, H. Richard (1894-1962) 라인홀드 *니버의 동생이며 예일 대학 신학부의 기독교 윤리학 교수로 재직한 리처드 니버는 사회 내에서 교회의 역할을 연구하고 후기 자유주의적postliberal인 개신교의 관점을 제시했다. 그의 주요 저서인 *Christ and Culture*1951;『그리스도와 문화』, IVP, 2007와 *Radical Monotheism and Western Culture*『급진적 유일신론과 서구 문화』, 1960에서는 칼 *바르트와 에른스트 트뢸치Ernst Troeltsch에게 받은 영향이 드러난다. 니버에게 하나님은 불변하며 초월적인 (자연을 떠난) 절대자이며, 창조주로서 인류에게 윤리적 요구를 부과하는 분이다. 이와 대조적으로 인간 존재들은 유동적인 상태에 있으며, 각자의 문화적이며 연대적인 관점에 따라 독특한 방식으로 하나님을 인식한다. 니버는 우리가 어떻게 '책임 있는 자아'responsible selves로서 하나님과, 또 다른 이들과 관계 맺을 것인지에 초점을 맞추었다.

니버, 라인홀드 Niebuhr, Reinhold (1892-1971) 미국의 신정통주의 신학자이며 기독교 윤리학자로서 큰 영향력을 지닌 니버는 뉴욕의 유니언 신학교에서 신학을 공부했으며, 이때 그는 현대의 *자유주의 신학을 비판하면서 그 신학 사조가 현대 산업 사회에서 제기되는 윤리적 이슈들을 제대로 다루지 못한다는 점을 지적했다. 그는 자신의 주요 저서인 *Moral Man and Immoral Society*1932;『도덕적 인간과 비도덕적 사회』, 문예출판사, 2017와 *The Nature and Destiny of Man*『인간의 본성과 운명』, 종문화사, 2013에서 인간 개개인의 죄를 심각하게 다루는 동시에 집단적인 악의 문제를 논했다. 니버에 따르면 그리스도인은 죄의 다양한 외적 현상을 완화시키도록 민주적인 과정을 통해 노력하는 한편, 각 사람의 마음이 하나님의 은혜로 변화되어야만 한다는 것을 인정해야 한다.

니케아 공의회 Council of Nicaea *공의회, 니케아를 보라.

니케아 공의회 이전의 Ante-Nicene 초기 교회에서 *니케아 공의회 325가 열리기 전까지의 시기를 가리키는 용어. 예를 들어, '니케아 공의회 이전의 교부들'the Ante-Nicene fathers 같은 표현을 쓸 수 있다.

니케아 공의회 이후의 교부들 Post-Nicene fathers 325년의 니케아 공의회에 관여한 세대 이후에 활동하면서 작품을 집필한 초기 교회의 교부들.

니콜라우스 쿠자누스 Nicholas of Cusa (약1400-1464) 독일의 성경 해석자이며 신학자로서 기독교 인문주의에 깊은 관심을 보인 니콜라우스는 *공동생활 형제단 운동을 통해 기독교 사상에 입문했다. 니콜라우스는 파두아에서 법률을, 퀼른에서 신학을 공부한 뒤 언어학자로서 탁월한 재능을 보였으며, 모국어인 독일어뿐 아니라 라틴어, 그리스어, 히브리어, 아라비아어를 읽고 번역할 수 있었다. 강한 비판 정신을 지닌 그는 *콘스탄티누스 증여 문서와 이시도루스의 교령집 the Isidorian Decretals 모두 위조된 문서일 것이라고 여겼다. 니콜라우스는 교회의 보편 공의회들이 교황보다 더 큰 권위를 지닌다고 주장했으며, 이는 장차 이루어질 개신교 종교개혁의 전조가 되었다. 그는 생애 말엽에 로마 가톨릭 교회 측과 화해했다.

ㄷ

다비, 존 넬슨 Darby, John Nelson (1800-1882) 아일랜드 태생의 다비는 생애 대부분을 잉글랜드 성직자로 사역했다. 처음에는 잉글랜드 국교회에 속했으며, 이후 새로 창립된 *플리머스 형제단의 신학적 지도자가 되었다가 끝으로 다비파 the Darbyites의 창시자가 되었다. 그의 주요 신학서인 *Synopsis*『성경개요』는 전천년적인 세대주의 종말론의 토대가 되었다. *세대주의는 인간의 역사를 하나님이 인류와 독특한 방식으로 관계 맺은 여러 시기 또는 세대로 구분 짓는 관점을 가리킨다. 세대주의는 다비의 잦은 방문을 통해 미국에도 널리 보급되었으며, *근본주의의 발흥에 기여했다. **참조.** *천년왕국설.

다윈, 찰스 Darwin, Charles (1809-1882) 혁명적인 과학서 *On the Origin of Species by Natural Selection*1859: 『종의 기원』, 사이언스북스, 2019의 저자. 다윈은 생명체가 무한히 긴 시간에 걸쳐 단순한 형태에서 매우 복잡한 형태로 진화해 간다는 고대의 개념을 다시 받아들였다. 이 책에서 그는 진화의 원리에 관해 과학적으로 개연성 있는 설명을 제시했다. 다윈은 에든버러 대학에서 잠시 의학을 공부하고 케임브리지 대학에서 지루한 학부 과정을 마친 후, 영국 군함 비글호HMS *Beagle*에 탑승해서 전 세계를 돌면서 표본을 수집하고 통찰을 얻었다1831-1836. 그의 책 『종의 기원』에서는 적자 생존과 *자연선택, 종 분화speciation의 개념을 소개한다. 다윈의 작업은 창세기의 기록에 대한 직접적인 공격이자 반反기독교적인 것으로 간주되어 호된 비판을 받았다. 그는 *The Descent of Man*1871: *『인간의 유래』, 한길사, 2006에서 진화론을 인간의 생명에 적용시켰다. 다윈은 잉글랜드의 다운Downe에 소재한 자신의 교구 교회에서 수행하는 사역들을 존중했지만, 불가지론자로 자신의 생을 마쳤다.

단성론 monophysitism 초기 교회 시기에 그리스도에게는 오직 하나의 본성, 즉 신성만이 있을 뿐이라고 주장한 견해. 이 견해를 따르는 이들은 단성론자로 알려졌으며, 이 용어는 451년의 *칼케돈 공의회 이후 중요한 것이 되었다. 정통 견해에서는 그리스도에게는 두 본성, 곧 신성과 인성이 있으며, 이 두 본성이 한 위격 안에 존재한다고 주장했다. 단성론의 가장 강력한 대변자는 5세기에 활동한 안티오키아의 세베루스Severus of Antioch로, 그는 그리스도의 두 본성을 강조하는 칼케돈 공의회의 입장 때문에 *네스토리우스주의가 힘을 얻을 것을 염려했다. 당시에는 아르메니아, 시리아, 이집트에 분포한 동방 기독교의 세 분파가 단성론의 기치 아래 연합했다.

단의론 monothelitism 7세기에 *단성론자들을 기존의 교회와 다시 연합시키기 위한 방편으로 제시된 견해. 이 용어는 문자적으로 '하나의 의지'one-will을 뜻한다. 단의론에서는 그리스도가 두 본성을 지녔지만 의지는 하나뿐이었다고 주장했다. *콘스탄티노플 공의회681에서는 격렬한 신학 논쟁을 벌인 뒤에 단의론을 거부했으며, 그리스도가 신적인 의지와 인간적인 의지를 모두 소유한 것을 확언했다.

단일신론 monothelitism (2-3세기의) 다신론의 공격에 맞서 하나님의 단일성을 옹호하려 한 신학을 지칭하는 일반 용어. 그러나 단일신론자들은 어떻게 하나님이 한 분이신 동시에 세 분이 될 수 있는지를 이론적으로 해명하려 하다가 이단적인 방향으로 흘러가게 되었다. 이들이 내놓은 한 가지 해명은 *역동적 단일신론이었다. 이는 테오도투스Theodotus가 옹호한 이론으로, 그에 따르면 예수님은 세례 때에 성부 하나님에게 입양되어 신성을 부여받았다. 또 다른 견해에서는 성부 하나님이 잠시 성자와 성령의 양태 또는 양상을 취했다고 보았으며, 이는 양태론적 단일신론으로 불린다. 이 견해의 대변자는 사벨리우스Sabellius였다. **참조**. 그리스도 *양자설; *앨퀸.

단테 알리기에리 Dante Alighieri (1265-1321) 위대하고 영속적인 영향력을 지닌 피렌체 출신의 저술가. 그의 역작인 *The Divine Comedy*『신곡』. 민음사. 2013+는 베아트리체Beatrice라는 소녀의 환상에서 영감을 받아서 쓴 것으로, 백 개의 편canto으로 구성된 이야기체의 시다. 베아트리체는 단테가 아홉 살에 교회에서 마주친 소녀다. 단테는 여러 해 동안 그녀를 짝사랑했으며, 1290년 베아트리체가 죽자 그녀에게 걸맞은 시를 쓰기로 다짐했다. 단테의『신곡』은 독특하고 강렬한 시로, 지옥, *연옥, 천상을 거쳐 이 세상으로 다시 돌아오는 저자의 여정을 묘사한다. 이 초현실적인 순례의 첫 번째 구간에서는 로마의 시인 베르길리우스의 '망령'이 동행하면서 저자의 조언자이자 안내자 역할을 한다. 그러나 그리스도인이 아닌 베르길리우스는 연옥에 들어가지 못했으며, 이로 인해 저자가 여정을 끝마칠 수 있도록 베아트리체가 천상에서 소환된다. 단테가 상상한 지옥의 모습은 통속적인 신학에 특히 영향을 끼쳤으며, 그가 이야기 속에 성경과 고전, 신화의 인물들을 함께 등장시킨 것은 이후 *인문주의 운동에서 나타날 강조점들을 미리 보여 주었다.

대각성 Great Awakening 대각성 운동 (18세기) 1720년대부터 1776년 미국 독립전쟁Revolutionary War이 발발하기까지 미국 식민지의 개신교인들 사이에서 종교적 각성이 지속된 시기를 가리키는 용어. 부흥운동은 중부 식민지에서 네덜란드 개혁교회 목사인 시어도어 *프렐링하이즌과 장로교 목사 길버트 *테넌트의 설교를 통해 시작되었으며, 격렬한 설교와 함께 청중들이 괴로움에 차서 흐느끼며 울부짖는 현상이 자주 나타났다. 1730년대에 각성 운동의 중심지는 뉴잉글랜드로 옮겨 갔으며 이때의 모습은 매사추세츠주 노샘프턴에 있던 회중교회 목사 조나단 *에드워즈의 설교를 통해 전형적으로 드러났다. 1740년대에는 각성 운동이 남부 식민지로 옮겨갔으며, 슈벌 *스턴스 같은 침례교 목사들이 계속 부흥을 전파했다. 그리고 이런 각성 운동들을 하나로 묶은 것은 조지 *윗필드의 순회 설교였다. 그는 식민지 열세 주 모두에서 부흥운동을 이끌었다. 한편 윗필드와 에드워즈의 설교는 감정에 호소한다는 이유로 찰스 *촌시를 비롯한 하버드와 예일의 종교학자들에게 신랄한 비판을 받았다.

대분열 Great Schism (1378-1417) 로마 가톨릭 교회의 통일성에 주된 균열을 가져온 사건. 이 사건이 '대분열'로 불리는 이유는 당시 두 명이었다가 나중에는 세 명이 된 교황들이 서로 경쟁하면서 교회 안에서 자신의 절대적인 권세를 내세웠기 때문이다. 최후의 아비뇽 교황이었던 그레고리오그레고리우스 11세(참조. *교회의 바빌로니아 유수)는 교황권의 위치를 로마로 되돌린 뒤, 1378년에 알 수 없는 이유로 숨을 거두었다. 추기경단은 후임자로 우르바노우르바누스 6세를 선출했으며, 그는 적극적인 개혁에 나섰지만 변덕스럽고 기이한 행동을 보이기도 했다. 이에 한 무리의 프랑스 *추기경들이 로마를 벗어나서 자신들의 '대립 교황'anti Pope인 클레멘스 7세를 선출했으며, 클레멘스 7세는 다시금 아비뇽에 자신의 거처를 정했다. 이런 움직임으로 인해 각 나라의 방침에 따라 교회가 제각기 분열되었다. 이 난감하고 수치스러운 갈등을 해결하기 위해 1409년 *피사 공의회가 소집되었고, 여기서 세 번째 교황인 알렉산데르알렉산더 5세가 선출되었다. 하지만 그럼에도 다른 두 교황은 자리에서 물러나기를 거부했다. 마지막으로 서방 교회의 모든 주교들이 모여 *콘스탄츠 공의회를 열었으며1414-1418, 이 공의회에서는 교회의 통일성과 질서를 회복하기 위해 세 명의 현직 교황을 해임한 뒤, 1417년에 교황 마르티노마르티누스 5세를 지명했다. **참조**. *분열, 1054년(이 후자의 사건 역시 '대분열'로 불릴 때가 있다).

대성당 cathedral '의자' 또는 '왕좌'를 뜻하는 라틴어 *cathedra*에서 온 단어. 이 단어는 점차 주교좌가 위치한 지역 교회를 묘사하는 용어가 되었다. '대성당들의 시대'the Age of Cathedrals로 언급되는 시기는 11세기 말에 시작되어 16세기까지 이어졌다. 기독교권 전역에 로마네스크와 고딕 양식의 거대한 교회당들이 건축되었다. 교회당 건축에는 많은 자재비가 들었으며, 높은 위험성을 감수해야 했다. 중세의 대성당은 실로 '설교 그 자체인 건물'a sermon in stone였다. 신자들이 하나님을 알고 예배하는 일을 돕도록 건물 전체가 설계되어 있었기 때문이다. 이는 구획 배치, 창문, 천장, 실내와 외부의 조각상, 가구 등 모든 측면에서 그러했다.

대주교 metropolitan 교회 정치의 초기 발전 과정에서, '대주교'metropolitan라는 호칭은 *니케아 공의회325의 넷째 법령에서 처음 언급되었다. 이때 이 호칭은 각 관구를 통합하는 권위를 지닌 주교를 가리켰다. 원래는 다섯 명의 대주교가 있었으며, 각기 알렉산드리아, 예루살렘, 안티오키아, 콘스탄티노플, 로마를 관장했다. 각 지역의 주교들은 이 대주교들의 전반적인 권위 아래 놓였으며, 대주교들은 종종 종교회의를 소집하는 역할을 했다.

던스터, 헨리 Dunster, Henry (1609-1659) *하버드 칼리지의 첫 번째 총장. 잉글랜드 태생의 던스터는 케임브리지 대학에서 공부하다가 1640년 아메리카 식민지로 이주했다. 던스터는 하버드의 교육 과정 구성에 주된 영향을 끼쳤으며, 케임브리지식 교육 방식을 도입했다. 그는 *신자의 세례를 지지하는 입장이었기 때문에 1653년 자신의 갓 난 아들이 세례받는 것을 거부했다. 그는 이 때문에 하버드 칼리지 총장직에서 해임되었다.

데보티오 모데르나 *devotio moderna* 14세기 네덜란드의 로마 가톨릭 교회 내에서 새롭게 일어난 운동으로, '데보티오 모데르나', 또는 '새로운 헌신'modern devotion으로 불린다. 이 운동은 헤라르트 흐루테Gerhard Groote의 영감을 받았으며, *토마스 아 켐피스의 책 *The Imitation of Christ*『그리스도를 본받아』를 통해 널리 보급되었다. 이 운동에서는 그리스도를 향한 내적 헌신에 토대를 둔 영적 성장의 중요성을 강조한다. 이 운동은 *공동생활 형제단을 통해 구체적으로 표현되었으며, 독일과 프랑스, 이탈리아로 금세 퍼져 나갔다.

데이비스, 새뮤얼 Davies, Samuel (1723-1761) 미국의 *대각성 시기에 장로교 목회자이자 전도자로 활동한 인물. 데이비스는 펜실베이니아주의 *로그 칼리지를 졸업한 '열렬한 전도자들'hot gospellers에게도 (*성공회가 우세했던) 버지니아주에서 설교할 권한을 줄 것을 꾸준히 주장했다. 이후 그는 갓 설립된 뉴저지 대학의 기금을 모금했으며, 1759년에 잠시 그곳의 총장으로 재임했다. 얼마 후 이 학교는 프린스턴 칼리지가 되었으며, 이후에는 프린스턴 대학이 되었다.

데키우스 Decius (251 사망) 249년에 즉위해서 2년 후 전투에서 살해되기까지 재위한 로마 제국의 황제. 최초로 제국 전역에 걸쳐 그리스도인을 박해한 인물로 알려져 있다. 데키우스는 제국의 모든 신민이 로마의 전통적인 신들에게 제사하고 그 사실에 관한 증명서인 '리벨'*libel*을 받도록 명령했다. 그리고 이 증명서를 얻은 이들은 '리벨라티키'*libellatici*로 불렸다. 이런 관행 때문에, 이후 교회는 이 증명서를 암시장에서 구입하거나 직접 제사함으로써 획득한 그리스도인들을 용서할 것인지 아닌지 여부를 결정해야만 하는 위기에 직면했다.

도나투스주의 Donatism 4세기와 5세기에 아프리카에서 활동했던 엄격한 분리주의 집단. 이들은 '트라디토레스'*traditores*, 즉 박해의 시기에 신앙을 저버린 그리스도인들을 교회에 다시 받아들이기를 반대했다. 311년, 카이킬리아누스가 그 지역 성직자들에 의해 카르타고의 주교로 선출되었다. 그러나 누미디아인 주교들은 카이킬리아누스를 서품한 압퉁기의 펠릭스Felix of Aphthungi가 '배교자'traditor라는 점을 들어 그의 선출에 반대했다. 누미디아인 주교들은 카르타고 주교로서 자신들의 후보자인 마요리누스Majorinus를 지지했다. 도나투스는 마요리누스의 계승자였으며, 이 세력은 그의 지도력 아래 급격히 성장했다. 히포의 *아우구스티누스는 도나투스주의자들을 논박하는 글을 썼고, 카르타고 공의회에서 그들을 설득하는 데 실패한 후에는 그들의 주장을 꺾기 위해 물리력이 동원되었다. 여기서 중요한 관심사가 된 것은 교회의 본질적 일치 문제와 도나투스주의자들이 분열을 조장할 것이라는 두려움이었다.

도덕률 폐지론 antinomianism 율법 폐지론, 반율법주의 문자적으로는 '법에 반대하여'against the law를 의미하는 용어. 하나님이 이미 은혜를 베풀어 주셨으므로, 그리스도인들은 하나님을 기쁘시게 하기 위한 방편으로 어떤 정해진 규율들에 복종할 의무가 없다는 개념을 함의한다. 16세기의 종교개혁기에는 다양한 *아나뱁티스트 집단이 도덕률 폐지론자들로 분류되었으며, 이는 미국 식민지 초기의 앤 *허친슨도 마찬가지였다.

도르트 총회 Synod of Dort (1618-1619) *아르미니우스주의 논쟁에 자극을 받은 네덜란드 개혁교회는 네덜란드, 스위스, 잉글랜드, 스코틀랜드의 신학자들로 구성된 특별 회의를 소집했다. 참석자의 대다수는 개혁파(*칼뱅주의)의 관점을 지지했으며, 이에 따라 1619년 4월에 칼뱅주의 5대 조항이 채택되었다. 무조건적인 선택unconditional election, 제한 속죄limited atonement, 전적 부패total depravity, 불가항력적 은혜irresistible grace, 성도의 견인perseverance of the saints이 그것이다.

도미티아누스, 티투스 플라비우스 Domitian, Titus Flavius 도미티안JKL (51-96) 81년에 즉위한 로마 제국의 황제며 폭군인 인물. 기독교 역사가 *에우세비우스에 따르면 도미티아누스는 자신의 통치기에 교회를 박해했다. 전통에 의하면 사도 요한을 밧모섬으로 유배시킨 것은 도미티아누스 황제였으며, 사도 요한은 이 섬에서 요한계시록(또는 요한묵시록John's Apocalypse)에 기록된 환상들을 보았다.

동굴의 비유 allegory of the cave 본질적으로 참된 것을 파악하려 애쓰는 인간의 상태에 관한 유명하고 영향력 있는 이 예화는 *플라톤의 Republic『국가』, 플라톤전집 4, 숲, 2013+에서 유래했다. 여기서 인간들은 거대한 동굴에 감금되어 그 안쪽의 벽을 쳐다보고 있는 것으로 묘사된다. 그들의 등 뒤에 있는 불빛이 그 벽에 그림자를 드리우며, 그 죄수들은 그림자의 의미를 해석하려 애쓴다. 이 그림자들은 동굴 바깥의 '실제' 세계에 있는 사물들의 투박한 이미지가 투영되어 만들어진 것이다. 마침내 그 갇힌 자 중 하나가 풀려나서 플라톤이 말한 "*형상들의 세계"world of forms로 나오고, 그곳에서 그는 사물들의 참모습을 보게 된다. 그는 다시 동료들에게 돌아가서 자신이 발견한 기쁜 소식을 전하지만, 비웃음과 거부를 당할 뿐이다. 플라톤에 따르면, 이 알레고리의 의미는 바로 인간은 자신의 오감 때문에 그림자의 세계에 대한 신념에 속박된 상태로 남게 된다는 데 있다. 이 그림자의 세계는 곧 끊임없는 변화 속에 있는 물질적인 세계이다. 이에 반해 형상의 세계는 영원불변하는 이데아의 영역이며, 이데아는 바로 실재의 본질이다.

둔스 스코투스, 요한 Duns Scotus, John 요안네스-, 요하네스- (약1266-1308) 프란치스코회 소속으로 실재론을 따른 신학자이며 철학자. '둔스 스코투스'라는 이름은 그의 출생지로 여겨지는 스코틀랜드의 둔스를 가리킨다. 스코투스는 잉글랜드에서 사제로 안수받은 뒤 옥스퍼드 대학과 파리 대학에서 연구했다. 그는 자신의 주요 신학 저서들보다 '스코투스주의'Scotism으로 불리는 독창적인 신학 방법론을 통해 주로 영향을 끼쳤다. 그의 방법론은 *플라톤과 히포의 *아우구스티누스의 사상에 토대를 둔 초기 프란치스코회의 실재론을 이어받은 것이었다. 스코투스주의는 아우구스티누스적인 요소들을 아리스토텔레스 및 플라톤의 개념들과 교묘히 결합시켰으며, 이를 통해 *토마스 아퀴나스 학파의 지배적인 견해에 반론을 제기했다. **참조.** *아리스토텔레스; *프란체스코, 아시시의 성; *플라톤; *실재론과 유명론.

뒤 플레시, 데이비드 Du Plessis, David (1905-1987) '미스터 오순절'Mr.

Pentecost로 알려진 인물. 남아프리카공화국 태생인 그는 사도 신앙 선교회의 사무총장으로 봉직했으며, 세계 *오순절 연합회의 설립에 능동적으로 참여했다. 그리고 1949년 미국으로 이주한 뒤에는 하나님의 성회 측에 관여했다. 그의 활동 경력에서는 에큐메니즘을 향한 깊은 헌신이 드러난다. 뒤 플레시는 제2차 *바티칸 공의회 1962-1965에 초청된 오순절 운동 측의 유일한 인사였다.

드와이트, 티머시 Dwight, Timothy (1752-1817) 그가 졸업한 학교의 이름을 따서 '예일의 티머시 드와이트'로 알려진 인물. 드와이트는 예일 대학을 졸업한 후 강사로 일했으며, 1795년부터는 그 대학의 총장으로 재임했다. 유명한 부흥운동가 조나단 *에드워즈의 손자인 드와이트는 매사추세츠주의 노샘프턴에 있는 자기 집에서 태어났다. 그는 미국 혁명 전쟁 기간에 군목으로 섬겼으며, 이후에는 코네티컷주의 한 회중교회에서 목회하다가 예일 대학의 총장이 되었다. 드와이트는 독립전쟁Revolutionary War 기간에 미국에 침투한 *이신론과 합리적 *자유주의의 기류를 깊이 염려했으며, 이를 막기 위해 예일 대학의 예배 시간마다 기독교의 주요 교리를 체계적으로 설교해 나갔다. 그의 재임 기간에 예일 대학에서는 여러 차례의 부흥이 일어났으며, 한때는 전체 학생 중 3분의 1이 기독교 부흥의 영향을 깊이 받은 것으로 추산된다.

『디다케』 Didache 2세기에 기록된 교회 관습과 기독교 윤리에 관한 교본. 『디다케』 또는 *The Teaching of the Lord Through the Twelve Apostles*『열두 사도들의 가르침』, 분도출판사, 1993라는 제목의 이 책은 오늘날의 독자에게 사도 시대 이후의 교회 생활을 살필 귀중한 기회를 준다. 우리는 이 책을 통해 세례, 성찬, 금식, 기도, 권징 등의 관습을 살펴볼 수 있다.

디오클레티아누스 Diocletian (245-313) 로마 제국의 가장 강력한 황제 중 하나. 디오클레티아누스는 군대에서 쌓은 경력으로 지도력과 운영 능력을 인정받았고, 이를 통해 권세의 정점에 올랐다. 디오클레티아누스는 자신에게 광적으로 충성하는 군대에 의해 황제로 선포되었으며, 284년부터 305년 제위에서 물러나기까지 통치했다. 광대한 제국을 능률적으로 통치하려 했던 디오클레티아누스는 제국을 네 개의 행정 영역으로 분할하고 사두 정치를 시행했다. 그의 통치 초기에 교회는 비교적 평화로운 시기를 누렸지만, 이후 303년부터 고위 성직자들과 교회 건물, 평신도들에 대한 혹독한 박해가 뒤따랐다. 305년에 디오클레티아누스가 퇴위한 후에는 후계자 갈레리우스가 311년까지 잔혹한 학살을 이어갔다.

ㄹ

라드베르투스, 성 파스카시우스 Radbert (Paschasius Radbertus), St. **파샤즈 라드베르** (약790-약860) 프랑스의 코르비Corbie 수도원에서 수사로 생활하다가 이후 그곳의 원장이 된 라드베르투스는 전기 작가인 동시에 성경 해석자였으며, '성찬 논쟁'에 참여한 것으로 유명하다. 833년에 라드베르투스는 *De corpore et sanguine Domini*『주님의 몸과 피에 관하여』라는 제목으로 성찬에 관한 첫 번째 논문을 집필했다. 그는 이 작품에서 그리스도가 성찬의 빵과 포도주 속에 '실제로 현존하신다'real presence는 교리를 제시함과 동시에, 성찬 예식의 빵이 '마리아에게서 태어난 바로 그 몸'very flesh born of Mary으로 변화한다고 주장했다. 이에 그의 하급자 중 하나인 *라트람누스, 또는 라트람Ratram이라는 이름의 수사는 그리스도의 실제 현존을 확언하면서도 빵과 포도주의 본질이 변화한다는 것은 부정하는 논문을 써서 응수했다.

라우셴부시, 월터 Rauschenbusch, Walter **라우션부시, 라우셴부쉬**JKL (1861-1918) 미국 *사회 복음 운동을 주도한 신학자인 라우셴부시는 1886년부터 2년간 뉴욕시 제2독일침례교회의 목회자로 사역했다. 당시 이 교회는 '지옥의 부엌'Hell's Kitchen으로 알려진 지역(주로 빈민 노동자 계층이 열악한 환경에서 생활한 지역ⓣ)에 있었다. 라우셴부시는 로체스터 신학교에서 교육을 받았으며, 이후 독일로 건너가 좀더 공부하면서 고등 비평 견해들을 접했다. 그는 자신이 훈련

받은 침례교의 개인 경건만으로는 20세기 미국의 도시 지역들에서 제기되는 도전에 응답하기 어렵다는 점을 확신했으며, 이에 따라 신약에 제시된 그리스도의 모범에 근거해서 사회 복음의 개념들을 발전시켰다. 라우셴부시는 로체스터 신학교 교수진에 합류한 뒤 교회사를 가르쳤으며, *Christianity and the Social Crisis*『기독교와 사회 위기』, *Christianizing the Social Order*『사회 체제의 기독교화』, *Theology for the Social Gospel*『사회복음을 위한 신학』, 명동출판사, 2012 같은 저서들을 집필했다. 한편 그는 기독교 사회 의식을 성경의 고등 비평적 견해들과 진보 신학에 결합시킴으로써 사회 복음과 라우셴부시 자신에 대한 보수 복음주의자들의 반발을 샀다.

라이마루스, 헤르만 S. Reimarus, Hermann S. (1694-1768) 계몽주의 시대의 합리론자이며 이신론자인 라이마루스는 함부르크 대학의 동양 언어학 교수로 재직하는 동안에 순수 이성에 근거한 종교를 주창하기 시작했으며, 이런 노력을 통해 G. E. *레싱의 사상적 발전에 영향을 끼쳤다. 라이마루스는 성경 본문들을 비평하는 과정에서 하나님의 계시와 신약의 기적들을 모두 거부했으며, 신약 저자들이 본문 작성 과정에서 의식적으로 위조했다고 비난했다.

라테란 공의회, 제4차 Lateran Council, Fourth ***공의회, 제4차 라테란**을 보라.

라테란 공의회들 Lateran Councils ***공의회들, 라테란**을 보라.

라트람누스(라트람) Ratram (Ratramnus) (약868 사망) 프랑스의 코르비 수도원에서 생활한 수사인 라트람누스는 자신이 속한 수도원의 원장 *라드베르투스가 성찬의 본질에 관해 쓴 논문에 응수하는 글을 썼다. 라드베르투스는 성찬 시 빵과 포도주의 본질에 변화가 일어난다고 주장했는데, 이는 이후 '화체설'transubstantiation로 불리게 될 견해였다. 그러나 라트람누스는 자신의 글 *De corpore et sanguine Domini*『주님의 몸과 피에 관하여』에서 히포의 *아우구스티누스를 좇아, 성찬의 빵과 포도주가 '살'과 '피'로 불리는 것은 그 대상들을 상징하기 때문이라고 주장했다. 물론 믿음을 고백하는 신자에게는 실제로 그리스도가 성찬의 빵과 포도주에 영적으로 임재하시며, 이 빵과 포도주는 참된 영혼의 양식이 되어 미덕과 능력을 전달해 준다. 하지만 그럼에도 빵과 포도주의 본질 자체는 유지된다는 것이다. **참조**. *공의회, 제4차 라테란.

라티머, 휴 Latimer, Hugh (1485-1555) 튜더 왕조 초기의 저명한 개신교 설교자 중 하나인 라티머는 케임브리지 대학 생활을 시작할 당시에는 종교개혁의 완고한 반대자였으나, 토머스 빌니Thomas Bilney의 간증을 듣고 회심했다. 라티머는 *헨리 8세가 아라곤의 캐서린과 이혼하는 일을 지지했으며, 이를 통해 *성공회에서 높은 위치에 오르기 시작했다. 그는 왕실 사제가 되었으며, 웨스트 킹턴 교구에서 사역한 뒤 1535년 우스터 주교로 서품되었다. 그러나 4년 뒤인 1539년에는 당시 발표된 *6개 조항에 항의하면서 주교직에서 물러났다. 이후 *에드워드 6세의 짧은 통치기에는 설교자로 사역하기 위해 주교직 제의를 사양했다. 1553년 *메리 튜더가 즉위하자, 라티머는 이단으로 몰려 투옥되었다. 그는 옥스퍼드의 감옥에서 비참하게 지내다가 1555년 니콜라스 리들리Nicholas Ridley와 함께 화형당했다.

러셀, 찰스 T. Russell, Charles T. (1852-1916) 러셀은 그리스도의 지상 재림 교리에 매혹되어, 1879년에 월간지 *Zion's Watch Tower and Herald of Christ's Presence*「시온의 파수대와 그리스도의 임재의 전령」를 창간했다. 피츠버그에서 시작해서 미국 전역으로 퍼진 그의 추종자들은 러셀파the Russellites로 알려졌으며, 이후에는 *여호와의 증인으로 불리게 되었다.

레굴라 피데이 rule of faith (*regula fidei*) **신앙의 규범** 갈라디아서 6:16의 "무릇 이 규례를 행하는 자에게…평강과 긍휼이 있을지어다"에 근거해서, 2세기의 *이레네우스가 참된 사도들의 가르침을 언급하기 위해 처음으로 '레굴라 피데이'라는 어구를 만들었다. 기독교가 발전하기 시작한 지 얼마 되지 않은 이 시점에는 완성된 신약성경을 활용할 수 없었으며, 따라서 설교자와 저술가들은 이 레굴라 피데이를 권위의 원천으로 삼았다. 이후의 교회 공의회들에서는 주교들의 집단적인 지혜를 이 규범으로 여기게 되었다.

레싱, 고트홀트 에프라임 Lessing, Gotthold Ephraim (1729-1781) 독일 계몽주의의 가장 영향력 있는 저술가 중 하나이며 *자유주의 신학의 형성에 깊은 영향을 끼친 인물. 루터교 목회자의 아들인 레싱은 극작가이자 희곡 비평가로 초기에 이름을 떨쳤다. 그는 *라이마루스의 작품들을 편집하는 데 노력을 쏟다가 결국 성경의 역사성을 부정하게 되었다. 레싱에게 기독교는 기껏해야 인간의 계몽된 도덕 체계일 뿐이었다. 그는 희곡 Nathan der Weise『현자 나탄』, 지만지, 2019+에서 친절하고 현명하며 관대한 유대인 나탄을 중심 인물로 삼아, 이런 자유주의의 미덕들을 요약적으로 드러냈다. 레싱은 1780년 자신의 주된 신학 저서인 Die Erziehung des Menschengeschlechts (The Education of Humankind)『인류의 교육』를 집필하고, 이후 복음서 내러티브들의 기원에 관한 저서를 출간했다.

로그 칼리지 Log College (약1726 설립) 미국 식민지 장로교 목회자 양성을 위해 윌리엄 *테넌트가 설립한 학교. 원래 펜실베이니아주에 있었던 로그 칼리지는 1746년에 재개교하여 뉴저지 칼리지가 되었으며, 이후 프린스턴 대학이 되었다. 종종 '열렬한 전도자'hot gospellers로 불렸던 로그 칼리지 졸업생들은 부흥 지향적인 성향을 지녔으며, 그들의 성공과 발전은 장로교회 내부에서 구파와 신파 사이의 분열을 낳았다.

로드, 윌리엄 Laud, William (1573-1645) 학계에서는 옥스퍼드 대학의 학자, 교수, 총장으로, 교계에서는 수사, 사제, 주교로서 자신의 자리를 굳힌 로드는 *찰스 1세의 치하에서 캔터베리 대주교로 재임했다. 반反청교도적인 인물로 알려져 있었던 로드는 '철저한' 예전 개혁 정책을 폈으나 당시 잉글랜드 의회에서 힘을 얻던 청교도 세력에게 큰 불만을 샀으며, 스코틀랜드에서도 격렬한 저항에 직면했다. 로드는 1641년 장기 의회the Long Parliament에서 탄핵되었으며, 4년간 런던탑에 감금된 뒤 그 탑의 언덕에서 처형되었다.

로마의 혼합주의 Roman syncretism 로마인들은 주위의 문화가 지닌 요소들을 선택적으로 받아들이는 것을 선호했으며, 이는 특히 자신들이 정복한 민족들의 경우에 그러했다. 이런 특성은 로마의 종교에서 뚜렷이 나타난다. 따라서 그리스의 모든 신들이 지닌 특성, 전통, 신화가 로마의 전통에서도 재현되었다. 예를 들어 제우스는 유피테르로 개명되고 헤라는 유노가 되었으며, 전쟁의 신 아레스는 마르스로 불리게 되었다. 로마인들은 새롭게 등장하는 어떤 신이든 기꺼이 경의를 표했으며, 대사제인 폰티펙스 막시무스 pontifex maximus는 그 많은 신을 기리는 예식들을 주관했다. 이때 로마인들이 내건 유일한 조건은 어떤 집단이든 자신의 신을 유일신으로 내세워서는 안 된다는 것이었다. 기독교회는 바로 이러한 점에서 로마 제국과 근본적인 충돌을 빚게 되었다.

로이힐린, 요하네스 Reuchlin, Johannes (1455-1522) 그리스도인과 유대인 사이의 적개심이 극에 달한 시대에 기독교적 관용의 대변자로 나타난 인물. 로이힐린은 법학과 고전어를 공부한 이로서 *인문주의에 매혹되었으며, 종교개혁기에 라틴어, 그리스어, 히브리어에 모두 통달한 최초의 그리스도인 학자가 되었다. 그의 *De rudimentis Hebraicus*『히브리어의 기초』, 1506는 라틴어로 저술된 히브리어 문법서와 사전으로, 그리스도인 학자들은 이 작품을 통해 히브리어의 기초를 파악할 수 있었다. 로이힐린은 유대의 신비 문헌 *Kabbalah*『카발라』에 매료되어 기독교와 유대교, 그리스 로마의 종교들을 연관 짓는 보편주의 교리를 체계화하기 시작했다. 그는 이 종교들 모두 하나님의 마음속에서 생겨났으며, 따라서 서로 간에 기본적인 통일성을 유지할 수 있다고 주장했다. 기독교로 회심한 요하네스 페퍼코른Johann Pfefferkorn이라는 이름의 유대인이 유대인들에 대한 종교재판을 시행하고 유대 문헌을 불태울 것을 촉구하자, 로이힐린은 그에 맞서 논쟁을 벌였다.

롤라드파 Lollards 14세기 잉글랜드에서 옥스퍼드 대학의 존 *위클리프를 추종한 집단. 위클리프는 자국어 성경 번역을 옹호하고 평신도의 문해력이 갖는 중요성을 강조했다. 그리고 이 두 주제는 롤라드파의 근본 원칙이 되었다. 롤라드파는 평신도 설교자들로 알려져 있었으나, 잉글랜드의 왕들, 특히 1400년대 초의 헨리Henry 5세는 이들을 왕에게 반역하며 폭동을 조장하는 자들로 간주하고 탄압에 나섰다. 이들은 1414년 이후 불법 집단이 되었으나 계속 살아남아 16세기 초반에 탄생한 잉글랜드 종교개혁에 흡수되었다.

롬바르두스, 페트루스 Peter Lombard **피에트로 롬바르도** (약1100-1160) 유명한 스콜라주의 신학자이며 성경 해석자인 롬바르두스는 바울의 서신들과 시편에 관한 주석서들을 집필했지만, 그가 중세 말의 신학에 핵심적인 영향을 남긴 것은 12세기 중반의 기념비적인 작품 *Sententiarum libri quatuor (Four Books of Sentences)*『네 권의 명제집』을 통해서였다. 이 작품은 영어로는 흔히 *the Sentences of Peter Lombard*『페트루스 롬바르두스의 교부 명언집』로 알려져 있으며, 여러 세기에 걸쳐 각 대학에서 표준적인 교과서가 되었다. 그는 노트르담 *대성당 학교의 신학 교수였으며, 파리 주교였다.

루터, 마르틴 Luther, Martin (1483-1546) 지금의 독일 북부에 있는 작센에서 출생한 루터는 에어푸르트 대학에서 교육을 받았으며 법률가가 되기 원했다. 하지만 1505년 여름에 뇌우를 만나면서 삶의 방향이 바뀌었고, 얼마 후 에어푸르트의 아우구스티노 수도회에 입회했다. 1507년 사제로 안수받은 루터는 교수 사역에 종사하려는 목적으로 신학을 진지하게 연구하기 시작했다. 1510년에 그는 로마를 방문했다가 부유한 교회에서 나타나는 부패의 조짐을 보고 깊은 고뇌에 빠졌다. 이후 그는 비텐베르크 대학 교수진에 임명되었으며, 이를 통해 성경을 탐구하고 개혁 작업에 착수할 자유와 토론의 장을 얻었다. 이곳에서 강의를 준비하는 동안, 루터는 우리의 공로가 있는 행위로써 하나님의 은혜를 얻는 것이 아니라 그리스도가 이미 구원 사역을 완성했으며 우리는 그가 이룬 사역을 다만 믿음으로써 누리게 된다는 것을 깨달았다. 1517년에 그는 *면벌부 문제에 관한 토론을 교회에 요청하기 위해 자신의 95개 논제를 게시했다. 그리고는 로마 가톨릭 교리의 핵심 요점들에 직접적인 도전을 제기하는 몇 편의 글을 집필했다. 1521년 루터는 보름스에서 열린 제국 의회에 소환되어 자신의 주장을 철회하라는 압력을 받았다. 하지만 그는 그 요구를 거부하고, 바르트부르크성에 잠시 머문 뒤 적극적인 개혁 활동에 나섰다. 그는 이전에 수녀였던 카타리나 폰 *보라와 결혼함으로써 수사로서 살아온 과거의 삶에서 완전히 벗어났다. 루터는 비텐베르크 대학 그리스어 교수였던 필리프 *멜란히톤과 협력해서 루터파의 토대를 놓기 시작했다. 이 두 사람은 1530년에 함께 *아우크스부르크 신앙고백을 작성했다. **참조**. *보름스 의회.

르페브르 데타플, 자크 Lefèvre d'Étaples, Jacques (Faber, Jacobus) (1455-1536) 프랑스의 저명한 초기 기독교 인문주의자인 그는 파리에서 고전을 공부한 뒤, 이탈리아에서 인문주의 훈련을 마쳤다. 안수받은 사제이자 수사였던 그는 파리에 있는 생 제르맹 데 프레Saint-Germain-des-Prés 수도원 도서관의 사서가 되었다. 르페브르는 신약성경의 그리스어 본문을 프랑스어로 번역한 것으로 알려져 있다.

마그나 마테르 Magna Mater 마그나 마테르 제의는 소아시아 지역의 고대 프리기아의 주요 *신비 종교 중 하나다. 마그나 마테르위대한 어머니, the great mother를 섬긴 이 종교는 키벨레Cybele. 퀴벨레 제의 또는 레아Rhea 제의로도 알려져 있다. 풍요를 상징하는 이 고대의 여신이 로마에 알려진 것은 주전 200년경이었다. 그리스도인이 특별히 관심을 가질 만한 부분은, 이 종교가 '위대한 어머니'의 열렬한 추종자인 아티스Attis를 기념했다는 점이다. 아티스는 그 여신에게 경의를 표하기 위해 스스로 거세한 결과로 사망한 인물이다. 그는 무덤에서 사흘을 보낸 뒤 부활하여 신이 되었다.

마니교 Manichaeism 3세기와 4세기 무렵, 특히 이집트와 아프리카 북부에서 급격히 번성한 급진적인 *영지주의 분파. 이 분파의 이름은 페르시아의 교사였던 마니Mani, 약216-276에게서 유래했다. 다른 영지주의 분파들처럼 마니교도도 우주적 이원론을 따랐다. 이 경우 만물은 빛 아니면 어두움으로 이루어져 있었고 이 두 세력은 지배권을 차지하기 위한 우주적 투쟁 속에 놓여 있는 것으로 간주되었다. 종교적 실천의 목적은 이 세상에 빛을 퍼뜨리고, 이를 통해 구원에 이르는 데 있었다. 마니교 추종자들은 금욕적 생활방식을 취했는데, 여기에는 독신과 금주, 그리고 씨앗이 많은 재료로 만든 음식을 먹는 것이 포함되어 있었다. 씨앗에는 빛이 담겨 있다고 여겨졌기 때문이다. 히포의 *아우구스티누스는 젊은 시절 마니교의 일원이었으나, 이후 이 분파와 관계를 끊고 강력한 반대자가 되었다. **참조**. *금욕주의.

마르부르크 회담 Marburg Colloquy (1529) 서로의 차이점을 해소하고 세상 앞에 개신교의 일치된 견해를 제시하기 위해 *루터와 *츠빙글리가 만났으나 끝내 결렬되고 만 회담. 헤센의 필리프 백작이 중립 도시 마르부르크에서 이 회담을 소집했으며, 루터와 츠빙글리는 각기 동료들을 데리고 와서 교리의 주요 사안들에 관해 여러 날 토론했다. 그리하여 열다섯 조항 가운데 열네 조항에 관해서는 실질적인 합의에 이르렀지만, 그리스도가 성찬에 임재하시는 방식 문제에 관해서는 의견 일치를 보지 못하고 서로 적개심을 품은 채 헤어졌다.

마르켈라, 성 Marcella, St. 마르첼라 (약325-411) 성경 연구와 *금욕 생활에 헌신한 로마 여성들의 공동체를 이끈 지도자. 마르켈라는 이 공동체를 위해 로마의 아벤티노 언덕에 있던 자신의 집을 내놓았다. 그리고 *히에로니무스는 이 로마 여성들의 공동체에서, 히브리어의 복잡한 문법을 이해할 수 있는 열심 있고 총명한 학생들을 만났다. 마르켈라는 360년에 수녀가 되었으며, 410년 알라릭이 주도한 로마의 약탈 이후 사망했다.

마르키온 Marcion (160 사망) 2세기 기독교 저술가들에게 당대의 가장 악명 높은 이단자로 알려진 인물인 마르키온은 한 주교의 아들로 소아시아 지방 폰투스에서 출생했는데, 전승에 따르면 그 주교는 마르키온의 부도덕한 행실 때문에 그를 *출교시켰다고 한다. 마르키온은 로마에서 자신의 주변에 상당한 규모의 공동체를 구축하고, *영지주의적 요소들이 가미된 교리를 설파하기 시작했다. 그는 가혹한 공의와 진노를 품은 구약의 신이 신약의 하나님과 동일한 존재라는 것을 부정했다. 마르키온은 자신을 추종하는 마르키온파에게 (이후 '정경'으로 불릴) 참된 책들의 목록을 나누어 준 것으로 유명하다. 이 목록은 바울이 쓴 열 편의 서신과 누가복음으로 구성되어 있었으며, 누가복음의 경우에는 그리스도의 탄생 기사가 제외되어 있었다. 그는 구약의 정경성을 철저히 거부했다. 마르키온은 그리스도가 온전한 사람이었다고 여기지 않고, 단지 신자들과 더 잘 소통하기 위해 사람의 모습으로 나타났을 뿐이라고 보았다. 이 초기 *영지주의 이단설은 *가현설로 알려져 있다. **참조**. *정경, 성경의.

마르탱, 투르의 성 Martin of Tours, St. (약316-397) 오늘날 프랑스의 수호 성인으로 기념되는 마르탱은 원래 이교도였으나 이후 투르의 주교로 서품되기에 이른다. 로마 군대에서 복무하다가 기독교로 극적인 회심을 겪은 마르탱은 곧 예비 신자가 되어 푸아티에의 힐라리우스Hilary of Poitiers에게 목양을 받았다. 360년에는 이 두 사람이 함께 리귀제Ligugé 수도원을 세웠는데, 이는 골Gaul 지역에 설립된 최초의 수도원이었다.

마크리나, 소小 성 Macrina the Younger, St. (약327-379) 초기 교회사에서 *카파도키아 교부들인 대大 *바실리우스와 니사의 *그레고리우스의 경건하고 헌신적인 큰 누이로 잘 알려진 인물. (대 바실리우스의 할머니인 대大 마크리나와 구분하기 위하여 '소'小를 붙인다.ⓒ) 열 자녀 중 맏이인 마크리나는 열두 살에 약혼했으나 약혼자의 급작스러운 죽음으로 삶의 방향이 바뀌었다. 이에 그녀는 다른 이들의 청혼을 거절하고 자신의 가족을 돌보는 데 시간과 노력을 쏟았다. 어머니가 돌아가신 후, 그녀는 폰투스에서 그리스도인 여성들의 작은 공동체를 이끌었다. 마크리나가 죽자, 동생 그레고리우스는 *Peri psyches kai anastaseos* (*Dialogue on the Soul and Resurrection*)『영혼과 부활에 관한 대화』라는 제목으로 누이를 기리는 글을 썼다.

만인 제사장설 priesthood of all believers **전신자 제사장설, 전신자 사제설**

독일의 종교개혁을 통해 생겨난 어구. 그리스도 안에 있는 참 신자는 자신의 죄를 고백할 때 직접적으로 하나님에게 온전히 나아갈 수 있으며, 인간 중재자나 사제의 손길을 거칠 필요가 없다는 *루터의 확신에 뿌리를 둔다. 이 개념에 따르면, 모든 신자는 자신의 죄를 고백할 때 한 사람의 제사장이 된다. 이때 루터의 의도는 목회자의 직무나 전문적인 사역자의 역할을 폄하하려는 데 있지 않았다. 다만 그는 교회가 고해auricular confession(사제에게 죄를 고백하는 일)에서 벗어나게끔 이끌고자 했다.

『말레우스 말레피카룸』 *Malleus maleficarum* (*The Hammer Against Female Witches*) (1486) 마녀들에 대한 종교재판의 일환으로, 1484년에 교황 인노첸시오 8세는 도미니코 수도회 수사 하인리히 크라머Heinrich Kramer와 야콥 슈프렝거Jacob Sprenger에게 마녀들을 색출해서 체포하고 처형할 수 있도록 유럽 전역을 돌면서 정보를 수집하라는 임무를 맡겼다. 이 조사의 결과로 기록된 것이 『말레우스 말레피카룸』우물이있는집, 2016으로, 이는 16세기에 가장 많이 팔린 책 중 하나다. 주술에 관한 당시의 속설에 의존해서 기록된 이 작품은 여자의 본성에 대해 그릇된 가르침을 퍼뜨렸다.

매더, 인크리스 Mather, Increase (1639-1723) 당대 보스턴 교회와 지식 세계를 주도한 인물. 제2회중교회the Second Congregational Church 목회자였으며, 1686-1701년에는 *하버드 칼리지 총장을 역임했다. 그는 *애가로 불리는 미국 특유의 종교 예식을 옹호하고, *중도 언약을 장려했다.

매더, 코튼 Mather, Cotton (1663-1728) 매사추세츠의 회중교회에 속한 청교도 지도자로, 인크리스 *매더의 아들이며 존 코튼의 손자였다. 그의 저서 *Memorable Providences Relating to Witchcraft*『마법과 관련한 기억할 만한 섭리』는 1692년 세일럼 마녀 재판이 열리는 데 주된 영향을 끼쳤다. 신학과 과학을 아우르는 폭넓은 관심사를 지닌 매더는 4백 편이 넘는 저서를 집필했으며, 영국 왕립협회의 회원으로 선출되었다.

맥그리디, 제임스 McGready, James (약1758-1817) *스코틀랜드계 아일

랜드인으로서 장로교 목회자인 맥그리디는 캐롤라이나 지역에서 교회를 담임하다가 가스파강 교회the Gaspar River Church의 청빙을 받고 켄터키주 남서부로 옮겨 갔다. 1800년 7월, 그는 *캠프 집회라는 새로운 전도 방식의 개척을 주도했다. 이것은 특히 그 지역에 널리 흩어진 정착민들에게 잘 맞는 방식이었다. 1년 후 맥그리디는 바턴 W. *스톤과 함께 버번 카운티에서 일어난 대규모의 *케인리지 부흥을 이끌었다. 이 부흥 집회에는 약 2만 명의 청중과 수많은 부흥사가 몰렸으며, 이로써 새로운 시대가 시작되었다.

맥코시, 제임스 McCosh, James (1811-1894) 프린스턴 대학에 가장 큰 영향을 끼친 총장1868-1888 중 하나이며 당대의 영향력 있는 철학자인 제임스 맥코시는 스코틀랜드에서 태어나 교육을 받고 지역 교회 목사로 사역했으며, 1852년에는 벨파스트의 퀸즈 칼리지 교수진에 합류해서 열여덟 해 동안 가르쳤다. 이 시기에 그가 쓴 철학서들에서는 당대에 벌어진 최상의 철학 논쟁과 생생한 복음적 신앙을 서로 조화시키려 애쓰는 모습을 볼 수 있다. 1868년에 그는 뉴저지 칼리지 총장으로 취임했으며, 이 학교는 곧 프린스턴 칼리지로 이름을 바꾸었다. 맥코시는 프린스턴 칼리지가 종합대학으로 발돋움하는 데 공헌한 것으로 인정된다. 그는 개혁파 신앙 안에서 엄격한 정통을 유지하면서도 생물학적 진화를 분명히 수용했고, 교회를 향해 진화의 사실을 회피하지 말라고 권고했다.

맥퍼슨, 에이미 셈플 McPherson, Aimee Semple (1890-1944) 로스앤젤레스에 에인젤러스 템플the Angelus Temple을 건립하고1923, 국제 사중복음 교회the International Church of the Four Square Gospel를 창립했다1927. 많은 이가 '에이미 자매'Sister Aimee로 부른 그녀는 복음 전도자, 치유자, 사회 활동가, 대중 매체의 스타였다. 그녀의 교리적 특징은 완전주의, 방언, 성령 세례, 재림 사상 등을 강조한 데 있다. 1926년에 그녀가 수수께끼처럼 납치되었다가 돌아온 일은 그녀의 사역이 지닌 극적인 성격을 더욱 부각시켜 줄 뿐이었다.

메노파 Mennonites 메노나이트 16세기 초반에 네덜란드와 스위스에서 생겨난 다양한 무리의 *아나뱁티스트 집단을 묘사하는 일반 용어. 이 용어는 메노 *시몬스에게서 유래했다. 그는 로마 가톨릭 사제였으나 개신교로 개종했으며, 지금은 네덜란드의 한 주가 된 프리슬란트Friesland에 많은 자율 공동체들을 설립했다. 더 급진적이며 종말론적인 성향을 지닌 독일 뮌스터의 아나뱁티스트들과는 거리를 두려 한 메노파는 *신자의 세례와 평화주의, 그리고 '경건한 삶'을 실천하라는 보편적인 부름을 강조했다. 메노파의 신념들은 1632년 네덜란드의 도르드레흐트에서 서명된 열여덟 개의 신앙 조항을 통해 체계화되었다.

메리 치하의 망명자들 Marian exiles 잉글랜드의 여왕 *메리 튜더는 자신의 짧은 통치기1553-1557에, 잉글랜드 국교회를 로마 가톨릭 쪽으로 되돌리기 위해 개신교 성향을 지닌 *성공회 지도자들을 상대로 가혹한 박해를 시행했다. 이때 다수의 젊은 성직자들은 이단 재판을 거쳐 화형을 당하기보다 해외로 망명하는 쪽을 선택했다. 이 시기에 잉글랜드를 벗어난 이 성직자들은 '메리 치하의 망명자들'로 알려져 있다. *엘리자베스의 통치기에, 이들 중 대다수는 대륙의 여러 피난처로부터 잉글랜드로 돌아왔다.

메리 치하의 순교자들 Marian martyrs 여왕 *메리 튜더의 짧은 통치기에 속하는 1555년과 1556년에, 3백 명이 조금 넘는 잉글랜드의 개신교인들이 공개 처형을 당했다. 대부분 화형을 당한 이 순교자들은 주로 고위 성직자들이었다. 휴 *라티머와 니콜라스 리들리, 그리고 캔터베리의 대주교 토머스 *크랜머는 옥스퍼드의 순교자들the Oxford Martyrs로서, 이 집단의 유명한 대표자들로 간주된다.

메리 튜더 Mary Tudor (1516-1558) 잉글랜드 왕 *헨리 8세와 첫 아내 아라곤의 캐서린 사이에서 태어난 딸인 메리는 잉글랜드 종교개혁의 격동기에 중요한 영향력을 끼쳤다. 1544년에 제정된 왕위 계승령the Act of Succession에 의해, 메리는 자기 남동생인 에드워드의 통치 이후에, 그리고 여동생인 *엘리자베스의 통치 이전에 통치하도록 확정되었다. 1553년 개신교인이었던 왕 에드워드가 열다섯 살의 나이로 사망한 뒤, 메리가 권좌에 올랐다. 메리는 곧 옛 종교를 회복하며 교황을 다시 잉글랜드 교회의 수장으로 확립하려는 갈망을 품고, 잉글랜드의 개혁자들을 제거하기 위해 극단적인 조치를 취했다. 그녀는 이단 재판을 자신의 방편으로 삼았으며, 1555-1556년에 이 재판을 통해 많은 이들이 처형되었다. 이를 통해 그녀는 '피의 메리'Bloody Mary라는 불명예스러운 호칭을 얻었다.

메이첸, 존 그레셤 Machen, J. Gresham (1881-1937) 메이첸은 볼티모어의 존스 홉킨스 대학에서 탄탄한 고전 교육을 받은 뒤, 1901년 프린스턴 신학교에 입학했다. 신학교 졸업 후에는 독일에서 심화 연구를 마친 뒤 귀국하여 프린스턴 신학교 교수진에 합류했다. 그리고 나머지 생애에는 신약 연구와 강의에 전념했다. 프린스턴 신학교에서 메이첸은 교수진 가운데 보수적인 세력을 이끌었으며, *근본주의 대 현대주의 논쟁의 중심 인물이 되었다. 그는 1923년 *Christianity and Liberalism*『기독교와 자유주의』, 복있는사람, 2013을 출간하고, 또한 1921년 *The Origins of Paul's Religion*『바울 종교의 기원』, 베다니, 1996과 1930년 *The Virgin Birth of Christ*『그리스도의 동정녀 탄생』를 집필했다. 1929년에는 프린스턴 신학교를 사임한 뒤 필라델피아의 웨스트민스터 신학교 설립에 참여했다.

멜란히톤, 필리프 Melanchthon, Philipp **멜랑히톤** (1497-1560) 마르틴 *루터의 가까운 벗이자 동료로 기억되는 독일의 종교개혁자. 그는 비텐베르크 대학의 그리스어 교수로 부임한 뒤 루터의 영향을 받게 되었다. 1521년에는 *Loci Communes*『신학 총론』, CH북스, 2000를 출간했는데, 이는 종교개혁 교리를 체계적으로 진술한 최초의 문헌이다. 그는 종교개혁 시기 내내 가능한 한 연합을 이루려고 애썼지만, 마르부르크 회담에서는 츠빙글리에 맞서 루터의 편에 섰다. 일부 교리적인 측면에서 그가 신학적으로 루터와 각을 세운 것에 관해서는 논란이 있지만, 그는 여전히 루터파의 발전에 중심 역할을 한 인물로 남아 있다. 이는 *아우크스부르크 신앙고백서 작성과 독일 전역에 걸친 교육 개혁에서 그가 감당한 역할에서 잘 드러난다. (참조. 『개혁신학 용어사전』도서출판100·알맹e, 2018의 같은 항목.ⓒ)

면벌부 indulgences 종교개혁기의 주된 논쟁 중 하나는 면벌부 판매에 연관되어 있었다. 사람들은 면벌부를 통해 신자가 *연옥에서 겪어야만 할 시간을 단축할 수 있다고 믿었다. 16세기에는 교황의 후원 아래, 대개 돈이나 토지를 바치는 대가로 면벌부를 받을 수 있었다. 이는 '죄의 일시적 결과'로서 받는 징벌, 곧 불충분한 보속 때문에 주어지는 벌을 경감하기 위함이었다. 마르틴 *루터의 95개 논제는 주로 면벌부 판매에 수반되는 신학적 문제들에 초점을 맞추었다.

모니카 Monica (약331-387) 히포의 주교 *아우구스티누스의 어머니. 아우구스티누스는 자신이 하나님을 저버리도록 놓아 두지 않은 모니카를 끈질긴 믿음의 여인으로 기억했다. 아우구스티누스가 기독교를 외면하고 북아프리카를 떠나 이탈리아로 향했을 때, 모니카는 아들 아우구스티누스와 손자 아데오다투스Adeodatus를 따라 그 길에 동행했다. 모니카의 기도와 확고한 결의는 마침내 아우구스티누스가 밀라노에서 회심하고 그녀와 화해하면서 기쁨으로 끝을 맺었다. 모니카는 고향으로 돌아오는 도중에 로마 부근에서 숨을 거두었다.

모라비아 형제단 Moravian Brethren 아마도 15세기경에 생겨난 체코 그리스도인들의 후손으로 17세기에 형성된 공동체. 이들은 1720년대에 *친첸도르프 백작의 재정과 수송 지원을 받아 미국으로 이주한 뒤, 펜실베이니아주와 노스캐롤라이나주에 정착했다. 모라비아 형제단은 여러 신조들의 가치를 인정했지만, 자신들의 일원이 되기 위해 어떤 신조에 복종해야 한다고 요구하지는 않았다. 이들의 예배는 성경에 기초한 예전을 중심으로 조직되었다.

모르몬교 Mormon 1820년대에 조셉 *스미스가 번역한 모르몬경에는 이른 시기에 미 대륙에 정착했다는 경건한 종족의 이야기가 담겨 있다. 이 종족은 전쟁을 거쳐 단 두 사람만 살아남았는데, 모르몬과 그의 아들 모로니Moroni가 그들이었다. 이 책에 따르면 이 두 사람은 자신들의 역사를 금판에 기록하고 뉴욕주 북부의 한 언덕에 묻었으며, 스미스는 후에 자신이 그 금판을 발견했다고 주장했다.

모어, 토머스 More, Thomas (1478-1535) 잉글랜드 왕 *헨리 8세의 어지러운 통치기에 법률가로 시작해서 왕국의 재상the lord chancellor에 오른 인물. 재상의 위치에서 법률과 정부 정책, 종교적인 문제들에 상당한 영향력을 행사했다. 모어는 기독교 인문주의자이며 로테르담의 *에라스무스의 친밀한 벗으로서 가톨릭 교회의 개혁자였지만, 독일의 *루터나 잉글랜드의 윌리엄 *틴들 같은 개신교 지도자들에 대해서는 격렬히 반대했다. 이후 모어는 권좌에서 몰락한 뒤 마침내 반역죄로 처형을 당했는데, 이는 헨리 8세가 첫 아내인 아라곤의 캐서린과 이혼하고 앤 불린과 결혼하는 것을 지지하지 않았기 때문이었다. 모어는 자신의 저서 *Utopia*『유토피아』, 돋을새김, 2015에서 잉글랜드의 사회와 종교상을 강력히 비판했다.

몬타누스 Montanus (2세기의) 소아시아 지역 프리기아에서 등장한 카리스마적인 설교자인 몬타누스는 자신을 "보혜사의 입"the mouthpiece of the Paraclete으로 내세우면서, 사도 시대에 있었던 치유, 예언, 방언의 은사들은 그 시대가 끝난 후에도 중단되지 않았다고 가르쳤다. 그의 추종자들인 몬타누스파에서는 엄격한 *금욕주의를 고수하고 그 지체들에게 독신 생활을 요구했으며, 이후 신학자 *테르툴리아누스도 이 분파에 동참했다. 기존 교회는 몬타누스파를 달갑게 여기지 않았는데 이는 부분적으로 그들의 교리 때문이고, 또한 몬타누스가 여성도 주요 지도자의 역할을 맡도록 허용했기 때문이기도 하다.

무디, 드와이트 L. Moody, Dwight L. (1837-1899) 19세기 말 미국의 가장 성공적인 부흥운동가 중 하나인 무디는 매사추세츠주 노스필드에서 가난한 농부의 아들로 태어났다. 그는 열일곱 살에 보스턴으로 이동해서 구두를 팔았으며, 이때 한 주일학교 선생님의 열심 있는 전도를 통해 회심했다. 그는 시카고로 옮기면서 사역의 기회를 얻었고, 남북 전쟁에서 군목으로 종군한 뒤 시카고에 교회를 개척했다. 무디는 감리교 찬송 인도자 아이라 생키Ira Sankey와 협력해서 부흥운동에 나섰으며, 대서양 너머 영국에서 2년간 계속 늘어나는 회중을 상대로 말씀을 전했다. 그는 미국으로 돌아와서도 부흥운동을 이어 갔는데, 이는 놀라운 성공을 거두었다. 무디는 여러 면에서 독특한 인물이었다. 그는 주요 복음 전도자 중 최초로 전천년설을 받아들이고 성경의 무오성을 주창했으며, 이를 통해 20세기 *근본주의의 토대를 놓았다. 또한 무디는 기독교 고등 교육의 적극적인 옹호자였으며, 1886년 무디 성경 학교the Moody Bible Institute 의 설립에 공헌했다. 이 대학은 지금도 무디가 선택한 시카고 북부 인근의 부지에 남아 있다. **참조.** *천년왕국설.

무라토리 정경 Muratorian canon (2세기 말) 현존하는 최고最古의 신약 정경 목록. 이 명칭은 발견자 L. A. 무라토리L. A. Muratori의 이름에서 유래했으며, 그는 이 목록을 1740년에 처음 출판했다. 이 정경 목록은 200년 즈음에 초기 교회가 히브리서와 야고보서, 베드로 전후서를 제외한 신약의 모든 책들을 권위 있는 것으로 간주했다는 사실을 확증해 준다는 점에서 매우 중요하다. 이 정경 목록에서는 저자가 의심스러운 여러 거짓된 작품들을 뚜렷이 거부했다. **참조.** *정경, 성경의.

무염시태 immaculate conception 마리아가 어머니의 배 속에 잉태되는 순간부터 조금도 원죄에 물들지 않도록 보존되었음을 주장하는 교리. 순교자 *유스티누스와 *이레네우스를 비롯한 초기 교회의 여러 교부들은 마리아를 '새로운 하와'the new Eve로 여기고, 죄 없는 그릇을 통해서만 죄 없는 구세주가 태어날 수 있다고 주장했다. 하지만 정교회는 이 견해를 채택하지 않았으며, 서방 교회에서도 *토마스 아퀴나스를 비롯한 여러 스콜라주의 신학자들이 이 견해를 부인했다. 그러나 1854년에 교황 비오피우스 9세의 회칙 *Ineffabilis Deus*「형언할 수 없는 하나님」를 통해, 마리아의 무염시태는 로마 가톨릭 교회의 공식 교의가 되었다. 대부분의 개신교 교파들은 이 견해를 받아들이지 않는다.

무함마드 Muhammad **마호메트** (약570-632) *이슬람교의 선지자인 무함마드는 베두인족 출신의 이름 없는 고아였으나 이후 세계의 위대한 일신론적 종교 중 하나를 창시하고 이끈 인물이 되었다. 무함마드는 자신이 알라의 메시지를 세상에 전하도록 선택받았다고 믿었으며, 한 필사자에게 신성한 경전인 쿠란the Qur'an; 코란, Koran의 내용을 받아쓰게 했다. 그의 사후 한 세기 동안, 이슬람교는 아라비아 반도로부터 동쪽과 서쪽으로 급속히 퍼져 나갔다. 오늘날 이슬람교는 특히 아프리카 북부, 중동 지역, 파키스탄, 말레이시아, 인도네시아에서 지배적인 종교다.

뮌스터파 Münsterites (1530년대) 여러 예언적인 지도자들의 지휘 아래 1534년에 베스트팔렌 지역의 뮌스터시를 탈취한 호전적 *아나뱁티스트들의 급진적 분파. 얀 마티스Jan Mathijs의 주도 아래, 뮌스터파는 자신들의 세력에 동참하지 않는 모든 주민을 내쫓고 그곳에 '그리스도의 왕국'을 수립했다. 마티스의 추종자들은 *천년왕국에 대한 기대감을 품고 일종의 기독교 사회주의를 채택하는 동시에 일부 다처제를 따랐다. 그러나 이 분파는 루터파와 로마 가톨릭의 연합군에게 처참하게 격파되었고, 그들 중 다수는 네덜란드로 도피했다. 미국에서는 뮌스터파의 꼬리표가 모든 아나뱁티스트들을 따라다녔으며, 이로 인해 식민지 생활에 동화되는 데 어려움을 겪었다.

뮬렌버그, 헨리 멜키오르 Muhlenberg, Henry Melchior (1711-1787) 식민지 시대 미국 루터교를 조직한 인물로, 독일 하노버 인근에서 출생했으며, 독일 여러 대학에서 목회자가 되기 위한 교육을 받았다. 이후 1739년에 목사로 임직을 받고, 필라델피아에 있는 루터교회의 청빙을 받아 미국으로 떠났다. 그곳에서 뮬렌버그는 경건주의와 좀 더 자유주의적인 루터교 사이에서 조심스럽게 균형을 잡으면서 응집력 있는 공동체를 조직하고 이루어 갔다. 또한 그는 자신이 속한 루터교단의 발전을 이끌기 위해 펜실베이니아 지역 목사단the Pennsylvania Ministerium의 설립을 추진했다. 그는 18세기 *대각성 시기에 미국 식민지를 휩쓸었던 부흥운동을 신뢰하지 않았다.

미국해외선교회 American Board of Commissioners for Foreign Missions (1810 설립) 미국에서 일어난 2차 대각성의 결과물로 생겨난 초기 개신교 선교 단체. 해외 선교사로 섬기기 원한 새뮤얼 J. 밀스Samuel J. Mills를 비롯한 몇몇 젊은이들의 강렬한 열망에 따라 생겨났다. 그들은 미국 매사추세츠주 회중교회들을 향해 이 일의 필요성을 계속 호소했으며, 마침내 1810년에 해외 선교를 지원하기 위해 미국해외선교회가 창립되었다. 곧 장로교회와 개혁교회들도 이 단체에 동참했으며, 1812년에는 최초의 선교사들이 파송되었다. 약 5년 후, 이 선교회는 미국 원주민 대상 사역도 지원하게 되었다.

참조. *저드슨, 아도니람.

밀라노 칙령 Edict of Milan (313) 로마의 황제 *콘스탄티누스 대제와 아우구스투스 리키니우스Augustus Licinius가 함께 공포한 칙령. 이 칙령으로 제국 내에서 기독교가 공인되었으며, 교회에 대한 박해가 공식적으로 끝났다.

밀러, 윌리엄 Miller, William (1782-1849) 뉴욕주 북부의 '불타오른 지역'burned over district(2차 대각성 시기에 열렬한 부흥이 일어난 지역 ⓣ) 출신의 침례교 목회자인 밀러는 특히 다니엘서와 요한계시록에 초점을 두고 열네 해 동안 성경을 연구했으며, 그 내용에 근거해서 자신의 사역을 전개했다. 그리스도의 재림을 예고하는 밀러의 설교를 듣고 많은 침례교인, 감리교인, 장로교인이 추종자가 되었으며, 사역 전성기에 이들의 숫자는 5만 명에서 10만 명 사이에 이르렀다. 비록 이들이 원래 속한 교단에서 떨어져 나오지는 않았으나, 그의 충실한 지지자들은 밀러파Millerites로 불리게 되었다. 밀러가 그리스도의 재림을 놓고 1843년 3월부터 시작되는 1년의 기간을 설정했을 때, 이에 대한 관심이 절정에 이르렀다. 그러나 예고된 재림이 일어나지 않자 그는 다시 1844년 10월 22일이라는 좀더 구체적인 일시를 공표했다. 하지만 이 날짜마저 지나가 버리자 밀러의 추종자들은 급격히 줄어들기 시작했으며, 이들 중 다수는 다른 재림론자들의 집단으로 옮겨 갔다.

밀러파 Millerites *밀러, 윌리엄을 보라.

바르멘 선언(문) Barmen Declaration (1934) 나치의 영향으로 독일 신학이 변질되어 감에 따라, 스위스 신학자 칼 *바르트는 다른 이들과 함께 독일 *고백교회의 선언문을 작성하고 독일의 바르멘에서 공표했다. 이 선언문에서는 교회가 오직 예수 그리스도를 통한 하나님의 특별 계시 위에 서 있음을 강조했다.

바르트, 칼 Barth, Karl 카를- (1886-1968) 개신교 조직신학에 심대한 영향을 미친 기념비적 저작 *Church Dogmatics*『교회 교의학』, 대한기독교서회, 2003-2017의 저자인 바르트는 1919년 로마서 주석인 *Römerbrief*『로마서』, 복있는사람, 2017를 출판한 후 유럽에서 주목할 만한 인물로 부상했다. 바르트는 이 책에서 교회가 종교개혁의 핵심 주제들로 복귀할 것을 요청했으며, 그런 주제들로는 하나님의 주권, 인류와 인간이 세운 제도와 인간 개개인 모두의 죄악됨, 하나님의 말씀인 예수 그리스도의 중심성, 종말론이 있었다. 바르트는 튀빙겐 대학과 마르부르크 대학에서 공부한 뒤 스위스의 두 지역에서 목회했다. 이때 그는 자신이 배운 자유주의 신학과 결별했는데, 이는 부분적으로 제1차 세계대전의 끔찍함 때문이었다. 바르트는 다시 성경으로 돌아갔으며 특히 바울 서신들의 영향을 받았다. 그는 독일과 스위스의 몇몇 대학에서 가르쳤고, 전 세계적으로 많은 제자들에게 영향을 끼쳤다. 제자들로는 디트리히 *본회퍼, 라인홀드 *니버와 리처드 *니버, 위르겐 몰트만Jürgen Moltmann과 볼프하르트 판넨베르크Wolfhart Pannenberg, 토머스 F. 토런스Thomas F. Torrance 등이 있다. 제2차 세계대전 때에 바르트는 나치 운동에 반대했고, 독일 *고백교회를 이끌면서 *바르멘 선언을 작성했다. '신정통주의'neo-orthodoxy로도 불리는 그의 신학적 입장은 프리드리히 *슐라이어마허의 영향을 깊이 받은 독일 자유주의 신학과 깨끗이 결별하는 것이었다. 바르트는 하나님의 계시 속에서 자연신학에도 어떤 역할이 있다는 주장을 거부하고, 하나님이 살아 있는 말씀인 그리스도의 신적인 인격 안에서 사람들에게로 "뚫고 들어오심"breaking through으로써 자신을 계시하신다고 주장했다. 바르트에 따르면 성경은 성령에 의해 조명될 때 각 사람에게 주시는 하나님의 말씀이 될 수 있지만, 다만 성경 자체에는 인간 저자들의 오류가 포함되어 있다고 본다.

바실리우스, 카이사리아의 Basil of Caesarea, St. **카이사레아의 바실리오스, 바실레이오스** (약330-379) 381년의 *콘스탄티노플 공의회에서 정통을 확정하는 데 기여한 세 명의 *카파도키아 교부 중 하나. 종종

'대 바실리우스'Basil the Great, 대 바실리오스라고도 불린다. 바실리우스는 은둔 수사로 생활하다가 다시 유행하기 시작한 *아리우스주의에 맞서 달라는 요청을 받고 364년에 세상으로 돌아왔다. 6년 뒤, 그는 *에우세비우스의 뒤를 이어 카이사리아 주교가 되었다. 바실리우스는 성령에 관해 중요한 글을 저술했으며, 당시에 행정과 조직 운영에 유능한 인물로 알려져 있었다.

바울, 사모사타의 Paul of Samosata (약200-275) 3세기 당시의 주요 기독교 도시인 안티오키아의 주교로 서품되었으나 268년에 면직된 인물. 이는 그가 테오다투스Theodatus의 기독론과 유사한 이단적인 기독론을 신봉했기 때문이다. 테오다투스는 그저 하나님의 로고스가 인간 예수 위에 머물면서 구약의 선지자들이 받았던 것과 비슷한 영감을 그에게 주었을 뿐이라고 역설했다. 그러므로 사모사타의 바울은 그리스도 안에 두 인격person이 있으며, 하나는 신적인 인격이고 다른 하나는 인간적인 인격이라고 주장했다. 이 견해는 *역동적 단일신론과 동일시되었다.

바울파 Paulicians (중세 초기의) 비잔틴 기독교에 속한 이 분파의 기원은 확실치 않으며, 어떤 권위자들은 이들을 사모사타의 *바울과 연관 짓기도 한다. 교리 면에서 그들은 분명히 *마니교와 *영지주의 노선을 따랐다. 이는 (1) 예수 그리스도의 신체성을 부인한 점과 (2) 구약의 신을 데미우르고스로 여기고 이 신을 새로운 계시를 통해 자신을 알린 선하신 하나님과 서로 구별한 점, (3) 물질은 모두 악하지만 영(또는 비물질적인 것)은 본성상 선하다고 여기는 기본적인 이원론을 따른 점, (4) 바울과 누가의 글들만을 신뢰하고 받아들인 점에서 그러하다.

바티칸 공의회, 제1차 Vatican I, or First Vatican Council ***공의회, 제1차 바티칸**을 보라.

바티칸 공의회, 제2차 Vatican II ***공의회, 제2차 바티칸**을 보라.

반달족 Vandals 4세기의 서유럽 세계에서 두드러지게 활동한 게르만계 부족인 이들은 *아리우스주의 형태의 기독교를 받아들였다. 5세기 초에 골(프랑스) 지역을 거쳐 스페인 땅으로 이동한 반달족은 최종적으로 북아프리카 지방의 카르타고를 정복하고 그곳을 자신들의 수도로 삼았다. 455년에 반달족은 로마를 약탈했다. 이는 410년부터 거듭된 침입으로 로마의 방어가 심각하게 약화된 후였다.

반동 종교개혁 Counter-Reformation 대항 종교개혁, 대응 종교개혁, 역종교개혁 *가톨릭 종교개혁을 보라.

반(半)펠라기우스주의 Semipelagianism 리즈의 파우스투스Faustus of Riez, 약408-약490가 주창한 이 견해에서는 은혜가 구원에서 결정적인 역할을 하지만, 기독교 신앙을 향한 첫 단계는 인간의 '자유로운' 의지로 수행해야 한다고 주장했다. 그러면 하나님은 이에 대한 응답으로 더 많은 은혜를 베풀고, 그리하여 신인협력적인synergistic 구원의 과정이 뒤따르게 된다는 것이다. **참조.** *펠라기우스주의.

발라, 로렌초 Valla, Lorenzo (약1406-1457) 이탈리아 인문주의자이며 최상의 문예 비평가인 로렌초 여러 대학에서 가르치면서 대단히 영향력 있는 작품인 *On The Elegancies of the Latin Language*『라틴어의 우아함에 대하여』를 집필했다. 그리고 이후 15세기 중엽에는 로마에서 교황청 서기관apostolic secretary의 직책을 얻었다. 발라는 *콘스탄티누스 증여 문서의 역사성에 관해 유명한 비판을 가했으며, 이 때문에 *종교재판소의 심문을 받게 되었다. 당시에 출간되지는 않았지만, 그의 저서 *Annotations on the New Testament*『신약성경 해설』는 *불가타 역본의 정확성을 대담하게 비판한 책이었다. 이 책은 로테르담의 *에라스무스가 그리스어와 라틴어로 된 기념비적인 신약성경을 편집하여 1516년에 출판하도록 동기를 부여하는 데 중요한 역할을 했다.

백스터, 리처드 Baxter, Richard (1615-1691) 잉글랜드의 청교도 목회자이며 많은 작품을 남긴 종교 저술가인 백스터는 17세기 잉글랜드의 비국교도 그리스도인들에게 깊은 영향을 끼쳤다. 그는 주로 독학으로 공부했으며, 거의 200권에 달하는 다양한 작품을 집필했다. 그중 가장 칭송받는 작품은 *The Saint's Everlasting Rest* 1650;『성도의 영원한 안식』, 크리스천다이제스트, 1996인데, 이 책은 그가 심각한 질병에 시달릴 때 성경만을 자료로 삼아 쓴 것이다. *A Christian*

Dictionary 1673; 『기독교 생활 지침』, 부흥과개혁사, 2018는 평신도를 위해 복잡한 신학 용어들을 정의 내린 방대한 분량의 책이며, *Catholick Theology*『보편 신학』, 1675는 각 교파의 차이점에 관해 논쟁이 벌어지는 가운데서 서로 간의 이해와 평화를 증진하려는 의도로 저술되었다. 그의 *Reformed Pastor*『참된 목자』, 크리스천다이제스트, 2016는 목회 사역의 지침서이며, *Call to the Unconverted* 1658; 『회심으로의 초대』, 크리스천다이제스트, 2017는 인기 있는 개인 전도 지침서였다. 백스터는 20년 가까이 우스터셔주 키더민스터Kidderminster에 있는 작은 교회에서 사역하면서, 그곳에 있는 거의 모든 직공들의 가정을 신앙으로 인도했다.

버니언, 존 Bunyan, John 존 번연 (1628-1688) 17세기 잉글랜드에서 활동한 베드퍼드셔Bedfordshire 출신의 독립파 설교자. 그리스도인의 삶에 관한 우화 *The Pilgrim's Progress**『천로역정』, CH북스, 2015+의 저자로 잘 알려져 있다. 잉글랜드 내전 기간에 버니언은 청교도 의회파에 속해 왕당파에 맞서 싸웠다. 더욱이 그는 비국교도적인 성향을 지녔으며 당국의 허가 없이 설교하곤 했으므로, 1660-1672년에 이르는 기간의 대부분을 감옥에서 보냈다. 이 투옥 기간에 그는 많은 글을 남겼으며, 그중에는 감동적인 작품 *Grace Abounding to the Chief of Sinners*『죄인의 괴수에게 넘치는 은혜』, 크리스천다이제스트, 2016도 있다. 영속적인 기독교 고전이 된 『천로역정』은 2부로 나뉘어 출판되었으며 1부는 1678년에, 2부는 1684년에 나왔다.

베긴회 Beguines 13세기의 네덜란드 여성들이 조직한 운동. 이들은 구속력 있는 수도 서약 없이 공동체를 이루어 살았다. 베긴회의 규정에는 독신 생활이 포함되어 있었지만, 그들은 개인 재산을 소유할 수 있었으며 결혼을 선택하더라도 비난받지 않았다. 베긴회는 공동 기도와 단순한 경건, 그리스도를 향한 굳건한 헌신으로 알려져 있었다.

베네딕투스, 누르시아의 성 Benedict of Nursia, St. **베네딕토, 베네딕도** (약480-약550) '서방 수도원 운동의 아버지'the Patriarch of Western Monasticism로 불리는 인물. 수도원 운동의 영향력 있는 지도자인 그는 유명한 『베네딕도 수도 규칙』Benedictine Rule, 분도, 1991을 작성했으며, 이탈리아 중부에 몬테 카시노Monte Cassino 대수도원을 세웠다. 500년에 그는 유혹과 소란이 가득한 로마를 피해 동굴에서 은둔하면서 기독교적 삶의 부르심을 받들기 시작했다. 곧 다른 *은자들이 베네딕투스 주위로 모여들었으며, 느슨한 형태의 수도 공동체가 형성되었다. 다만 베네딕투스가 자신을 (그의 이름을 따서 만들어진) 베네딕도(수도)회the Benedictine Order, 베네딕투스 수도회, 분도회芬道會의 창시자로 여겼는지는 분명하지 않다. 그의 누이는 강인한 성 *스콜라스티카였다.

베다, 성 Bede, St. 비드 (약673-735) 7세기의 이 앵글로색슨 수사는 종종 '존경할 만한 베다'the Venerable Bede, 가경자 베다로도 불리며, 헌신자oblate, 곧 수사나 수녀들이 양육하도록 바쳐진 아이로서 교회 생활을 시작했다. 그는 잉글랜드 노섬브리아의 변두리에서 평생을 보냈다. 그는 재로Jarrow에 있는 수도원에서 80킬로미터 이상 벗어난 적이 없지만, 당대 잉글랜드의 가장 영향력 있는 학자로서 *The Church History of the English People**『잉글랜드 국민의 교회사』; 『영국민의 교회사』, 나남, 2011을 저술했다. 베다는 열아홉 살에 부제deacon, *집사가 되고, 서른 살에는 안수받은 사제가 되었다. 그의 주된 사역은 교육과 학문에 관한 것이었으며, 과학과 라틴어 용법, 성인들의 생애에 관한 글과 함께 여러 성경 주석을 남겼다.

베르나르, 클레르보의 성 Bernard of Clairvaux, St. (1090-1153) 베르나르는 12세기 프랑스 귀족의 일원으로서 누리던 부유하고 편안한 삶을 버리고, 스물두 살에 시토Citeux에서 수사가 되었다. 얼마 후 그는 새로 창립된 시토회Cistercian Order의 첫 수도원 위치 선정에 관여했다. 이때 그는 클레르보를 택했으며, 그곳의 첫 수도원장이 되었다. 베르나르는 스콜라주의 시대의 신학적 보수주의자로, 당대의 논쟁적 사안들에 큰 영향력을 행사했다. 베르나르는 신학에서 이성의 역할을 강조하던 피에르 *아벨라르의 입장에 반대했으며, 1140년 상스Sens 공의회에서 그를 논박했다. 베르나르는 동정녀 숭배를 옹호하고 권장했으며, 마리아에 대한 헌신을 강조했다. 그는 에데사Edessa가 *이슬람교의 수중에 넘어갔을 때 제2차 *십자군 원정을 촉구했으며, 그 원정이 실패로 끝나자 십자군 전사들을 믿음 없는 자들로 간주했다. 흥미롭게도 그는 당시 교회의 입장을 거슬러 유대인 박해에 반대했다. 베르나르는 매우 많은 글을 집필했으며, 500통이 넘는 그의 편지가 지금도 남아 있다. 여든여섯 편에 이르는 그의 아가서 설교는 놀랍도록 생생하고 강렬하다. 베르나르는 자신의 신학 저술인 *Grace and Free Will*『은혜와 자유 의지』에서, '인간의 의지는 어떻게 공로가 되는 선행을 행할 수 있는가' 하는 질문을 숙고했다.

베르미글리, 피에트로 마르티레 Peter Martyr Vermigli (1500-1562) 피렌체 태생의 인물. 그의 이름은 13세기에 활동했던 도미니코 수도회의 종교재판관 성 피에트로 마르티레St. Peter Martyr의 이름을 따온 것이다. 베르미글리의 생가 부근에 있는 산마르코 수도원에는 성 피에트로 마르티레의 살해 장면을 생생히 묘사한 프라 안젤리코Fra Angelico의 그림이 있었다. 베르미글리는 아우구스티노회의 수사로 입회한 뒤 수도회 내에서 빠르게 승격되어 움브리아에 있는 스폴레토 수도원의 원장이 되었다. 그는 울리히 *츠빙글리와 특히 마르틴 *부처의 성경 주해에 영향을 받았으며, 이에 따라 자신의 설교들에서 종교개혁의 이상과 주제들을 드러내기 시작했다. 1547년에 베르미글리는 부처의 격려와 지원에 힘입어 스트라스부르 대학의 신학 교수로 임명되었다. 그리고 같은 해 말, 부처와 베르미글리는 에드워드 6세 치하의 잉글랜드에서 '피난처'를 찾으라는 토머스 *크랜머의 초청을 수락했다. 이곳에서 그들은 1552년의 *성공회 기도서 개정 작업에 많은 영향을 끼쳤으며, 흔히 '성찬에 관한 다툼'Supper Strife으로 알려진 잉글랜드의 성찬 논쟁에도 깊이 관여했다. 1553년에 *메리 튜더가 여왕으로 즉위하자, 베르미글리는 유럽 대륙으로 돌아와 개신교의 주요 중심지에서 가르쳤다.

베스트팔렌 조약 Peace of Westphalia (1648) 유럽 대륙에서 벌어진 30년간의 종교 충돌에 종지부를 찍은 조약. 이 조약을 통해 루터파와 로마 가톨릭 측이 맺은 아우크스부르크 화의1555가 다시 확증되었으며, 바이에른, 브란덴부르크, 프랑스, 작센, 스위스 지역에 관한 영토 분쟁이 해소되었다.

『베이 시편찬송가』 Bay Psalm Book (1640 첫 출간) 신대륙에서 영어로 출판된 최초의 책. 이 찬송가집의 더 긴 제목은 *The Whole Booke of Psalms Faithfully Translated into English Metre*『영어 운율에 맞게 충실히 번역된 전체 시편』다. 미국에서 발행된 이 초기 찬송가집은 청교도들이 식민지에서 드린 예배의 기초 자료가 되었다.

베자, 테오도르 Beza, Theodore **테오도르 드 베즈** (1519-1605) 로잔 대학에서 그리스어를 가르친 유명한 학자인 베자는 스물아홉 살 때 로마 가톨릭 교회를 떠나, 제네바에서 진행되던 종교개혁을 받아들였다. 자신의 유명한 스승 장 *칼뱅보다는 다소 온화한 기질을 지녔지만, 그럼에도 베자는 예정 교리의 철저한 옹호자였다. 1564년 칼뱅이 사망하자 베자가 그 뒤를 이어 개혁신학의 유능한 옹호자가 되었다. 베자는 일흔일곱 살이 되기까지 제네바 대학에서 그리스어와 신학을 가르쳤다. 1565년에는 그리스어 신약성경을 출판했으며, 그의 논문집 *Theological Treatises*『신학 논설』, 1582는 세 권으로 출판되었다. 이 논문집에는 "개신교 신앙고백의 조화"The Harmony of Protestant Confessions가 포함되어 있다.

베케트, 성 토머스 아 Becket, St. Thomas à (1120-1170) 법률가로 활동하면서 잉글랜드의 공직에 입문한 베케트는 1155년 국왕 헨리 2세의 치하에서 재상chancellor으로 임명되었다. 이때 그는 왕의 가까운 친구로서, 교회의 유익에 맞서 자신이 섬기는 군주의 편에 섰던 것으로 알려진다. 1162년에 헨리 2세는 그를 캔터베리 대주교로 임명했고, 이에 따라 베케트는 잉글랜드 교회에서 가장 높은 직책을 맡게 되었다. 이후에 베케트는 태도 변화를 보이기 시작했으며, 결국에는 성인으로 시성되기에 이른다. 베케트는 용감히 교회의 편에 섰으나 1170년 캔터베리 *대성당에서 기도하던 중에 헨리 2세가 보낸 네 명의 기사에게 살해되었다. 캔터베리에 있는 그의 경당은 이후 여러 세기 동안 기독교 순례자들이 즐겨 찾는 성지가 되었다.

벨하우젠, 율리우스 Wellhausen, Julius (1844-1918) 독일의 할레와 마

르부르크, 괴팅겐 대학에서 구약학 교수를 지냈으며 영향력 있는 고등 비평가였던 벨하우젠은 자신의 저서 *History of Israel*『이스라엘의 역사』(초판은 1878년 *Geschichte Israels*라는 제목으로, 개정판은 1883년에 *Prolegomena zur Geschichte Israels*로 출간됨ⓔ)을 통해 이후 대단한 영향을 끼친 오경의 문서설을 제시했다. 벨하우젠은 카를 그라프Karl Graf와 함께 작업하면서, 오경에 속한 다섯 권의 책에는 적어도 네 개의 개별적인 원자료가 있다고 주장했다. 오랜 시간이 지난 후에 편집자 또는 교정자가 이 J, E, D, P 문서들을 모아서 지금의 공인된 본문을 만들어 냈다는 것이다.

변증가 apologist 어느 시대에 속하든 신앙을 변증하는 모든 이를 가리키는 일반적인 용어. 초기 교회의 변증가들은 전문적으로 신앙을 변증한 초기 기독교 사상가들의 집단이었다. 대부분의 경우, 이 변증가들은 성인이 되어 회심한 첫 세대 그리스도인들first-generation Christians이었다(모태 신앙인이 아니었다는 의미ⓣ). 이들 중 대부분은 직업적으로 훈련된 철학자들이었다. 이 '변증가'라는 명칭은 그리스어 *apologia*에서 유래한 것으로 '변호하다'를 의미한다. 당시 잘 알려진 변증가로는 *아리스티데스와 순교자 *유스티누스, 타티아누스Tatian, 타티아노스와 *아테나고라스, *테오필루스와 동방의 펠릭스Felix from the East, 그리고 서방 교회에 영향을 끼친 카르타고 출신의 *테르툴리아누스가 있었다. 이들의 과업은 기본적으로 두 가지였는데, 한편으로 그들은 총독과 행정관들 앞에서 그리스도인들은 핍박받을 이들이 아니라 로마 제국의 선량하고 충성된 시민임을 옹호했다. 다른 한편으로, 이 변증가들은 당시 로마 세계에 널리 퍼져 있던 신념들과 비교할 때 기독교가 도덕적으로나 영적으로 더 우월한 종교라는 견해를 널리 알렸다.

병자성사(종부성사) extreme unction (last rites) 로마 가톨릭 교회에서 성례로 인정되는 예식. 안수받은 사제가 죽어 가는 신자에게 집행한다. 이때 사제는 최후의 고해를 들은 뒤, 참회하는 신자의 죄책을 사하고 은혜를 베풀어 준다. 이 은혜는 때로 '임종 시의 은혜'dying grace로 불린다.

보나벤투라, 성 Bonaventure, St. (1217-1274) 이탈리아 태생의 프란치스코회 신학자. 그는 이후 이 수도회의 지도자가 되었으며, 수도회 설립자인 아시시의 *프란체스코에 관한 전기를 집필했다. 보나벤투라는 당대에 벌어진 큰 지적 논쟁에 관해 보수적인 태도를 보였으며, 히포의 *아우구스티누스, 캔터베리의 *안셀무스와 마찬가지로 신학에서 아리스토텔레스적인 이성의 역할보다 성경의 조명을 더 중요시했다. 보나벤투라는 페트루스 *롬바르두스의 *Sentences*「교부 명언집」에 관한 주석 집필을 통해 후대에 지속적인 영향을 끼쳤으며, 이 주석은 여러 세대에 걸쳐 서유럽 신학생들의 표준적 교과서가 되었다. **참조.** *아리스토텔레스.

보니파시오 8세 Boniface VIII 보니파키우스 8세 (약1234-1303) 본명은 베네데토 카이타니Benedict Gaetani, Benedetto Caetani다. 그는 참사회원과 부제*집사급 *추기경, 사제급 추기경 등 교회 직제의 직위를 꾸준히 거쳐 마침내 1294년 성 베드로좌the seat of St. Peter(교황의 지위ⓣ)에 올랐다. 보니파시오 8세는 *그레고리오 7세와 *인노첸시오 3세가 취한 교황권 확대의 전통을 좇았으며, 이에 따라 프랑스의 강력한 군주였던 미남왕 필리프Philip the Fair와 충돌했다. 그러나 교황이 모든 이들 위에 궁극적 권세를 지닌다고 선언한 *Unam sanctam*「우남 상탐」, 「유일한 거룩」 등의 교서들을 내렸음에도 불구하고, 그는 결국 필리프를 굴복시키지 못했다.

보니파티우스, 독일의 성 Boniface of Germany, St. 보니파키우스 (약675-754) 중세 초기의 영향력 있는 수사이며 선교사, 학자. 보니파티우스는 잉글랜드 웨식스주의 윈프리스Wynfrith에서 출생했다. (그의 이름은 교황 그레고리오그레고리우스 2세가 붙여 준 것이다.) 그는 프리지아Frisia에서 선교 사역을 시작했으며, 이후에는 헤센Hessen 지역에 집중했다. 이 지역에서 그는 드루이드교와 대결했다. 전설에 따르면, 보니파티우스는 가이스마Geismar에 있던 토르Thor의 떡갈나무를 베어 그것으로 설교단을 만들었다. 그는 722년에 주교로 서품되었으며, 잉글랜드인 수녀 리오바Leoba가 독일에서 그의 사역을 도왔다. 보니파티우스는 수많은 수도원을 설립했고 746년에는 마인츠 대주교가 되었다. 그의 사후에는 독일의 풀다Fulda에 묻혔다.

보라, 카타리나 폰 Bora, Katharina von (1499-1552) 카타리나 폰 보라는 로마 가톨릭 수녀였지만 서원을 철회하고 비텐베르크로 향했으며, 얼마 후 개신교 종교개혁자 마르틴 *루터의 아내가 되었다. 모범적인 목회자의 아내가 된 보라는 격렬한 성품을 지닌 남편을 여러 면에서 잘 섬겼다. 처음에 루터가 그녀와 결혼한 데에는 낭만적인 동기보다 실제적인 이유가 더 컸다. 하지만 그는 보라를 점점 더 깊이 사랑하게 되었고, 그녀의 정서적 차분함과 선량한 상식에 의지했다.

보름스 의회 Diet of Worms (1521) 1521년의 첫 다섯 달 동안, 신성로마 제국의 젊은 황제 *카를 5세는 여러 문제를 논의하기 위해 독일 남부의 군주와 제후들을 한데 소집했다. 그 회의가 끝나 갈 무렵인 4월 중순, 아우구스티노회의 수사이며 비텐베르크 대학 교수였던 마르틴 *루터가 로마 가톨릭 전통에 위배되는 자신의 저작들에 관해 해명하도록 소환되었다. 그는 자신이 쓴 내용을 취소하거나 되물리라는 강한 압박을 받았다. 하루 동안 대답할 말을 숙고한 후, 루터는 4월 18일 그 위압적인 의회 앞에 서서 '내가 여기 서 있습니다'Here I Stand라는 유명한 연설을 했다. 루터가 자신의 입장을 바꾸기를 거부한 것은 그의 "양심이 하나님의 말씀에 붙잡혀 있기" 때문이었다.

본문 비평 textual criticism 본문 비평, 또는 저등 비평lower criticism은 더 광범위한 *성서 비평의 일부로, 본문 전승의 역사를 탐구하는 영역이다. 본문 비평가는 어떤 사본이 더 오래된 것인지를 결정하기 위해 각 사본들 사이의 이문異文, variants(사본들 가운데서 표현상의 차이가 나타나는 구절(t))을 연구하고 대조한다. 성경에 대한 본문 비평의 유래는 3세기에 *오리게네스가 저술한 *『헥사플라』로 거슬러 올라가지만, 이 영역이 급격히 발전하기 시작한 것은 *인문주의의 시대가 도래한 14세기부터였다. 특히 이 영역은 15세기에 활동한 로렌초 *발라와 16세기에 활동한 데시데리우스 *에라스무스의 작업들을 통해 발전되었다.

본회퍼, 디트리히 Bonhoeffer, Dietrich (1906-1945) 루터교 목사이며 학자인 본회퍼는 독일에서 벌어진 반(反)나치 운동에 적극 가담했으며, *고백교회의 지하 신학교를 설립했다. 그는 튀빙겐 대학과 베를린 대학(Ph.D.)에서 신학 수업을 받고 뉴욕의 유니언 신학교에서도 대학원 과정을 공부했다. 그는 스위스 신학자 칼 *바르트에게 깊은 영향을 받았다. 본회퍼의 잘 알려진 저서로는 *Life Together*『함께하는 삶』;『신도의 공동생활』, 대한기독교서회, 2010+, *Cost of Discipleship*『제자도의 대가』;『나를 따르라』, 대한기독교서회, 2010+, *Letters and Papers from Prison*『옥중서신』;『저항과 복종』, 대한기독교서회, 2010+, *Ethics*『윤리학』, 대한기독교서회, 2010가 있다. 본회퍼는 아돌프 히틀러의 암살 계획에 관여했지만 이 일은 실패로 돌아갔다. 그는 체포되어 2년간 투옥되었으며, 독일의 패전 직전에 교수형을 당했다.

부슈넬, 호러스 Bushnell, Horace **부쉬넬** (1802-1876) 19세기 후반 미국의 주도적인 자유주의 신학자. 그는 (이후 강사로 돌아올) 예일 대학을 졸업한 뒤, 서른한 살에 신학을 공부하기 시작했다. 그 후에는 26년 동안 코네티컷주의 하트퍼드에 있는 노스 회중교회North Congregational Church에서 목회했다. 부슈넬은 본질상 언어는 상징적이며, 의미는 청자/독자의 경험에 따라 상대적인 것이 된다는 확신에 근거해서 성경을 활용했다. 부슈넬은 또한 삼위일체 교리와 씨름하면서 양태론적 관점을 발전시켰다. 그는 우리가 성부, 성자, 성령의 세 가지 방식으로 하나님을 경험할 수 있지만, 본질상 하나님은 한 분으로 남아 계신다고 주장했다.

부스, 윌리엄 Booth, William (1829-1912) 1878년에 잉글랜드에서 *구세군을 창립하고 첫 대장을 역임한 인물. 그는 감리교가 지나치게 규정에 의존한다고 여기고서 그 교단을 벗어났다. 부스는 혁신적인 전도 방법을 선호했는데, 그런 방법 가운데는 야외 설교와 악단 연주, 특히 공장 같은 삶의 현장에 가서 예배 드리는 일 등이 포함되어 있었다. 부스는 캐서린 멈퍼드Catherine Mumford와 결혼했으며, 캐서린 역시 유능한 복음 전도자였다. 이 결혼은 1890년 그의 책

In Darkest England and the Way Out『최암흑의 영국과 그 출로』, 구세군 출판부, 2009 출판과 함께 구세군 운동에 큰 힘이 되었다.

부처, 마르틴 Bucer (or Butzer), Martin **마틴 부서**[JKL] (1491-1551) 스트라스부르의 주요 종교개혁자로 활동했던 인물. 부처는 1518년에 마르틴 *루터가 벌인 토론을 들은 뒤, 로마 가톨릭 신앙과 도미니코 수도회를 떠나 종교개혁자들 편에 섰다. 이후 그는 가장 평화적인 종교개혁자 중 한 사람이 되었다. 부처는 루터와 *츠빙글리 사이의 일치를 적극 중재했으며, *마르부르크 회담을 비롯한 개신교 내의 회담을 조직하는 데도 중요한 역할을 했다. *칼뱅이 프랑스 바깥으로 피신한 뒤 부처는 이 프랑스 청년에게 영적 아버지가 되었으며, 이후 칼뱅은 제네바의 주요 종교개혁자가 되었다. 성찬 문제에서 부처의 신학은 루터파보다 츠빙글리파 쪽으로 기울었으며, 이후 그는 혼합적인 견해를 발전시켰다. 1548년 신성로마제국의 압력으로 스트라스부르를 떠나게 되었을 때, 부처는 안전한 잉글랜드로 오라는 토머스 *크랜머의 초청을 수락하고 케임브리지 대학의 왕립 신학 교수로 취임했다. 부처는 많은 성경 주석과 더불어 작은 책 *The Reign of Christ*『그리스도의 나라』를 저술했으며, 이 책을 *에드워드 6세에게 헌정했다.

분열, 1054년의 Schism of 1054 (the East-West Schism 또는 Great Schism 으로도 알려진) **동서방 분열, 대분열** 동방 기독교권과 서방 기독교권 사이의 긴장이 여러 세기에 걸쳐 점점 커져 간 결과로 1054년에 일어난 중대한 분열 사건. 이 분열은 아직도 회복되지 않았다. 이 분열을 낳은 문제들 가운데는 언어상의 차이(동방 교회들은 그리스어 전례와 본문을 사용한 반면, 로마에 중심을 둔 서방 교회는 라틴어 전례와 *불가타 역본을 사용했다), 서방 교회에서는 신조의 일부분으로 채택했지만 *콘스탄티노플 공의회에서 거부된 '*필리오케' 어구 문제, 예배 시 성상 사용 문제와 관련된 성상 파괴 논쟁, (그리고 가장 논란이 되었던 것으로) 교회 권위의 문제가 있었다. 4세기 이후, 로마 가톨릭 교회는 교황의 '수위성'primacy을 옹호하면서 교황이 모든 교회 위에 '보편적 권위'를 지닌다고 주장했다. 이에 반해 동방정교회의 지도자 요한 4세는 553년에 자신을 '세계 총대주교'ecumenical patriarch로 내세웠다. 이 논란은 교황 레오 9세가 1054년 콘스탄티노플에 특사legate(교황을 대변하는 교회의 외교관)들을 보낼 때까지 계속 악화되어 갔다. 당시 레오 9세는 자신의 특사들을 통해 동방 교회가 '세계 총대주교'라는 명칭을 사용하는 것을 공식적으로 비난하고, '필리오케' 어구를 수용할 것을 요구했다. 하지만 정교회 측에서 이 둘 모두를 거부하자, 레오 9세는 동방 교회와 그 지도자를 공식적으로 *출교했다. 그러자 정교회의 총대주교 역시 교황과 그 추종자들을 공식적으로 파문함으로써 이에 맞섰다. 양측의 불화를 개선하려는 시도들은 제4차 *십자군 원정에 참전했던 서방측의 군대가 1204년에 콘스탄티노플을 약탈함으로써 난항을 겪었다. 동방과 서방 교회 지도자들은 화해를 위한 조치로 1965년에 서로에 대한 파문 선고를 철회했지만, 주된 쟁점들은 해소되지 않은 채로 남아 있다.

불가타 Vulgata, Latin Vulgate 기독교 학자 *히에로니무스가 히브리어와 그리스어 사본들을 활용해서 5세기 초에 만들어 낸 성경의 라틴어 역본. 성경 전체와 *외경이 포함된 이 역본은 로마 가톨릭 교회의 '공인 본문'textus receptus이 되었다. 그는 382년에 로마 주교 다마수스의 요청으로 이 작업에 착수했으며, 404년 직후에 작업을 끝마쳤다.

불링거, 하인리히 Bullinger, Heinrich (1504-1575) 1531년 울리히 *츠빙글리의 뒤를 이어 취리히 종교개혁의 지도자가 된 스위스의 개혁자. 불링거는 쾰른 대학에서 신약과 초기 교부들을 열심히 연구하면서 신학을 익히고, 취리히에 오기 전 몇몇 교회에서 목회하면서 실제 경험을 쌓았다. 교리를 논할 때, 불링거는 성찬 문제에서 *루터의 입장을 벗어나 츠빙글리 쪽으로 기울었다. 불링거는 잉글랜드 종교개혁에 큰 영향을 끼쳤으며, 이는 저서 *The Decades of Henry Bullinger*『불링거의 설교집』에서도 잘 드러난다. 이같이 영향력을 끼친 그의 강조점 중 하나는 '조건적 언약'conditional covenant 교리로, 이 교리에 따르면 하나님은 각 사람을 선택하실 때 그들의 지속적 순종을 조건으로 삼으신다.

불트만, 루돌프 Bultmann, Rudolf (1884-1976) 영향력 있는 신학자이자 신약학자인 불트만은 학자로 활동한 대부분의 기간에 독일 마르부르크 대학 교수로 재임했다. 불트만은 특히 양식 비평가 헤르만 궁켈Herman Gunkel 아래서 공부하면서 복음서를 재평가하게 되었다. 이에 따라 불트만은 복음서의 이야기들 속에 여러 층으로 이루어진 신화들이 담겨 있다고 보았으며, 이 신화들이 그리스도의 십자가 죽음이라는 '단순한 사실'bare fact을 중심으로 삼아 생겨났다고 여겼다. 1940년대와 1950년대에 불트만은 신학자와 주석가들에게 신약성경을 '탈신화화'해야demythologize 한다는 도전을 제기했다. 그는 케리그마kerygma, 또는 각 사람을 구원하시는 예수 그리스도의 본성에 대한 선포의 중요성을 강조했다. **참조**. *양식사(포름게쉬히테).

브레이너드, 데이비드 Brainerd, David (1718-1747) 미국의 *대각성 시기에 장로교 선교사로 활동한 인물. 1745-1746년에 중부 식민지의 미국 원주민들에게 복음을 전하면서 남긴 놀라운 사역 일지로 잘 알려져 있다. 브레이너드는 열네 살에 부모를 잃었지만 다행히 예일 대학에 입학할 수 있었다. 그러나 어떤 교수를 두고 "이 의자만큼도 은혜가 없다"고 무심코 언급했다가 졸업 전에 퇴학을 당했다. 장로교회는 브레이너드에게 강도권을 주었으며(나중에는 목사 임직을 받았다), 그는 *기독교 지식 보급 협회SPCK의 후원을 받아 미국 원주민을 위해 사역했다. 약혼녀의 아버지인 부흥운동가 조너선 *에드워즈는 브레이너드의 때이른 죽음 이후 그의 사역 일지를 출판했다.

브룬너, 에밀 Brunner, Emil (1889-1966) 조국 스위스뿐 아니라 미국과 일본에서도 가르치면서 국제적 영향력을 끼친 신학자. 칼 *바르트와 함께, 브룬너는 당시 전개되던 신정통주의 운동의 주요 창시자였다. 이는 1920년대 초에 근대 자유주의 신학과의 뚜렷한 단절을 낳은 운동이다. 이후 브룬너와 *바르트는 '자연 신학'natural theology 문제에 관해 의견 충돌을 빚었다. 브룬너는 *Nature and Grace*『자연과 은혜』, 1934(에밀 브루너, 칼 바르트, 『자연신학』대한기독교서회, 2021에 수록됨ⓒ)에서, 창조 질서에 관한 연구가 하나님과 맺는 인격적 관계의 기초가 될 수는 없지만 하나님이 행하시는 일들에 관해 약간의 지식을 공급하며, 이는 영적 성장의 예비 단계가 될 수 있다고 주장했다. 그러나 바르트는 브루너의 이런 주장에 완강히 반대했다. 브루너의 저서로는 윤리 문제를 다룬 *The Divine Imperative*『신의 명령』, 1932와 하나님에 관해 아는 것knowing about God과 하나님을 아는 것knowing God 사이의 차이점을 살핀 *The Divine-Human Encounter*『신과 인간의 만남』, 1937와 세 권으로 된 대표작 *Dogmatics*『교의학』, 1946-1960 등이 있다.

브릭스, 찰스 오거스터스 Briggs, Charles Augustus (1841-1913) 브릭스는 장로교 구약학자로, 1891년에 뉴욕의 유니언 신학교에서 '성경의 권위'에 관해 강연했을 때 격렬한 논쟁을 불러일으켰다. 이 취임 강연에서 그가 성경의 축자 영감을 부정했기 때문이다. 장로교 총회는 그의 교수 임명을 막는 쪽으로 투표했으며, 이에 브릭스는 성공회 교인이 됨으로써 이단 재판을 피했다. 오늘날 그는 주해 참고서인 *A Hebrew and English Lexicon of the Old Testament*『구약 히브리어 영어 사전』의 공동 편집자로 잘 알려져 있다.

비아 메디아 via media '중도'middle path를 뜻하는 라틴어 용어. 이는 *엘리자베스 1세의 치하에서 회복된 *성공회를 견고히 하는 데 기여한 주목할 만한 타협책을 가리킨다. 잉글랜드 국교회는 1534년 *헨리 8세의 통치기에 시작되었으며, 이후 소년 왕 *에드워드 6세의 치하에서 활발한 개혁을 겪었다. 당시 에드워드 6세의 스승은 캔터베리의 대주교로서 개신교 성향을 지닌 토머스 *크랜머였다. 1553년 에드워드가 사망하자 보수적이며 독실한 로마 가톨릭 신자인 누나 *메리 튜더가 즉위했으며, 그녀는 자신의 권력을 사용해서 교황이 잉글랜드에서 영향력을 되찾게끔 만들었다. 그러나 엘리자베스 1세가 왕위를 계승하면서 잉글랜드는 심하게 분열되었다. 이에 엘리자베스는 중도적인 입장을 선택함으로써 국민 통합을 촉진하려 했다. 그녀는 전례, 교회 음악, 성직자의 예복을 비롯한 예배의 여러 측면을 로마 가톨릭 전통에서 빌려오고, 이런 요소들을 개신교의 교리들과 융합시킴으로써 새로운 성공회를 만들어 냈다.

비엘, 가브리엘 Biel, Gabriel **빌** (1420-1495) 비엘은 하이델베르크 대학에서 공부하고 이후 그곳의 교수가 되었다. 비엘은 외관상 모순되는 듯한 견해들 사이를 쉽게 헤쳐 나가는 역량을 지닌 신학자로 등장했다. 그는 로마 교황의 수위성을 인정하면서도, 교리 문제에서는 보편 공의회가 더 우월함을 교묘히 주장했다. 비엘은 오컴의 *윌리엄을 스승으로 받든 유명론자였지만, *실재론자들에게 관대한 태도를 보였다. 그의 신학은 하이코 아우구스티누스 오버만 Heiko Augustinus Oberman이 자신의 저서 *The Harvest of Medieval Theology*『중세 신학의 열매』에서 숙련된 솜씨로 분석한 바 있다. 오버만은 비엘이 남긴 수많은 설교문에 근거해서 비엘의 저서인 *On the Canon of the Mass*『미사 전문』와 *Commentary on the Sentences of Peter Lombard*『페트루스 *롬바르두스의 교부 명언집 주해』를 해석했다. 죄와 은혜와 구원의 문제에서 비엘은 *반#펠라기우스주의를 능숙히 옹호했다. 경력 말기에, 비엘은 튀빙겐 대학의 설립을 돕고 그곳의 신학부 교수로 머물렀다.

비처, 라이먼 Beecher, Lyman (1775-1863) 당대의 유명한 부흥운동가이자 사회개혁가였으며 잘 알려진 목회자 중 하나. 코네티컷주의 뉴헤이븐에서 출생한 그는 예일 대학을 졸업했다. 이곳에서 비처는 경건한 학자 티머시 *드와이트에게 깊은 영향을 받았다. 처음에 비처는 장로교 목회자로 사역했으며, 이후에는 회중교회 목회자로 사역하다가 오하이오주의 신시내티에 있는 레인 신학교Lane Theological Seminary의 총장이 되었다. 그는 *유니테리언주의와 알코올 중독을 적극 반대했으며, 여성의 투표권을 옹호하고 노예제 폐지를 주창했다. 비처의 딸 해리엇 비처 스토Harriet Beecher Stowe는 1852년 영향력 있는 소설 *Uncle Tom's Cabin*『톰 아저씨의 오두막』, 문학동네, 2011을 출간했다. 비처의 일곱 아들 모두 목회자가 되었다.

사도 교부 apostolic fathers 속사도 교부 (90-160) 연대적인 측면에서 사도들의 세대를 곧바로 계승한 교회의 초기 지도자들. 이 사도 교부들은 안수받은 기독교 지도자들의 두 번째 세대를 이루었다. 우리가 이들에 관해 아는 것은 주로 현존하는 그들의 작품을 통해서다. (그중 일부는 저자 미상이다.) 이들 가운데 잘 알려진 이들로는 로마의 *클레멘스, *이그나티우스, *파피아스, *폴리카르푸스, 바나바Barnabas가 있다.

사벨리우스주의 Sabellianism ***양태론**을 보라.

사보나롤라, 지롤라모 Savonarola, Girolamo (1452-1498) 도미니코 수도회 수사로서 명성을 얻은 이탈리아의 신비주의자이자 정치 개혁가로, 산마르코 수도원에 밀접히 관련되어 있었다. 당시 떠오르던 성서적 *인문주의의 흐름에 영향을 받은 사보나롤라는 원어 성경 연구를 장려했다. 그는 1491년에 산마르코 수도원장으로 취임한 뒤, 하나님에게 받은 특별 계시에 근거해서 예언적이며 때로는 묵시적인 태도로 설교하기 시작했다. 사보나롤라는 통치자 메디치 가문에 맞서 혁명을 이끌었으며, 이는 피렌체 공화국의 수립으로 이어졌다. 그러나 그는 자신이 선포한 내용과 행동들에 관해 교황에게 해명하는 데 실패한 뒤 1497년에 *출교당했다. 이듬해에 여론은 사보나롤라에게 불리한 쪽으로 돌아섰다. 이에 그는 이단자이자 분리주의자로서 체포되고 심문을 받았으며, 유죄 판결을 받고 교수형과 화형을 당했다.

사순절 Lent 전통적으로 부활절을 기다리면서 금식하던 절기. 사순절을 지키는 관습은 2세기에 시작되었으며 당시에는 사흘 동안만 지속되었다. 325년 *니케아 공의회가 열렸을 때, 예수님이 광야에서 40일을 보내신 것을 기리는 뜻에서 40일간 금식하기로 결정되었다. 이 6주 동안에는 매일 한 차례 간소한 식사만 있었고 주일에는 금식을 폐했다. 9세기 이후, 특히 로마 가톨릭 교회에서 사순절은 점점 더 느슨히 지켜졌다. 사순절은 금식의 시기인 동시에 영적 수련의 강도를 늘리고 가난한 이들의 필요를 돌아보는 기간이었다.

사회 복음 social gospel 19세기 말과 20세기 초에 진보적인 개신교인들 사이에서 일어난 운동을 묘사하는 어구. 이 운동에서는 복음을 폭넓은 관점에서 이해하면서 정의와 사랑의 성경적 원리에 근거해서, 그리고 무엇보다 그리스도의 모범을 좇아 사람들의 사회적 필요를 섬기려 했다. 사회 복음을 규정하는 데 특별한 기여를 한 두 인물은, 워싱턴 글래든Washington Gladden과 월터 *라우센부시다. 그중 글래든은 1876년부터 사회 사역을 널리 알리는 몇몇 저서를 출간했다. 독일 침례교에 속한 라우센부시는 뉴욕시의 헬스 키친Hell's Kitchen에서 목회하면서 가난한 이민자 가정들을 상대로 사역하는 동안, 실천신학적 측면에서 도전을 받았다. 이후 그는 로체스터 신학교의 교수진에 합류했으며, *Christianity and the Social Crisis*『기독교와 사회 위기』, *Christianizing the Social Order*, *The Social Principles of Jesus*『사회 질서의 기독교화』, *A Theology for the Social Gospel*『사회복음을 위한 신학』, 명동출판사, 2012을 집필했다. 이 사회 복음 운동은 몇몇 주류 교단에 깊은 영향을 끼쳤다.

『삼위일체론』 On the Trinity 히포의 *아우구스티누스가 정통 삼위일체 교리를 옹호하기 위해 399년부터 20년에 걸쳐 저술한 작품. 『삼위일체론』분도출판사, 2015+에 담긴 그의 핵심 주장에 따르면, 한 분 하나님이 성부, 성자, 성령의 세 위격으로 영원히 존재하신다는 개념은 인간의 이성과 상충되지 않지만, 궁극적으로 신앙에 근거해서 성립하는 개념이다.

성 바르톨로뮤 축일의 대학살 St. Bartholomew's Day Massacre (1572년 8월 23-24일) 프랑스의 *칼뱅주의자(*위그노)들이 국가와 충돌하는 과정에서 결정적인 영향을 끼친 사건. 이 학살을 조장한 인물은 카트린 드 메디시스Catherine de Médicis였으며, 그 결과로 프랑스에서 만 명에 달하는 *위그노들이 살해되었다.

성결교회 Holiness churches 그리스도인의 성화 과정에서 은혜의 두 번째 역사a second work of grace를 강조하는 여러 개신교 집단을 가리키는 일반 용어. 성결 운동 전통에서는 은혜의 첫 번째 역사로 알려진 회심에 뒤이어, 신자들이 두 번째 은혜를 체험함으로써 자신들의 삶에서 죄의 권세에 맞서 승리할 수 있다고 가르친다. 피비 *파머 같은 성결 전통의 일부 지도자들은 완전 성화가 가능하다고 주장했다. 그리고 성결을 지향했던 감리교 부흥사 찰스 *파럼은 1901년에 *오순절 운동을 창시하면서 그 속에 성결 운동의 요소를 도입했다. 그의 제자인 윌리엄 *시모어 역시 1906년 로스앤젤레스에서 *아주사 스트리트 부흥이 일어났을 때 그 속에 성결 운동의 특징을 심었으며, 이런 특징은 이후 대부분의 은사 운동 집단들로 퍼져 나갔다. 1895년 피니어스 F. 브레시Phineas F. Bresee가 창립한 나사렛 교회the Church of the Nazarene는 성결교회에 속한 가장 큰 교단이다. 이 교단은 성결 운동의 강조점을 유지하는 한편, 방언을 성령 세례의 징표로 여기는 것은 거부했다.

성공회 Anglican, Anglicanism **잉글랜드 국교도, 잉글랜드 국교회**JKL 잉글랜드 국교회the Church of England 또는 성공회Anglican church는 16세기 튜더Tudor 왕조의 *헨리 8세와 *에드워드 6세, *엘리자베스 1세가 통치하던 시기에 형성되었다. 1534년 헨리 8세는 잉글랜드 의회가 *수장령을 제정하도록 이끌었는데, 이 법령은 로마 교황의 권위를 떨쳐 버리고 군주를 잉글랜드 교회의 수장으로 삼는 것이었다. 에드워드 6세의 짧은 통치기1547-1553에, 캔터베리 대주교였던 토머스 *크랜머는 성공회를 *루터와 *칼뱅 등 대륙의 주요 종교개혁자들이 제시한 신학적 방향으로 이끌어 갔다. 이러한 종교개혁자들의 영향은 이후 '*39개 신조'로 불리게 될 새 신조와 새로운 전례 구조를 제시한 *성공회 기도서, 또한 그 밖의 개혁 조치들에서 뚜렷이 나타났다. 이런 개혁 조치들 가운데는 양형 영성체Communion in both kinds(성찬식에서 평신도에게 빵과 포도주를 모두 베푸는 것), 사제직의 조건으로서 독신 요구 폐지 등이 포함되어 있었다. 한편 16세기 후반에 엘리자베스 1세는 *비아 메디아, 또는 '중도'middle road를 확립함으로써 교회를 하나로 통합하려 했다. 이 '중도'는 곧 로마 가톨릭과 개신교 전통의 내용을 모두 자유롭게 가져

온 것이었다. 이에 따라 '엘리자베스식 절충안'Elizabethan Compromise 으로 불리게 된 전통적 예전 구조 속에 개신교 신학이 삽입되었다. 그리고 이런 조치는 비국교도들dissenters을 제거하기 위한 *통일령과 개정된 기도서에 의해 강화되었다. 오늘날의 성공회는 전 세계적인 공동체이며, 그 폭넓은 관점으로 잘 알려져 있다. 성공회에는 *성공회 고교회파, 복음주의파, 자유주의파를 비롯한 다양한 집단의 그리스도인들이 포함되어 있다.

성공회 고교회파 Anglo-Catholic, Anglo-Catholicism **성공회 가톨릭파**
1830년대의 *소책자 운동은 잉글랜드 국교회를 (전통적인 로마 가톨릭의 예전을 좇는) '고교회'high church 방향으로 이끌어 가려 했다. 이는 특히 사도적 계승, 고해auricular confession(사제에게 죄를 고백하는 일), 성례전, 교회의 본성에 대한 입장의 측면에서 그러했다. 이 운동의 추종자들은 '성공회 고교회파'로 불렸다.

성공회 기도서 Book of Common Prayer **공도문(공동기도문), 공동기도서**
원래는 1548년 토머스 *크랜머 대주교가 잉글랜드 국교회를 위해 작성한 예식서. 이듬해에 최초의 성공회 기도서가 출판되었다. 이후 여러 개정판이 나왔는데, 주목할 만한 것으로는 1552년에 어린 왕 *에드워드 6세의 치하에서 출판된 제2판과 1559년에 나온 엘리자베스 1세 때의 개정판, 그리고 지금도 쓰이는 왕정복고기 Restoration의 1662년판 기도서가 있다. 이 기도서에는 아침과 저녁 기도문, 시편 전체와 함께, 혼인과 임직 등의 성례를 비롯한 거의 모든 상황에 관한 예식문이 담겨 있다. 성공회가 국제적인 교파를 형성함에 따라, 이 기도서 역시 스코틀랜드, 미국, 아일랜드, 캐나다식 판본으로 출판되었다. 1789년에 나온 미국판 기도서는 이후 1892년, 1928년, 1979년에 주요한 개정이 이루어졌다.

성모승천 assumption of the Blessed Virgin Mary 4세기 말에 생겨난 교회의 가르침. 이 교리는 마리아가 죽은 후 많은 목격자 앞에서 곧 하늘로 올라갔다고 가르친다. 이를 뒷받침하는 신약의 증거는 전혀 없지만, 이 견해는 중세 시대에 서방과 동방 교회 모두에서 널리 인기를 끌었다. 이 가르침은 1950년에 교황 비오Pius, 피우스 12

세의 교서 *Munificentissimus Deus*「지극히 관대하신 하나님」를 통해 로마 가톨릭 교회의 공식 교리가 되었다.

성부 수난설 patripassianism '양태론적 *단일신론'의 또 다른 명칭. 문자적으로는 '성부 하나님이 고난을 받으셨다'를 뜻한다. 이 견해는 하나님이 창조주인 성부와 구속자인 성자, 거룩하게 하는 성령의 세 가지 양태로 나타나셨다고 주장함으로써 하나님의 단일성을 보존하려 하는 교리다. 이 견해는 또한 '사벨리우스주의'라고도 불린다. **참조**. *양태론.

성상 icon 이콘 '이미지'를 뜻하는 그리스어에서 온 용어. 교회사에서 '성상'*icon*은 예배와 공경을 장려하기 위해 그리스도나 마리아, 성인들을 묘사한 것으로, 특유의 비잔틴 양식으로 채색된 다양한 크기의 그림을 가리키는 전문 용어다. 중세 시대에 성상은 그리스도인들 가운데서 널리 쓰였으며, 특히 동방정교회와 밀접히 연관되어 있었다.

성서 비평 biblical criticism 19세기 말 독일에서 시작되어 빠르게 영국과 미국으로 퍼져 나간 이 운동은 다른 고대 문헌을 다룰 때와 마찬가지로 역사적 견지에서 성경을 비판적으로 검토하려는 운동이다. 성서 비평은 저자, 연대, 편집의 문제를 다루는 *고등 비평과, 고대의 성경 본문들이 거듭 필사되면서 생겨난 본문상의 차이점에 초점을 두는 *본문 비평(이 분야는 '하등 비평'lower criticism으로 불리기도 한다)으로 자주 세분된다.

성인전 hagiography '성인'聖人을 뜻하는 그리스어 *hagios*에서 유래한 용어로, 성인에 관한 글, 특히 그들의 순교에 관한 글을 가리킨다. 초기 교회의 그리스도인들은 박해가 있었던 첫 3백 년간의 순교자들에게 여러 방식으로 경의를 표했다. 그런 방식 가운데는 순교자들의 무덤에서 기도하거나 그 무덤으로 순례를 떠나는 일, 교회력의 특정한 날짜에 성인의 이름을 붙이는 일 등이 있었다. 성인의 몸이나 그들이 입던 옷가지, 고문당한 도구를 비롯한 *유해遺骸, relics는 치유의 능력이 있는 것으로 여겨져서 사람들이 찾아다니는 대상이 되었다. 시간이 지나면서, 천상의 성인은 이 땅에 있는 사람의 기도를 듣고 응답하며 또 그들을 위해 기도해 줄 수 있는 중보자로 여겨지기 시작했다. 어떤 성인에게 드려지는 기도의 유형은 그 순교자가 죽음을 당한 방식과 특별한 연관성을 지녔다. 성인의 생애를 글로 기록한 이는 성인전 작가 또는 순교사가로 불린다.

성전 기사단 Knights Templar (1119 창립) '그리스도와 솔로몬 성전의 가난한 기사들'the Poor Knights of Christ and of the Temple of Solomon은 일종의 군사 조직으로, 대규모 *십자군 전쟁 기간에 성지로 여행하는 그리스도인 순례자들을 보호하기 위해 창립되었다. '성전 기사단'이라는 명칭은 이 단체가 예루살렘의 성전산the Temple Mount에 근거지를 둔 데서 유래했다. 성전 기사단은 원래 베네딕도회 소속이었으나, 이후 로마 교황에게만 충성을 바치는 독립 단체가 되었다. 이 기사단은 유럽에 널리 퍼졌으며, 막대한 양의 토지와 부를 손에 넣은 뒤 실질적으로 대출 금융 기관이 되었다. 1305년에 프랑스의 미남왕 필리프Phillip the Fair가 이단, 신성모독, 남색 혐의로 성전 기사단을 고발했다. 이에 *종교재판이 소집되었으며, 이 재판에서는 그 증거를 수집하기 위해 고문을 시행했다. 1312년의 빈 공의회에서 교황 클레멘스 5세가 성전 기사단을 공식 해산시켰다.

성직 임명권 논쟁 Investiture Controversy 서임권 논쟁 (1075-1122) 성직 임명권 문제, 혹은 대주교, 주교, 수도원장, 사제를 선택하고 임명할 권한이 누구에게 있는가를 두고 교황들과 세속 군주들 사이에서 벌어진 격렬한 투쟁. 1075년에 교황 *그레고리오 7세는 황제나 왕 등의 평신도에 의해 임명된 성직자는 누구든지 *출교될 것임을 공표했다. 신성 로마 제국의 황제였던 하인리히 4세는 교황의 이 결정에 반발했고, 이에 따라 교회와 세속 국가가 심각하게 대립했다. 그리고 하인리히 4세는 교황 그레고리오 7세 앞에서 문자 그대로 무릎을 꿇었다. 이 논쟁은 1122년에 체결된 보름스 협약에서 최종 합의에 이르렀다. 타협안에 따르면 왕은 자신의 영토 내에서 주교나 수도원장에게 세속 권세를 부여할 수 있었지만, 그들에게 교회 권세를 부여할 수 있는 것은 교황뿐이었다.

성찬 논쟁 eucharistic controversy 중세 초기의 서방 교회는 성찬 때에 그리스도가 임재하시는 일의 본성을 규명하려고 노력했다. 9세기에 프랑스 서부에 있는 코르비Corbie 수도원의 수사들인 *라드베르투스와 *라트람누스가 이 논쟁적인 사안에 관해 서로 반대되는 견해를 제시했다. 라드베르투스는 자신의 저서 *The Body and Blood of the Lord*『주님의 몸과 피』에서, 성찬대에 놓인 빵과 포도주에는 그리스도의 실제 육신이 담겨 있다고 주장했다. 이 예식을 거행할 때마다 그 빵과 포도주가 기적에 의해 그리스도의 실제 육신으로 변화된다는 것이다. 이에 맞서 라트람누스는 성찬 예식에 그리스도가 실제로 임재하심을 확언하면서도, 빵과 포도주의 본질이 그리스도의 실제 육신으로 변화한다는 것은 부인했다.

세대주의 dispensationalism 현대의 경우, '세대주의'라는 용어는 주로 잉글랜드의 *플리머스 형제단을 이끈 19세기의 신학자 존 넬슨 *다비에게 연관된다. 다비는 자신의 주요 저서 *Synopsis*『성경개요』에서, 인간의 역사를 '세대'로 불리는 각각의 시기들로 명확히 규정했다. 그에 따르면 하나님은 각 세대마다 신자들에게 각기 다른 신앙의 표현을 요구하신다. 예를 들어, 율법의 세대에서 신자들은 모세의 법규에 순종했지만, 그리스도의 죽음 이후 시작된 은혜의 세대에서는 이 법규가 더 이상 적용되지 않는다. 이후에 C. I. 스코필드 C. I. Scofield, 1843-1921 같은 교사들은 세대의 숫자를 일곱 개로 늘렸다. 각 세대는 심판으로 끝났으며, 소수의 남은 자들만이 그 시험을 통과해서 다음 세대를 열어 갈 수 있었다. 이 견해에서 중요한 것은 이스라엘과 교회가 서로 구분되며, 이스라엘에게 주어진 약속과 언약들이 반드시 오늘날의 신자들에게 적용되지는 않는다는 개념이다.

세라, 후니페로 Serra, Junipero (1713-1784) 프란치스코회 수사인 세라는 18세기에 캘리포니아 해안가를 따라 스물한 개의 선교 기지를 세운 인물로 유명하다. 스페인 마요르카 태생인 그는 팔마의 룰리안 대학the Lullian University에서 공부한 뒤 신학 박사 학위를 얻었다. 세라는 사제로 안수받은 후 신대륙으로 떠났으며, 1769년 포르톨라Portolá가 이끈 탐험에 동참했다. 이는 샌디에이고에서 샌프란시스코에 이르기까지 캘리포니아의 해안 지방을 둘러보는 탐험이었다. 이때 세라는 캘리포니아 해안에 각기 하루 거리만큼 떨어진 여러 개의 프란치스코회 선교 기지를 건설할 생각을 품게 되었다. 현재 그는 성인 시성의 대상으로 고려되고 있다. **참조**. *프란체스코, 아시시의 성.

소저너 트루스, 이저벨라 바움프리 Sojourner Truth, or Isabella Baumfree (1797-1883) 뉴욕주 북부에서 노예로 태어난 이저벨라 바움프리는 열한 살 나이에 다른 집으로 팔려 가면서 자기 가족과 분리되었다. 당시 그녀가 할 줄 아는 언어는 네덜란드어뿐이었다. 이후 그녀는 세 명의 주인을 섬기면서 온갖 고초를 겪었지만, 독실한 기독교 신앙이 그녀의 삶을 지탱해 주었다. 그중 마지막 주인은 그녀에게 토머스라는 남자와 결혼할 것을 강요했으며, 그녀는 이 결혼에서 다섯 자녀를 낳았다. 갓 난 아들을 데리고 주인에게서 도망친 바움프리는 뉴욕시에서 가정부로 일했으며, 몇몇 종교 공동체를 섬겼다. 그녀는 1843년에 영적인 체험을 겪은 뒤 자신의 이름을 바꿨고, 곧 순회전도자가 되었다. 당시 그녀는 연설할 때마다 노예제 폐지와 여성의 참정권 문제를 언급하곤 했다. 1851년 오하이오주 애크런에서 열린 여성 집회에서 소저너 트루스는 유명한 연설을 전했다. 당시 이 연설에는 다음의 인상적인 질문이 담겨 있었다. "나는 여성이 아닌가요?"Ain't I a woman? 그녀는 이후 1883년 미시간주에서 숨을 거두기 직전까지 여러 해 동안 설교와 강연을 전했다.

소책자 운동가 Tractarians 옥스퍼드 운동가JKL *성공회의 *비아 메디아 중도中道적인 측면들을 강조하기 위해 조직된 19세기 잉글랜드 교회에서 일어난 운동의 추종자인 소책자 운동가들은 점점 더 전통적인 가톨릭의 교리들을 강조하며 옹호하게 되었다. 이 운동의 명칭은 *Tracts for the Times*『시대 사조』로 불린 일련의 소책자들에서 유래한 것이다. 처음의 두 소책자는 사도적 계승의 정당성과 금식의 유익에 관한 변론서apologia였으며, 시간이 지남에 따라 이 소책자들은 학문적인 논문으로 발전해 갔다. 잘 알려진 소책자 운동가 중 하나는 스물일곱 권의 소책자를 집필한 존 헨리 *뉴먼이다. 그가 쓴 *Remarks on Certain Passages in the Thirty-Nine Articles*『*39개 조항의 일부 구절에 관한 견해』는 격렬한 항의를 불러일으켰으며, 이는 소책자 운동이 중단되는 원인이 되었다. **참조.** *옥스퍼드 운동.

소키누스주의 Socinianism 16세기 개신교에 속했던 급진적인 신학 조류. 이 명칭은 서로 삼촌과 조카였던 라일리우스 소키누스Laelius Socinus와 파우스투스 소키누스Faustus Socinus에게서 유래했다. 이들은 합리적인 *유니테리언주의를 옹호했는데, 이는 아담과 그리스도를 포함한 온 인류가 죽음에 예속되어 있었다고 주장하는 사상이었다. 이들에 따르면 그리스도는 하나님과 특별한 관계를 맺고 있었으며, 이는 그의 동정녀 탄생과 그가 행한 기적들을 통해 입증되었다. 이들은 또한 하나님이 그리스도를 죽은 자들 가운데서 일으키셨으며 그에게 신적인 권세를 주셨음을 확언했다. 이들은 성경을 부지런히 연구하고 그리스도의 모범을 따르는 이들에게 구원이 주어진다고 보았다.

속전설 ransom-to-Satan theory of atonement 속죄의 속전설 3세기에 *오리게네스가 널리 보급한 뒤 니사의 *그레고리우스가 좀더 발전시킨 그리스도의 속죄 사역에 관한 이론. 이 이론에서는 사탄의 속박 아래 있는 온 인류의 영혼을 위한 속전으로, 그리스도가 자신의 불멸하는 영혼을 주셨다고 주장했다. 이 이론에 따르면 하나님은 사탄이 예수 그리스도를 사흘 동안만 포로로 붙잡도록 허용하신 뒤에 자신의 능력으로 그리스도를 다시 살려 낼 계획이었지만, 전지한 존재가 아닌 사탄은 그 일을 내다볼 수 없었다. 이 이론은 중세 초기에 지배적인 견해였으나 스콜라주의 시대에 와서는 점점 더 비판의 대상이 되었다. 그중 가장 주목할 만한 비판자로는 캔터베리의 *안셀무스와 피에르 *아벨라르가 있다.

수장령 Act of Supremacy *헨리 8세의 통치기인 1534년에 잉글랜드 의회가 제정한 법령. 이 법령으로 로마 교황이 아닌 잉글랜드 군주가 잉글랜드 국교회의 수장이 되었다. 이 법령은 로마 가톨릭 교회와의 공식적인 단절을 가져왔다. 1554년 헨리의 딸 *메리가 왕위에 오른 뒤 곧 이 법령을 철회했지만, 1558년 메리의 자매 *엘리자베스가 즉위한 뒤 이 법령을 복원했다. 이 법령은 지금도 시행되고 있다.

순회 전도자 circuit rider 순회 설교자 과거에 미국 서부 변경 지역의 인구가 희박하고 임직받은 목회자의 숫자도 적기 때문에 당시 요구되었던 감리교의 새로운 사역 방식. 감리교 목회자들은 교회 또는 마을 공동체들의 순회 교구를 확정한 뒤, 규칙적으로 방문하여 설교하고 성찬을 집례하며, 결혼식과 장례식을 인도하고, 교인들을 영적으로 돌보았다. 순회 전도자들은 자주 교사의 역할도 겸해서 맡았다. 이것은 위험한 사역이었으며, 높은 비율의 목회자들이 순회 사역에 나선 지 10년도 못 되어 숨을 거두곤 했다.

슈말칼트 신조 Schmalkaldic Articles, Smalcald- **슈말칼덴 조항** (1537) 교회의 공의회에서 사용할 수 있도록 마르틴 *루터가 작성한 이 신조는 슈말칼덴에 모인 루터파 신학자들과 제후들에 의해 채택되었다. 이 신조의 조항들에서는 교황의 권위를 부정하고 미사의 관행을 공격했으며, *연옥 교리와 성인들에 대한 기도, 그리고 수도원 제도 전체를 비웃었다. 루터는 이 비판문을 서로 간의 불일치가 없는 본질적인 교리들을 다루는 단락으로 시작했으며, 성찬의 기념 방식처럼 개신교 집단들 사이에 다양한 불일치가 있는 영역을 서술하는 단락으로 끝을 맺었다. (참조.『개혁신학 용어사전』도서출판 100·알맹e. 2018의 같은 항목.ⓒ)

슈타우피츠, 요한 폰 Staupitz, Johann von (1460-1524) 신학 박사이자 독일 아우구스티노회 총대리인Vicar-general을 역임한 슈타우피츠는 주로 마르틴 *루터가 에르푸르트Erfurt에서 아우구스티노회의 수사로 생활하던 시기에 그의 고해 신부이자 영적 조언자의 역할을 감당한 인물로 알려져 있다. 슈타우피츠는 미래에 종교개혁자가 될 루터의 성장에 주된 영향을 끼쳤다. 그는 루터를 권면하여 루터 자신의 삶에 결정적인 영향을 미친 '로마를 향한 여정'에 나서게 했을 뿐 아니라, 루터가 비텐베르크 대학에서 교수직을 얻는 데에도 중요한 역할을 했다.

슈파이어 의회, 제2차 Diet of Speyer, Second (1529) 루터파의 성장세에 대처하기 위해 신성 로마 제국의 황제 *카를 5세가 소집했던 두 번의 의회 또는 회합 가운데서 두 번째 회의. 이 두 번째 회의가 유명해진 것은 *루터를 따르는 이들의 자유가 제국법에 의해 제한 받는 것을 원하지 않았던 몇몇 제후들이 이 회의에서 항의를 제기했기 때문이다. 이 항의protest를 통해 '프로테스탄트'Protestant라는 용어가 생겨났으며, 이후 이 용어는 루터파뿐 아니라 유럽 전역의 다양한 종교개혁 운동에 적용되었다.

슈페너, 필리프 야코프 Spener, Philipp Jakob (1635-1705) 독일 경건주의 운동의 초기 지도자인 슈페너는 성경 연구, 기도, 서로 간의 고백, 영적 책임을 강조하는 소그룹 모임에 참여할 것을 루터교인들에게 촉구했다. 슈페너는 자신의 집에서 이 '경건의 학교'pious colleges를 열기 시작했으며, 이런 모임들은 곧 주위로 퍼져 나갔다. 또한 그는 *Pia desideria*『경건한 열망』, 크리스천다이제스트, 1992라는 제목의 고전적인 경건 서적을 집필했다1675. 경건주의 운동은 할레 대학을 중심으로 독일에서 시작되었으며, 이후 북미 대륙으로 퍼져 나갔다.

슐라이어마허, 프리드리히 Schleiermacher, Friedrich (1768-1834) 현대 개신교 사상의 역사에서 기념비적인 인물인 슐라이어마허는 자신이 받은 경건주의적 양육과 당대를 특징지은 낭만주의 운동의 영향 아래, 종교의 본질은 인간의 직관과 강력한 정서에 있다고 주장했다. 그는 특히 전능하며 무한하신 하나님 앞에서 인간이 느끼는 절대 의존 감정과 외경심의 중요성을 강조했다. 그는 독일 *모라비아 형제단 가운데서 양육을 받았으나, 이 문화가 자신을 지나치게 속박한다고 느꼈다. 슐라이어마허는 할레 대학에 입학한 뒤 *플라톤과 *아리스토텔레스, 임마누엘 *칸트의 사상 연구에 몰두했다. 그는 1794년에 개혁교회 목사로 임직받고 베를린에서 병원 원목으로 사역했으며, 이후에는 독일 낭만주의의 주축이 된 벗들의 무리에 들어갔다. 이어서 그는 할레 대학의 교수가 되었으며, 1809년에는 베를린 대학 신학부의 학장으로 취임했다. 그는 1799년에 *On Religion: Speeches to Its Cultured Despisers*『종교론』, 대한기독교서회, 2002를 출판했는데, 이 책의 의도는 높은 수준의 교육을 받은 유럽인들이 하나님의 신비에 대한 외경심을 되찾게끔 하려는 데 있었다. 다른 주요 저서로는 *A Brief Outline of Theology*『신학 연구 개요』

와 *The Christian Faith*『기독교신앙』, 한길사, 2006가 있다.

스미스, 조셉 Smith, Joseph (1805-1844) '*모르몬교'라고도 불리는 예수 그리스도 후기 성도 교회The Church of Jesus Christ of Latter-day Saints의 창시자로 여겨지는 인물. 뉴욕주 팔미라 근처에서 소년기를 보내던 그는 일련의 환상을 체험했다. 이 계시적 경험 중 하나에서, 모로니라는 이름의 천사가 그를 돌로 된 상자가 있는 곳으로 이끌고 갔다. 스미스는 이 상자 안에서 북미 대륙 원주민들의 초기 역사를 기록한 금판들을 발견했으며, 이 금판의 내용을 번역한 것이 곧 모르몬경the Book of Mormon이다. 스미스는 자신의 추종자들을 이끌어 하나의 공동체를 형성했으며, 이들은 '천상의 결혼', '다중 결혼', '신과 같은 경지로의 진보'progress towards Godlikeness 등의 교리를 채택했다. 대중들의 반대와 공공연한 적개심에 부딪히자, 모르몬교도들은 스미스를 좇아 오하이오주로 이동했다가 다시 일리노이주 나부Nauvoo로 옮겨 갔다. 그러나 이후 스미스는 폭도들에게 살해되었으며 이 운동은 여러 분파로 쪼개졌다. 그중 가장 큰 분파는 새로운 선지자인 브리검 *영의 뒤를 따랐다. 영은 기념비적인 행군을 통해 이들을 유타 지역으로 이끌고 갔으며, 이곳에서 번성하게 되었다.

스코틀랜드계 아일랜드인들 Scotch-Irish (Scots Irish) 미국 초기 종교 역사에서, 장로교회는 특히 북아일랜드 출신의 이민자들에게 많은 영향을 받았다. (주로 장로교인과 회중교회 교인으로 구성된) 이 아일랜드인 개신교도들은 거의 대부분 얼스터Ulster 출신이었다. 그들의 민족적 기원은 스코틀랜드에 있었으며, 어떤 이들의 경우는 그 시기가 17세기 초까지 거슬러 올라갔다. 적게 잡아도 1776년까지 25만 명의 스코틀랜드계 아일랜드인들이 미국 식민지로 이주해 온 것으로 여겨진다. 이들은 보수적인 성향을 띠었으며, 장로교 목회자들이 *웨스트민스터 신앙고백에 대한 헌신 서약서에 서명해야 한다고 주장했다. (이제 때로는 '스카츠 아이리시'Scots Irish라고도 쓰이는) '스코틀랜드계 아일랜드인'Scotch-Irish이라는 명칭이 쓰이게 된 것은 개신교도인 이들을 로마 가톨릭 교회에 속한 아일랜드인 이민자들과 구분 짓기 위해서였다. 이 가톨릭 교도인 이민자들은 19세기 중엽에 미국으로 쏟아져 들어왔다. **참조.** *장로교 교회 정치.

스콜라스티카, 성 Scholastica, St. (약480-약543) 플롬바리올라Plombariola 수녀원의 설립자이며 유명한 수사인 누르시아의 *베네딕투스의 쌍둥이 여동생인 인물. 베네딕투스 자신도 이 수녀원에서 불과 8킬로미터쯤 떨어진 곳에 몬테 카시노 수도원을 설립했다. 스콜라스티카와 오빠 베네딕투스는 매년 만나서 하루 동안 '영적인 대화'의 시간을 가졌다. 매년 대화가 지속되는 가운데서 마지막 해에, 스콜라스티카는 대화를 밤새 이어 가자고 열심히 청했다. 베네딕투스가 이 요청을 거절하자 거센 폭풍우가 몰아쳤으며, 그는 계속 남아 있을 수밖에 없었다. 그리고 며칠 후 스콜라스티카가 세상을 떠났다.

스콥스 재판 Scopes Trial 언론을 통해 '원숭이 재판'the Monkey Trial으로 알려진 사건. 1925년 테네시주 데이턴에서 존 스콥스John Scopes 사건에 관한 재판이 열렸다. 당시 고등학교 교사였던 스콥스는 *다윈의 진화론을 가르친 혐의로 기소되었다. 이는 테네시주 법률을 위반하는 것이었기 때문이다. 미국 시민 자유 연합the American Civil Liberties Union은 스콥스 측에 재정을 지원하면서 유명한 변호사 클래런스 대로Clarence Darrow를 총괄 변호인으로 선임했다. 정부 측은 기소를 위해 대규모의 전담 팀을 꾸렸으며, 이 팀의 인솔자는 전국적으로 잘 알려진 인물이자 유명한 *근본주의자인 윌리엄 제닝스 브라이언William Jennings Bryan이었다. 법원은 스콥스에게 불리한 판결을 내렸으나 이 판결은 곧 뒤집혔다. 그리고 대중 여론 역시 브라이언과 *근본주의 측에 불리하게 되었다.

스턴스, 슈벌 Stearns, Shubal (1706-1771) 미국 남부의 *대각성 시기에 침례교의 주도적 부흥운동가였던 스턴스는 버지니아주에서 사역하다가 노스캐롤라이나주의 샌디크릭 침례교회에서 제시한 청빙을 받아들였다. 그는 역동적이고 매우 열정적인 설교자로서 1760년대에 큰 영향력을 끼쳤으며, 이는 샌디크릭 분리주의 침례교 협회the Sandy Creek Association of Separate Baptists의 설립으로 이어졌다.

스토더드, 솔로몬 Stoddard, Solomon (1643-1729) 매사추세츠주 노샘프턴의 청교도 회중교회 목회자인 스토더드는 성찬 참여자의 자격을 완화하는 움직임에서 중요한 역할을 감당했다. 이로써 세례는 받았지만 경건하고 실천적인 신자가 아닌 그리스도인들도 성찬의 빵과 포도주를 받도록 허용되었다. 이후 그의 외손자 조나단 *에드워즈가 뒤를 이어 노샘프턴의 목회자가 되었다. **참조**. *중도 언약.

스토아주의 Stoicism 키티온의 제논Zeno of Citium, 주전 335-263의 가르침에 토대를 둔 철학 체계. 그는 근본적인 일원론을 상정했는데, 이에 따르면 신과 자연, 인류를 포함한 모든 것이 하나의 본질에 속했다. 스토아주의의 목표는 자연 법칙에 순응하는 데 있었다. 신에게 속한 '로고스의 힘'Logos force은 보이지 않는 강물처럼 자연 세계 속에 흐르면서 만물에 질서와 아름다움을 불어넣어 준다. 제논에 따르면, 현명한 사람은 바로 운명을 결정짓는 이 힘과 조화를 이루면서 살아가는 이다. 그리고 자연 법칙에 저항하는 것은 마치 물살을 거슬러 헤엄치는 것처럼 헛된 일이다. 초기 교회는 스토아 철학의 존재를 잘 알았으며, 누가는 사도행전 17장에서 바울이 아테네에서 스토아주의자들을 대면한 일을 기록했다. 로마의 황제 마르쿠스 아우렐리우스는 잘 알려진 스토아학파 저술가였다.

스톤, 바턴 W. Stone, Barton W. (1772-1844) 알렉산더 *캠벨과 함께 회복 운동the Restoration Movement의 주된 옹호자인 인물로, 그의 추종자들은 '기독 교회'the Christian Church 또는 '그리스도의 제자들'the Disciples of Christ로 알려진 단체의 중심이 되었다. 스톤은 젊은 시절에 장로교 목회자 제임스 *맥그리디의 설교를 듣고 그 교단에 가입하기로 결심했다. 이후 스톤과 맥그리디는 함께 1801년 켄터키주의 *케인 리지 부흥운동을 조직하는 데 중요한 역할을 감당했다. 3년 후 스톤과 그의 추종자들은 장로교와 관계를 단절하는데, 이는 그 교단이 신약의 가르침과 일치하지 않는다고 여겼기 때문이다. 그는 특히 장로교의 신조 중심적인 접근 방식을 문제시했다. 스톤의 운동이 진전되어 감에 따라, 그의 추종자들은 침수immersion에 의한 '신앙 세례'faith baptism만을 선호하면서 유아 세례를 거부했다. 이들은 참된 세례는 죄 사함을 받기 위한 것이라고 주장했다. 스톤과 알렉산더 캠벨은 1824년에 처음으로 대면했으며, 이후 두 사람이 각기 이끌어 온 운동이 하나로 결합되기 시작했다. 당시 캠벨의 추종자들은 '그리스도의 제자들'Disciples of Christ이라는 명칭을 채택한 상태였지만, 스톤의 추종자들은 단순히 '그리스도인들'Christians로 알려져 있었다. 이 두 집단은 1832년에 공식적인 통합을 통해 '회복운동'the Restoration Movement이라 불리는 단체를 결성했다. 바턴 스톤은 1844년 사망한 뒤 켄터키주의 *케인 리지에 묻혔다.

시메온, 주행자 Simon the Stylite **주상 고행자**- (약390-459) 최초의 그리고 가장 유명한 '주상 성자'pillar saints인 그는 스무 살 무렵에 안티오키아 부근에서 *은자(은둔하는 수사)가 되었다. 10년 뒤에는 낮은 단을 쌓기 시작했으며, 그 위에서 남은 생애를 보냈다. 시메온이 조금씩 그 단의 높이를 올리면서 그 단은 매년 조금씩 높아졌고, 나중에는 그 높이가 약 18미터에 이르렀다. 이 '기둥' 위에서, 그는 자신의 말을 들으러 오는 모든 이에게 설교하고 가르쳤다. 시메온은 이 기둥 위에 머물면서 죽을 때까지 내려오지 않았다.

시모어, 윌리엄 J. Seymour, William J. (1870-1922) *아주사 스트리트 부흥을 이끈 부흥운동가이자, 로스앤젤레스에 있는 사도 신앙 복음 선교회the Apostolic Faith Gospel Mission의 목회자. 노예의 아들로 태어난 시모어는 현대 *오순절 운동에 가장 많은 영향력을 끼친 인물 중 하나가 되었다. 텍사스주 휴스턴에 있는 찰스 F. *파럼의 학교에서 공부한 뒤, 시모어는 로스앤젤레스 지역에서 집회를 인도하도록 초청받았다. 1906년 이 지역에서 카리스마적인 부흥운동이 시작되어 천 일 동안 지속되었으며, 이 기간 동안 매일 적어도 세 번의 집회가 열렸다.

시몬스, 메노 Simons, Menno (Simonszoon or Simon's son) (약1496-1561) 초기 *아나뱁티스트의 주요 신학자인 메노 시몬스는 프리슬란트 태생으로 1520년에 로마 가톨릭 교회의 사제로 안수받은 뒤 영적 순례의 여정에 나섰으며, 이 여정은 16년 뒤 아나뱁티스트 신학을 고백하게 되는 것으로 끝이 났다. 이후 시몬스는 이전에 *뮌스터파였던 이들이 저지대 국가들the Low Countries(네덜란드)에 정착한 후 겪은 소외와 영적 고독에 연민을 느끼게 되었다. 이에 그는 그들을 다시 연합시키고 믿음 안에서 양육하는 일에 스물다섯 해를 보냈다. 그는 *신자의 세례와 평화주의, 그리고 당대에 사람들이 행한 예언보다 기록된 하나님 말씀의 우위성을 강조했다. 이런 그의 강조점은 아나뱁티스트 운동에 깊은 영향을 끼쳤으며, 그의 사후에 *메노파가 형성되었다.

시토회 Cistercians 1098년에 설립된 수도회. '흰 옷의 수도자들'the white monks로도 알려져 있으며, 이 수도회의 이름은 시토Citeaux에 있던 모원母院에서 유래했다. 12세기에는 클레르보에 있는 자매 수도원의 유력한 원장 *베르나르의 영향력을 통해, 이 수도회의 중요성이 점점 확대되었다. 13세기 말에는 700개가 넘는 시토회의 수도원이 있었다. 이 수도회의 수사들은 공동 기도와 더불어 육체노동과 침묵, 엄격한 식사 규칙을 강조하는 것으로 알려져 있다. 이 수도회의 수도원들은 거의 항상 외딴 지역에 위치하며, 소박하고 아무 장식이 없는 형태로 건축되어 있다.

『신국론』神國論 City of God, The; 라. De Civitate Dei 『하나님의 도성』 (416-422) 410년에 비시고트Visigoth족의 장군 알라릭Alaric이 주도한 로마 침공에 대응하여 히포의 *아우구스티누스가 저술한 기념비적 작품분도, 2004+. 이 침공은 로마 제국 정부가 기독교를 받아들인 지 약 한 세기 후에 일어났으며, 일부 원로원 의원은 이때 로마가 함락된 것은 교회가 이교의 신들에게 범한 무례의 직접적인 결과라고 주장했다. 스물두 권으로 구성된 이 작품에서, 아우구스티누스는 먼저 로마가 그 자체의 죄와 내적 부패 때문에 무너졌다고 주장하면서 그 비판자들의 주장에 응수한다. 그런 다음에는 특히 로마 문화가 폭력과 선정성을 미화하는 것을 언급하면서 로마 문화를 비판했다. 그리고 끝으로는 두 도성, 곧 '인간 도성'과 천상을 지향하는 '하나님 도성'을 항상 구별해야 한다고 그리스도인들에게 일깨웠다. 이 작품은 교회와 국가, 윤리, 결혼에 관해 영향력 있는 기독교 사상의 보고다.

신복음주의자 neo-evangelical (20세기 중반) 20세기 중엽에 미국 개신교 내에서 생겨난 운동을 묘사하기 위해 해럴드 J. 오켕가Harold J. Ockenga, 1905-1985가 만든 용어. 신복음주의자들은 개신교 정통의 핵심 교리들에 뿌리를 두면서도, 자유주의 신학자들, 신정통주의 신학자들과의 학문적 대화에 열린 자세를 취하는 동시에 새로운 정치 사회 의식과 가난한 자, 불우한 자에 대한 관심을 북돋우려 했다. 이들은 *근본주의의 전투적 태도를 벗어나서 기독교의 사회적 양심을 발전시키는 데 강조점을 두었다. 이 운동의 중요한 사건은 패서디나에 풀러 신학교가 설립된 일이었으며, 오켕가는 이 학교의 초대 총장으로 재임했다. **참조.** *풀러, 찰스 E.

신비 종교 mystery religions 신비 종교는 4세기까지 그리스와 로마 문화권에서 번성한 여러 비밀스러운 종교적 관행을 가리킨다. 신비 종교들은 교회에 독특한 문젯거리가 되었는데, 이는 그들의 여러 교리가 기독교에서 믿고 실천한 교리들과 흡사했기 때문이다. 한 예로 소아시아 지방에서 널리 알려졌던 *마그나 마테르교를 들 수 있다. 이 종교에 따르면, '위대한 어머니'the Great Mother의 아들인 아티스는 죽었다가 살아나서 새 생명을 얻었다. 대부분의 신비 종교에는 특별한 입문 경험이 요구되었으며, 이때 헌신자들은 신의 특별한 계시를 체험하게 되어 있었다. 널리 알려진 신비 종교들로는 데메테르교, 디오니소스교, 오르페우스교가 있다.

신비주의, 기독교 mysticism, Christian 교회 역사 전체에 걸쳐 신비적 기질을 지닌 남녀들은 명상, 영적 수련, 기도, 자기희생을 통해 하나님을 더 깊이 알아 가려 했다. 신비주의자들은 하나님에 관해 인지적인 앎을 얻는 데 만족하지 않고, 그 경계선을 '뚫고 들어가서' 하나님과 직접 접촉하기를 원했다. 유명한 신비주의자로는 아시시의 *프란체스코, 마이스터 *에크하르트, 시에나의 *카테리나, 아빌라의 *테레사, 지롤라모 *사보나롤라가 있다.

신앙주의 fideism 많은 교리들의 경우, 하나님의 계시에 대한 신앙에 근거해서만 참된 확신을 얻을 수 있다고 여기는 견해를 가리키는 용어. 따라서 인간의 이성적 작용만을 가지고는 그런 확신을 얻기가 불가능하다.

신의 사랑 오라토리오회 Oratory of Divine Love (1497 설립) 때로 '반동 종교개혁'으로도 불리는 16세기의 *가톨릭 종교개혁은 작지만 영향력 있는 한 무리의 로마 가톨릭 성직자들을 통해 시작되었다. 이들은 한데 모여 '신의 사랑 오라토리오회'로 불리는 단체를 설립했다. 이후 *추기경이 된 카예탄Cajetan이 이끈 이 단체는 사제와 평신도들로 구성되었으며, 교회 개혁을 위해 부단히 노력했다. 이들은 특히 이탈리아 사회의 지식인과 교양인 계층을 다시금 신앙과 헌신의 삶으로 이끄는 데 성공했다.

신자의 세례 believers' baptism 기독교의 세례가 참된 것이 되기 위해서는 세례받는 신자가 먼저 참된 신앙을 보여야만 한다는 견해. 이 견해의 옹호자들은 이 세례의 기원이 신약성경으로 거슬러 올라간다고 주장하지만, 오늘날 신자의 세례는 *유아 세례, 또는 영아 세례에 반대하여 발전되었다. *아나뱁티스트와 침례교, 여러 복음주의 독립 교단에서 이 교리를 따른다.

신플라톤주의 Neo-Platonism 플로티누스204-270, 플로티노스에게서 시작되어 6세기까지 이어진 철학 학파를 가리키는 것으로서 근래에 만들어진 용어. 플로티누스는 플라톤의 저작들에 뿌리를 둔 자신의 저서 *Six Enneads*『엔네아데스』; 『플로티노스의 엔네아데스 선집』, 누멘, 2019에서, 특히 우주론과 창조 기사에 관련해서 플라톤 철학에 종교적이며 신비적인 요소들을 도입했다. 신플라톤주의의 개념들은 초기 교회의 몇몇 교부에게 영향을 끼쳤으며, 이는 히포의 아우구스티누스가 저술한 작품들에서도 뚜렷이 드러난다. 기독교와 플라톤 철학의 온전한 종합은 6세기 초 위偽 디오니시우스 아레오파기타 Pseudo-Dionysius the Areopagite의 작품들을 통해 이루어졌다.

신학문 New Learning 16세기 유럽의 신학문은 곧 성경 연구의 전제 조건으로 그리스어, 라틴어, 히브리어를 통달하는 것의 중요성을 강조했던 인문주의자들의 사상을 가리킨다. 이 시기에 대학들은 교과 과정에 이 세 가지 성경 언어를 도입했다. 이와 대조적으로, 로마 가톨릭 교회 내의 보수파들이 대변한 **구학문**the Old Learning에서는 공인된 라틴어 본문 연구만으로도 충분하다고 주장했다.

실재론과 유명론 realism and nominalism 스콜라주의 시대의 주요 논쟁으로, '보편자'universals의 본성에 관해 서로 의견을 달리한 실재론자와 유명론자 사이에서 벌어졌다. 예를 들어, '인류'는 모든 남자, 여자, 어린이가 속하는 보편자이며, '동물'은 모든 곤충, 새, 연체 동물 등이 속하는 보편자다. 이 논쟁의 핵심 질문은 이러했다. '보편 범주들은 어떤 의미에서 존재한다고 볼 수 있는가?'In what sense do the universal categories exist? 이런 철학적 문제를 논할 때, 실재론은 *플라톤주전 약427-약347에게서 영감을 얻었다. 실재론자들에게 각각의 보편자는 독립적으로 존재하는 것이었다. 곧 보편자들의 존재는 인간의 정신과는 별개이며, 우연히 그 범주에 속하게 된 각각의 개체들에게도 의존하지 않는다는 것이다. 한편 유명론은 '개념론'conceptualism으로 더 적절히 묘사될 수 있다. 이는 유명론자들이 보편자는 그저 인간의 정신 속에 있는 개념에 불과하다고 주장하기 때문이다. 유명론자의 경우, 두 사물이 동일한 보편적 범주에 속하는지 여부는 단지 그 사물들에게 동일한 명칭을 붙이려는 인간의 결정에 근거한다.

십자군 Crusades 1095년에 시작되어 14세기까지 간헐적으로 지속된 운동으로, 당시 서유럽의 교회와 귀족, 평신도들과 어린아이들까지 성지를 이슬람 세력의 손에서 탈환하려는 공동의 목표를 품고 동방을 향해 대규모 군사 행동에 나섰다. 교황 우르바노 2세가 소아시아 지역에서 흥기한 셀주크 튀르크족에 맞서 첫 번째 십자군을 소집했다. 그들은 당시 *이슬람교로 개종한 뒤 자신의 영토를 통과하는 기독교 순례자들을 핍박하고 있었다. 이후 적어도 네 차례의 대규모 십자군 원정이 추가로 이루어졌으며, 각기 어느 정도 성공을 거두었지만 주된 목표를 이루지는 못했다. 십자군들이 적군뿐 아니라 일반인들까지 잔혹하게 다룬 수많은 이야기가 전해졌으며, 이는 그들이 유럽 내의 유대인들과 다른 소수 분파들에게 범한 폭력의 이야기와 함께 십자군 운동의 역사에 도덕적 흠결을 남겼다. 십자군 원정으로 새로운 수도회들인 구호기사단the Hospitalers과 *성전 기사단이 생겨났다.

쓰러짐 체험 falling exercises 19세기 초에 미국 서부 변경 지역의 부흥운동에서 처음 드러난 현상. 이 쓰러짐 체험, 또는 '성령 안에서 죽음'slain in the Spirit은 켄터키주 *캠프 집회에서 흔히 나타났다. 이는 부흥사들이 설교하는 동안 사람들이 갑자기 의식을 잃고 쓰러지곤 했던 현상을 가리킨다.

아나뱁티스트 Anabaptists 재세례파, 재침례파 성경적인 선례가 거의 없다는 이유로 유아 세례의 정당성을 부정한 급진적인 개신교 분파를 가리키기 위해 16세기에 고안된 용어. '아나뱁티스트'라는 용어 자체는 '다시', 또는 '재'再를 뜻하는 라틴어 *ana*에서 유래했으며, 따라서 '재-세례자're-baptizer와 같은 표현이 된다. 로마 가톨릭 교회나 루터파, *칼뱅파, *성공회 같은 주요 개신교 분파들의 시각에서 볼 때, 이 재세례파들은 두 번째 세례를 베풀도록 허용하는 오류를 범하고 있었다. 한편 재세례파의 경우에는 유아 세례를 유효한 것으로 여기지 않았다. 그들이 보기에 유일하게 참된 세례는 '*신자의 세례'였으며, 각 사람은 그리스도를 좇아 세례를 받기로 선택하기 전에 먼저 신앙에 이르러야만 했다. 처음에는 울리히 *츠빙글리의 개혁 아래 있던 취리히에서 스위스 형제단Swiss Brethren이 생겨났으며, 이 재세례파 집단은 콘라트 *그레벨과 펠리츠 만츠Feliz Mantz, 게오르크 블라우록Georg Blaurock의 지도를 받았다. 그 부근에 있는 독일 남부의 발트슈트Waldshut에서는 발타자르 *후브마이어가 스위스 형제단의 노선을 좇아 재세례파 신앙을 전파했다. 한편 독일에서 토마스 뮌처Thomas Müntzer와 츠비카우 선지자들Zwickau Prophets이 수행한 사역은 전투적 성향의 재세례파 집단을 낳았으며, 이 집단은 1524년의 농민 반란에 깊이 연루되었다. 또한 묵시적 환상들의 영향으로 *뮌스터파가 생겨났으며, 이들의 지도자는 멜키오르 호프만Melchior Hoffman과 얀 마티스Jan Mattys였다. 이 중 마티스가 뮌스터 시 침공을 주도함에 따라 이 도시는 잠시 동안 재세례파의 '왕국'이 되었다. 네덜란드에서는 메노 *시몬스가 재세례파 집단을 조직하고 돌보았으며, 후에 이 집단은 *메노파로 불리게 되었다. 이들은 평화적인 성향을 띠었으며 무저항을 실천했다.

아드 폰테스 *ad fontes* 16세기 인문주의자들이 선호했던 라틴어 표어인 '아드 폰테스'는 문자적으로 "원천으로", 또는 "근원샘으로"를 의미한다. 인문주의자들은 고전 시대에 있었던 최상의 이념과 가치를 되살려 내고, 그 이념과 가치를 자신의 시대에도 소개하려 했다. 이를 통해 그들은 후대의 역사가들이 '르네상스'로 부르게 될 새로운 황금기를 이룩했다. 이와 비슷하게 기독교 인문주의자들도 첫 다섯 세기 동안의 기독교 고전들을 다시 살핌으로써 종교 개혁기의 교회에 다시 활력을 불어넣으려 했다.

아르미니우스, 야코부스 Arminius, Jacobus ***아르미니우스주의**를 보라.

아르미니우스주의 Arminianism 네덜란드의 개혁파 신학자 야코부스 아르미니우스1560-1609의 것으로 여겨지는 신학 체계. 1610년의 항론서Remonstrance를 통해 체계적으로 표현되었다. 아르미니우스는 제네바의 테오도르 *베자 아래에서 개혁파 전통에 따른 양육을 받았으나, *칼뱅의 여러 신학적 특징을 거부했다. 칼뱅에 관해 아르미니우스가 제기한 비판의 핵심은 예정 교리를 거부하는 데 있었다. 아르미니우스에 따르면 예정은 하나님을 죄의 조성자로 만들며, 따라서 옳은 가르침일 수 없었다. 아르미니우스주의의 가르침에는 인간에게 자유의지가 있음을 확증하는 것과 보편 속죄에 대한 믿음, 그리고 죄를 범할 때 구원을 빼앗길 수 있다는 단언이 포함된다. 존 *웨슬리는 수정된 형태의 아르미니우스주의를 따랐다. 18세기 이후에 웨슬리주의Wesleyanism는 이 견해가 전파되는 주된 통로가 되어 왔다.

아리스토텔레스 Aristotle (주전 384-322) 광범위한 영역에 심대한 영향을 끼친 그리스 철학자. 그 영역 가운데는 생물학, 물리학, 우주론,

윤리학, 논리학, 교육학이 포함된다. 아리스토텔레스는 아테네에 있던 *플라톤의 학당에 속한 제자였다. 그는 자신의 가장 유명한 제자인 알렉산드로스 대왕의 후원을 받아 아테네에 자신의 새로운 학당 리케이온Lyceum을 세웠다. 아리스토텔레스는 플라톤의 실재관과 결별했다. 플라톤은 이 세상의 사물들이 지닌 상대적인 중요성을 부정하고, 그런 사물들을 영원한 '*형상'들의 그림자에 불과한 것으로 여겼다. 그러나 아리스토텔레스는 이른바 '보편자'universals인 '형상'들과 그에 상응하는 '개별자'particulars, 즉 개개의 사물들 모두 실재하며 연구 가치를 지닌다고 주장했다. *오리게네스와 니사의 *그레고리우스는 논리학에 관한 아리스토텔레스의 글들을 높이 평가했지만, 초기 교회의 교부들은 전체적으로 그의 사상을 선호하지 않았다. 이는 그가 영혼의 불멸성을 부정했다고 여겼기 때문이다. 그러나 중세 후기의 스콜라주의 신학자들은 신학적 추론 과정에서 아리스토텔레스의 사상을 광범위하게 활용했다. 이는 특히 아리스토텔레스의 사상을 광범위하게 차용한 *토마스 아퀴나스의 경우가 그러하다.

아리스티데스, 성 Aristides, St. (2세기) 아테네 출신의 철학자로, 이후 기독교 *변증가가 된 인물. 역사가 *에우세비우스에 따르면, 아리스티데스는 124년경 하드리아누스 황제에게 자신의 글 *Apology*『변증』를 헌정했다. 이 책은 오랫동안 소실된 것으로 여겨졌으나 19세기에 다시 발견되었다. 아리스티데스는 기독교의 하나님이 영원하고 무한하신 분이라는 점에서, 그리스도인들이 이교도들보다 하나님에 대해 더 온전한 믿음과 깊은 이해를 지니고 있다고 주장했다.

아리우스 Arius ***아리우스주의**를 보라.

아리우스주의 Arianism 아리우스주의는 성육신 이전의 그리스도(로고스)가 성부 하나님과 동등하며 함께 영원히 거하는 존재였다는 것을 부정하는 유명한 이단설이었다. 아리우스336 사망, 아레이오스의 주장에 따르면 하나님이 무無로부터 그리스도를 창조하셨으며, 그리스도는 하나의 피조물이었다. 그리고 그리스도는 이후의 모든 창조를 진행시킬 도구로 지음 받았다는 것이다. 이집트의 알렉산드리아 출신 장로였던 아리우스는 이런 비정통적 견해 때문에 그 지역의 주교에게 권징을 받고 마침내 추방되었다. 그러나 아리우스가 팔레스타인과 소아시아 지역을 여행하는 동안에 그의 사상은 많은 추종자를 얻었으며, 그중에는 몇몇 영향력 있는 주교도 포함되어 있었다. 황제 *콘스탄티누스 1세는 이 논쟁을 해결하기 위해 325년에 *니케아 공의회를 소집했다. (이 문제를 숙고하도록 모든 주교가 초청된) 이 첫 보편 공의회에서 아리우스주의는 이단설로 간주되었다. *아타나시우스가 대변한 정통 견해에서는 그리스도가 '호모우시오스'homoousios, 곧 성부와 동일한 '본질'substance을 지닌다는 것을 밝혔다.

아벨라르, 피에르 Abelard, Peter (Pierre) **피터 아벨라드, 페트루스 아벨라르두스** (1079-1142) 아마도 당대의 가장 영향력 있는 스콜라주의 신학자인 아벨라르는 파리의 노트르담 *대성당 학교에서 가르치면서 명성을 얻기 시작했다. 그는 생동감 넘치는 강의를 통해 유럽 전역의 학생들을 끌어모았지만, 생애 내내 신학적 논쟁에 시달렸다. 그의 저작 *Sic et Non*『예 그리고 아니오』는 신학 작업에서 의심은 귀중한 자산이 된다는 신념을 장려하는 작품이었다. 스콜라주의 방법론에 깊은 영향을 끼친 이 저서에서, 아벨라르는 성경과 교부들의 저술에서 나타나는 외관상의 모순점들을 분석했다. 특히 삼위일체와 속죄에 관한 그의 견해들은 면밀한 검토 대상이 되었다. 1118년에는 아벨라르가 엘로이즈Heloise와 교제해 왔음이 드러나면서 그의 경력이 손상되었다. 엘로이즈는 고아로 자라난 여인으로, 아벨라르의 동료 카농 퓔베르Canon Fulbert의 조카였다. 아벨라르의 다양한 저서 속에는 그의 폭넓은 관심사와 방대한 학식이 담겨 있으며, 그런 저서로는 윤리학과 논리학에 관한 논문들과 포르피리우스Porphyry, 포르피리오스의 글에 관한 주석, 자신의 삶을 고백한 *The Story of My Misfortunes*『내 불행의 역사』, 로마서에 관한 중요한 주석, 삼위일체에 관한 주요 작품 등이 있다.

아우구스티누스, 캔터베리의 성 Augustine of Canterbury, St. **어거스틴** (약 604-609 사망) 아우구스티누스 수도회의 수사로서 로마의 산 안드레아 수도원에 속한 인물. 596년에 그는 교황 *그레고리오 1세에게 로마 가톨릭 신앙을 잉글랜드에 전파하라는 임무를 받았다. 아우구스티누스는 켄트(지금의 캔터베리)에 선교 기지를 구축하고, 잉글랜드 왕 에설버트Ethelbert를 신앙으로 인도했다. 한편 왕비 베르타Bertha가 남편 에설버트보다 먼저 그리스도인이 되었다는 증거도 있다. 이후 아우구스티누스는 캔터베리의 첫 대주교가 되었다.

아우구스티누스, 히포의 성 Augustine of Hippo, St. 어거스틴 (354-430) 라틴 (서방) 신학의 뚜렷한 거장 중 하나. 아우구스티누스는 교회 안에서 계속 직급이 상승해서 북아프리카 히포의 주교가 되었으며, 자신의 글을 통해 중세와 종교개혁기의 신학 발전에 심대한 영향을 끼쳤다. 그의 초기 생애와 특히 영적 순례의 여정은 자서전적인 글 *Confessions*『고백록』, 대한기독교서회, 2019+에 서술되어 있다. 아우구스티누스는 카르타고 부근의 타가스테Tagaste에서 이교도 아버지와 독실한 그리스도인 어머니의 아들로 태어났다. 그는 십대 시절 신앙을 잃고 수사학 교사로서 명성을 추구했다. 이때 그는 다양한 철학 체계에서 진리를 찾았으며, 마침내 *마니교에 귀의했다. 그러는 동안에 그는 연인이 생겨서 아데오다투스Adeodatus라는 아들을 낳았다. 아우구스티누스는 명성을 얻으려는 꿈에 매혹되어 이탈리아로 떠났고, 로마와 밀라노에서 가르쳤다. 그러나 그는 밀라노 주교 *암브로시우스의 설교를 듣다가 386년에 기독교로 회심했다. 아프리카로 돌아간 아우구스티누스는 교회 안에서 급속도로 신분이 상승했다. 주교로 봉직하는 동안 아우구스티누스는 자신의 지적 재능과 수사학 기술을 활용하여 도나투스주의 논쟁과 *펠라기우스주의 논쟁에 관여했으며, 여러 주요 작품을 저술했다. 그의 작품 가운데는 교회와 국가의 관계에 관한 논문인 *City of God*『하나님의 도성』; **『신국론』, 분도, 2004과 *On the Trinity**『삼위일체론』, 분도, 2015, 성경 해석 지침서인 *On Christian Doctrine**『그리스도교 교양』, 분도, 2011 및 여러 성경 주석이 있다.

아우크스부르크 신앙고백(문)(서) Augsburg Confession (1530) 루터파의 첫 신앙고백인 동시에 개신교의 첫 신앙고백인 문서. 필리프

멜란히톤이 마르틴 *루터의 지도 아래 작성했다. 이 문서에는 오직 믿음으로 얻는 구원을 비롯한 스물한 개의 루터파 핵심 교리가 서술되어 있으며, 로마 가톨릭 교회에서 오용하는 여러 교리에 대한 비판도 담겨 있다. 비판의 대상이 된 교리로는 단형 영성체Communion in one kind(성찬식에서 평신도에게 빵만을 베푸는 것ⓣ), 고해 auricular confession, 사제 독신제도, 사적인 미사 등을 들 수 있다. 이 신앙고백은 곧 루터파에서 권위를 지닌 것이 되었다.

아이온 aeon *영지주의를 보라.

아주사 스트리트 부흥 Azusa Street revival (1906) 아주사 스트리트는 현대 *오순절 운동의 역사에서 위대한 부흥이 일어난 장소다. 로스앤젤레스 도심지에 위치한 이곳에는 말을 빌려주는 곳으로 쓰이는 버려진 창고가 있었다. 이후 이 부흥은 '사도 신앙 선교회'the Apostolic Faith Mission 운동으로 불리게 된다. 1906년부터 1909년까지 이 지역은 성장하는 오순절 운동의 중심지가 되었다. 방언 현상이 처음 나타난 것은 흑인 성결 설교자인 윌리엄 J. *시모어가 보니 브래 스트리트Bonnie Brae Street의 한 주택에서 예배를 인도했을 때로, 당시 그는 텍사스주 휴스턴에 있는 찰스 F. *파럼의 학교에서 막 돌아온 상태였다. 곧 그 집회는 아주사 스트리트 312번지로 장소를 옮겨야 했고, 이곳에서는 3년간 매일 (때로는 하루 세 차례씩) 예배를 드렸다. 오늘날 미국에 있는 오순절 단체의 대부분은 이 아주사 스트리트의 부흥에서 기원을 찾을 수 있다.

아퀴나스 Aquinas *토마스 아퀴나스를 보라.

아타나시우스, 성 Athanasius, St. **아타나시오스** (약296-373) *니케아 공의회325에서 이후 정통으로 인정될 자신의 입장을 옹호하면서 *아리우스의 기독론을 강력히 논박한 인물. 당시 그는 스물아홉 살이었으며 이를 통해 교회 안에서 주목받는 인물이 되었다. 아타나시우스는 알렉산드리아 태생으로, 당시 부제deacon, *집사의 직무와 더불어 알렉산드리아 주교였던 알렉산더알렉산드로스의 비서 역할을 맡고 있었다. 니케아 공의회에서 거둔 성공 덕분에 그는 알렉산더의 사후에 주교로 서품되었으며, 거의 40년간 그 직무를 수행했다.

아타나시우스는 자주 황제들이나 시기심 많은 성직자들의 눈 밖에 났으며, 몇 차례에 걸쳐 강제 추방되었다. 한번은 자기 아버지의 무덤에서 여러 달 머물기도 했다. 아타나시우스는 자신의 오랜 활동 기간 동안, 수도원 운동이 팔레스타인과 소아시아, 또 그 너머의 서쪽 지역으로 퍼져 나가도록 이끄는 데 많은 영향을 끼쳤다. 이 일에는 특히 그가 집필한 이집트 수도사 *안토니우스의 전기가 기여했다.

아테나고라스 Athenagoras (2세기) 2세기 당시 가장 분명하며 효과적인 기독교 *변증가 중 하나. '아테네의 기독교 철학자'로 알려져 있다. 그는 177년경 *Apology*『변증』를 써서 마르쿠스 아우렐리우스 황제에게 헌정했다. 이 책은 그리스도인들을 향한 거짓 비난들을 반박하는 데 초점을 둔 것으로, 그런 비난 가운데는 식인食人이나 근친혼 등이 있었다. 또한 아테나고라스는 *On the Resurrection of the Dead*『죽은 자의 부활』라는 주요 논문의 저자로 여겨진다. 그는 변증가 중 처음으로 하나님이 '한 분 안에 세 분으로'Three in One 계신다는 견해를 옹호했다.

아폴리나리우스주의 Apollinarianism 아폴리나리오스주의 소小 아폴리나리우스약310-약390, 아폴리나리오스가 발전시킨 독특한 기독론을 가리키는 용어. 360년에 라오디케이아 주교가 된 아폴리나리우스는 *아리우스주의의 강력한 반대자였다. 그는 그리스도의 충만하고 완전한 신성을 강조하기 위해, 사람이 되신 그리스도에게는 도덕적 성장이 요구되지 않았다고 주장했다. 이는 신적인 로고스가 그분의 인간 영혼을 대체했기 때문이었다. 하지만 이 견해는 그리스도를 온전한 신이지만 온전한 사람은 아닌 존재로 제시했다는 이유로 381년 콘스탄티노플 공의회에서 정죄되었다.

안셀무스, 캔터베리의 성 Anselm of Canterbury, St. 안셀름, 앤섬JKL (약 1033-1109) 초기 스콜라주의의 가장 영향력 있는 사상가 중 하나. 이탈리아에서 태어난 그는 노르망디에 있는 벡Bec의 수도원장으로서 주목을 받기 시작했으며, 1093년에 잉글랜드의 캔터베리 대주교로 서품되면서 더욱 중요한 인물이 되었다. 당대의 큰 논쟁(참조. *실재론과 유명론)에서 안셀무스는 실재론의 입장을 취했다. 그가 평생 간직한 표어는 *credo ut intelligam*, 곧 "나는 이해하기 위해 믿는다"I believe in order that I may understand였다. 이 표어를 통해, 그는 오직 하나님에 대한 믿음에 기초해서 지성적 활동을 전개할 것을 그리스도인들에게 강력히 호소했다. 안셀무스는 자신의 철학 저서 *Proslogium*『프로슬로기온』, 아카넷, 2012에서 발전시킨 신 존재에 관한 존재론적 논증으로 잘 알려져 있다. 또 그의 저서 *Cur Deus homo*『인간이 되신 하나님』, 한들, 2015에서는 그리스도의 속죄 사역에 관한 교리를 다루었다. 그에 따르면 그리스도가 이 세상에 오셔서 십자가에서 죽으신 것은 사탄에게 *속전을 치르기 위함이 아니라, 타락으로 상실된 인간과 하나님 사이의 화목을 회복하고 하나님의 명예를 만족시키기 위함이었다. 그의 이 주장은 속죄에 관한 '만족설'satisfaction theory로 알려져 있다.

안식교 adventism 재림교 ***밀러, 윌리엄; *와이트, 엘런**을 보라.

안토니우스, 성 Anthony (or Antony), St. **안토니오스** (약251-356) 초기 기독교의 유명한 금욕주의자 중 하나로, 자기 재산을 다른 이들에게 나눠 주고 이집트의 사막으로 물러나서 은둔자로 살아갔다. 안토니우스의 깊은 경건에 감화된 제자들은 *은자들의 공동체를 조직하고 단순한 규율 아래 생활했다. *니케아 공의회에서 정통을 수호하고 후에 알렉산드리아의 주교가 된 *아타나시우스는 그의 전기 *Life of Anthony*『사막의 안토니우스』, 분도, 2015를 저술했으며, 이 전기는 수도원 운동의 확산에 기여했다. **참조**. *금욕주의.

안티오키아학파 Antiochene school **안디옥학파** 초기 교회 시기에 안티오키아 교회는 널리 영향력을 지닌 한 학파의 중심지가 되었다. 이 안티오키아학파는 *알렉산드리아학파와 서로 대비되었는데, 후자는 *오리게네스로 대표되는 학파로서 성경의 *풍유적 해석 방법을 좇는 집단이었다. 안티오키아학파의 경우에는 주석가인 타르수스의 디오도루스Diodore of Tarsus, 디오도로스, 약394 사망가 세 명의 유능한 학생을 키워 냈으며, 이들은 곧 몹수에스티아의 테오도루스Theodore of Mopsuestia, 테오도로스와 요한 *크리소스토무스, 키루스의 테오도레투스Theodoret of Cyrrhus, 키로스의 테오도레토스였다. 이 안티오키아학파의 특징은 성경 본문의 *본문 비평, 역사적 맥락, 문헌학적 뉘앙스에 관심을 쏟는 데 있었다. 다만 이것은 그들이 본문의 더 높은 의미를 경시했다는 뜻이 아니다. 안티오키아학파는 '테오리아'theoria라는 용어를 써서 더 깊은 의미를 언급했다. 더 깊은 의미는 언제나 문자적 의미에 토대를 둔 것으로서 영혼의 안내자가 되었다.

알렉산더, 아치볼드 Alexander, Archibald (1772-1851) 1812년의 프린스턴 신학교 설립 때에 맨 처음으로 교수에 임명된 인물. 버지니아 태생인 그는 열일곱 살에 회심한 이후 장로교에 소속되어 있었다. 그의 영향력 있고 오랜 경력 가운데는 필라델피아의 파인 스트리트 장로교회를 비롯한 교회들에서 사역한 일과 부흥운동을 이끈 일, 햄든-시드니Hampden-Sydney 칼리지의 총장으로 재직한 일 등이 있다. 프린스턴 신학교에서 그는 심대한 영향력을 끼쳤다. 그의 스코틀랜드 상식 철학과 *웨스트민스터 신앙고백에 대한 헌신은 '프린스턴 신학'Princeton Theology의 토대를 놓는 데 기여했으며, 이 신학 사조는 19세기에 큰 영향력을 발휘했다.

알렉산드리아학파 Alexandrian school 2세기 말 이집트의 알렉산드리아에 교리문답 학교를 세운 것은 판타이누스Pantaenus, 판타이노스로 여겨진다. 이 학교는 기독교 신앙의 보급을 위해 세워졌으며, 알렉산드리아의 *클레멘스약202 사망와 그의 제자 *오리게네스185-254처럼 영향력 있는 지도자들 아래서 명성을 얻었다. 당시 알렉산드리아에 널리 퍼져 있던 그리스 문화 덕분에, 이 학파의 신학은 강한 *플라톤주의의 영향을 받았다. 기독교는 지혜의 절정, 또는 클레멘스의 말을 빌리면 "최상의 철학"the highest philosophy으로 간주되었다. 오리게네스의 영향 아래 이곳에서 *알레고리적 해석 방법이 번성했다. 4세기에 이곳의 학생들은 맹인 디디무스Didymus the Blind, 디디모스의 지도를 받았다.

알베르투스 마그누스, 성 Albertus Magnus, St. (1280 사망) 스콜라주의 전성기의 주도적인 인물 중 하나인 알베르투스 마그누스, 또는 '위대한 앨버트'the great Albert는 과학자이자 철학자, 신학자와 주교로서 중요한 공헌을 남겼다. 그는 지금의 남부 독일에 위치한 울름Ulm 부근에서 태어났으며 파두아 대학과 쾰른 대학에서 공부했다. 그 후 파리 대학에서 도미니코 수도회의 신학을 가르치는 교수가 되었으며, 이곳에서 *토마스 아퀴나스를 비롯한 많은 이들을 지도했다. 그가 남긴 대작으로는 널리 영향을 끼친 *Commentary on the Sentences of Peter Lombard*『페트루스 *롬바르두스의 교부 명언집 주해』, 1249가 있다. *The Sum of All Creation*『창조물 대전』, 1246에서는 자연과학에 대한 관심사를 드러내 보였다. 그는 1260년에 라티스본Ratisbon 주교로 임명되었다.

알비파 Albigensians (or Albigenses) 12세기 말과 13세기에 프랑스 남부에서 활동한 이단적인 무리를 가리키는 일반적인 명칭. *카타리파Cathari의 한 분파였던 알비파는 매우 위험한 무리로 간주되었으며, 교황 *인노첸시오 3세는 그들에 대한 특별 십자군 원정을 소집했다. 알비파는 급진적인 개혁을 추구하는 분파로, 모든 물질과 신체적인 것들을 악하게 여기는 유사 *영지주의적인 이원론을 신봉했다. 그리하여 그들은 *연옥의 교리, 몸의 부활 교리, 결혼, 성례전의 사용을 거부했다.

암브로시우스, 밀라노의 성 Ambrose of Milan, St. **밀라노의 암브로스**JKL (약339-397) 당대의 가장 위대한 설교자로 알려진 인물인 암브로시우스는 밀라노에서 조금씩 주목받기 시작했으며, 세례를 받고 사제로 안수받기 전부터 주교직에 적합한 인물로서 대중의 신망을 얻었다. 그는 또한 이탈리아에서 *아리우스주의의 주된 반대자로 인정받았다. 그의 설교는 이후 히포Hippo의 주교가 된 *아우구스티누스의 회심386에 큰 영향을 끼쳤다. 암브로시우스는 그리스어와 라틴어에 모두 능통했으며, 동방 교회의 신학이 서방 라틴 교회에 전해지는 통로 역할을 했다.

애가 Jeremiad (17세기) 청교도의 *언약신학에 깊이 뿌리박은 미국 특유의 예배와 설교 양식. '애가'Jeremiad라는 명칭은 고대 이스라엘에서 사역했던 눈물의 선지자 예레미야의 이름에서 유래했다. '애가'는 죄의 여러 유형과 그 악함에 관해, 개인적이며 집단적인 죄 고백의 필요성에 관해 온종일 간절히 권고하는 예배였다. 그리고 이 예배를 드리기 전, 여러 날에 걸친 기도와 금식이 자주 이루어졌다. 하나님이 고백되지 않은 죄에 관해 개인들뿐 아니라 각 교회와 지역 공동체들까지 징계한다는 확신은 마음을 정화하는 이 예식을 거행할 근거가 되었다.

애즈베리, 프랜시스 Asbury, Francis (1745-1816) 1771년 존 *웨슬리는 영국인 동료 프랜시스 애즈베리를 감리교 선교사로 미국에 파송했다. 여기서 애즈베리는 조직 운영에 탁월한 재능을 보여 주었으며, 신세계에서 감리교의 초기 성장과 부흥에 주된 역할을 감당했다. 1784년에 미국 감리교회가 설립될 때 애즈베리와 토머스 코크Thomas Coke는 감리사superintendent가 되었으며, 후에는 미국 감리교회의 첫 감독들이 되었다.

앨런, 리처드 Allen, Richard (1760-1831) 필라델피아에서 노예로 태어났으나 후에 미국 아프리카감리교회African Methodist Episcopal Church, AMEC의 설립자 중 하나가 된 인물. 앨런은 1777년의 회심 이후 곧 설교하기 시작했다. 그는 자기 주인을 신앙으로 인도한 뒤 자신의 몸값을 지불하고 자유민이 되었으며, 이후 감리교의 *순회 전도자가 되었다. 그는 아프리카계 미국인 그리스도인들에게 점점 더 큰 영향력을 미쳤으며, 1794년에는 베델 아프리카감리교회를 설립했다. 그리고 5년 후에는 이 교회에서 감독으로 임명되었다.

앨퀸 Alcuin 플라쿠스 알비누스 알쿠이누스JKL (약740-804) 앨퀸은 잉글랜드 북동부에서 태어나 자랐으며, 요크의 *대성당 학교에서 교육을 받았다. 그는 노섬브리아 르네상스Northumbrian Renaissance 시기의 산물인데, 이는 곧 수도사인 학자 *베다와 함께 시작된 신학적·문화적·과학적인 학문의 전성기였다. *카롤루스 대제의 초청으로 프랑스에 온 앨퀸은 카롤링거 제국의 궁정 학교들에서 가르쳤다. 이후 투르의 생 *마르탱 수도원장이 된 그는 성직자, 주석가, 신학자로서 두각을 나타냈다. 앨퀸은 수많은 성경 주석 외에도 삼위일체에 관한 중요한 논문과 그리스도 *양자설에 반대하는 세 편의 주요 작품, 그리고 수사학, 문법, 수학 교본을 집필했다. 또한 그는 라틴어 *불가타 역본에 기초해서 카롤링거 왕조의 소문자Carolingian minuscule로 기록된 성경의 편찬 작업을 감독했다. **참조.** *역동적 단일신론.

얀 판 레이던 John of Leyden (1510-1536) 독일 북부의 뮌스터에서 과격하고 호전적인 *아나뱁티스트 집단을 이끈 인물. 그는 뮌스터시를 점령한 뒤 성도들의 왕국을 세우려고 시도했다. 그리스도가 뮌스터에 재림하신 뒤 이 땅에서 천 년간의 평화로운 통치를 시작하실 것을 기대하면서, 얀은 사회주의와 일부다처제를 특징으로 하는 기독교 왕국을 세우고 임시 왕으로 통치했다. 그러나 가톨릭과 루터파 연합군이 그 도시를 함락시켰을 때, 얀은 아내 디바라Divara와 함께 처형되었다. 그의 유골은 *대성당 옆에 달린 새장에 담겨 전시되었으며, 이로써 뮌스터파 운동이 끝났다.

양식사(포름게쉬히테) Formgeschichte (form history) 영어로는 '양식비평'form criticism으로 알려진 *성서 비평의 한 유형. '포름게쉬히테'에서는 예를 들어 한 편의 시편 같은 본문 속에 담긴 구조적 양식을 확정하려 한다. 이는 그 본문의 원래 의미를 더욱 온전하고 정확하게 이해하기 위함이다. 첫 단계로는 본문의 장르를 확정하며, 그다음에는 본문의 구조 분석을 통해 그 본문의 사회적 맥락 또는 '삶의 정황'Sitz im Leben을 식별하게 된다. 19세기 말에 독일의 학자 헤르만 궁켈Herman Gunkel이 이 접근법을 개척했다.

양자설, 그리스도 adoptionism 8세기의 스페인 교회는 이후 '그리스도 양자설 논쟁'으로 불릴 문제와 씨름하고 있었다. 이 문제의 핵심 질문은 그리스도의 인성에 관한 것으로, 과연 그가 본질적인 하나님의 아들인가, 혹은 그저 하나님의 아들로 입양되었을 뿐인가 하는 것이었다. 스페인에서 이 같은 양자설의 주된 옹호자는 우르겔Urgel의 주교 펠릭스Felix, 818 사망였다. 그리스도의 신성에 관련해서, 양자론자들은 로고스Logos를 하나님의 참 아들이며 성부의 독생자인 존재로 보았다. 하지만 인간인 나사렛 예수는 입양된 하나님의 아들이자 마리아의 맏아들로 간주되었다. *카롤루스 대제는 자신이 데리고 있던 저명한 학자 *앨퀸약735-804에게 펠릭스의 주장에 응수하라고 요청했으며, 이에 앨퀸은 *Contra Felicem*『펠릭스에 반대하여』이라는 제목으로 일곱 권의 책을 썼다. 앨퀸이 발전시킨 정통적인 입장은 이러하다. 예수 그리스도는 분리되지 않으며 또 분리될 수도 없는 하나님의 유일한 아들이다Jesus Christ is the one undivided and indivisible Son of God. 동정녀 마리아는 영원하신 하나님의 아들을 낳았으며, 성경은 결코 그리스도를 "입양된 하나님의 아들"로 부르지 않는다. **참조.** *역동적 단일신론; *테오도투스.

양태론 modalism *성부 수난설이나 사벨리우스주의Sabellianism로도 알려진 이 견해는 초기 교회에서 이단설로 간주되었다. 하나님의 단일성을 보존하면서도 삼위일체 교리를 해명하기 위해, 사벨리우스 같은 양태론자들은 한 분이신 하나님이 세 가지 구별되는 양태로 나타나셨다고 가르쳤다. 곧 창조에서는 성부로, 구속에서는 성자로, 성화에서는 성령으로 나타나셨다는 것이다. 양태론은 *단일신론의 더 넓은 범주 아래에 속하며, 단일신론은 삼신론의 공격에 맞서 하나님의 단일성을 옹호하려는 시도다.

언약도 Covenanters 1637년, 잉글랜드와 스코틀랜드의 왕 *찰스 1세는 잉글랜드의 *성공회 기도서를 본뜬 형태의 기도서를 스코틀랜드 그리스도인들에게 강요하려 했다. 이듬해, 많은 스코틀랜드 군중들이 에든버러의 대교회the high kirk인 세인트 자일스 *대성당을 박차고 나와 그레이프레이어 교회 뜰에 운집했다. 그들은 이곳에서 국민 언약National Covenant에 서명함으로써 자신들의 교회에 대한 외국 세력의 지배를 용납하지 않을 것임을 선언했다. 이때 많은 이가 그 결의를 확고히 밝히기 위해 자기 피를 펜에 찍어서 서명했다. 이 사건은 언약도들에 대한 유혈 박해와 더불어 잉글랜드와 스코틀랜드 사이의 전쟁으로 이어졌다.

언약신학 covenant theology 하나님이 인류와 맺으신 언약들을 가리키는 용어. 때로 '계약신학'federal theology(이 표현은 '언약'을 가리키는 라틴어 *foedus*에서 유래했다)으로 언급된다. 에덴동산에서 행위 언약은 하나님과 아담 사이의 계약에 근거한 언약으로 간주되었다. 이 언약에 따르면 순종에는 상이 따르지만, 불순종에는 심판이 뒤따랐다. *칼뱅을 비롯한 학자들은 타락 이후의 은혜 언약을, 아브라함 언약과 그리스도의 죽음으로 제정된 새 언약을 통해 분명히 표현되고 강화된 무조건적 언약으로 보았다. *청교도 사상의 중심이 된 이 언약신학은 윌리엄 *에임스의 *The Marrow of Theology*『신학의 정수』, 크리스천다이제스트, 1992에서 자세히 서술되었다. 에임스의 이 저서는 1647년의 *웨스트민스터 신앙고백에 영향을 끼쳤다.

에드워드 6세 Edward VI (1537-1553) 아홉 살의 나이로 아버지 *헨리 8세의 뒤를 이어 잉글랜드 왕이 된 인물. 그는 '에드워드'라는 이름을 지닌 여섯 번째 왕이었다. 에드워드 6세는 헨리 8세의 세 번째 아내인 제인 시모어에게서 태어났으며, *장자 상속제의 전통 때문에 누나들인 *메리와 *엘리자베스보다 먼저 통치했다. 개신교에 속한 캔터베리 대주교 토머스 *크랜머에게 양육과 보호를 받은 에드워드 6세는 잉글랜드 교회의 개혁을 적극 추진했다. 그의 치하에서 *성공회 기도서가 출간되고 *6개 조항이 폐지되었으며, 모든 지역 교회에서 영어 성경을 쓸 수 있게 되고 많은 개신교 주교들이 서품되었다. 에드워드 6세는 열여섯 살에 질병으로 사망했다.

에드워즈, 조나단 Edwards, Jonathan (1703-1758) 회중교회에 속한 청교도 목회자, 부흥운동가, 신학자인 에드워즈는 식민지 시대 미국의 가장 영향력 있는 사상가 중 하나였다. 어린 시절부터 영재였던 에드워즈는 예일 대학에서 학사와 석사 학위를 취득한 뒤, 외할아버지 솔로몬 *스토더드와 함께 매사추세츠주의 노샘프턴 회중교회에서 목회했다. 1729년에는 이 교회의 단독 목회자가 되었으며, 1730년대 중반에는 이 교회에서 유명한 부흥운동을 이끌었다. 종교적 감정주의에 대해 비평가들이 그를 학문적으로 공격하자, 에드워즈는 이에 맞서 *A Faithful Narrative*『놀라운 부흥과 회심 이야기』, 부흥과개혁사, 2006를 집필했다. 이 책은 이후 분열을 초래한 '종교적 정서' 논쟁의 도화선이 되었다. 1748년에는 노샘프턴 회중교회에서 성찬 참여 자격에 관한 논쟁이 일어났고, 이로 인해 에드워즈는 그 교회를 떠났다. 이후 에드워즈는 그 지역의 미국 원주민들 사이에서 선교사로 사역했다. 10년 뒤, 그는 (이후 프린스턴 대학이 될) 뉴저지 칼리지의 총장으로 초빙되었지만 취임 직전에 천연두 접종 후유증으로 사망했다. (그의 전집은 Yale University Press에서 *The Works of Jonathan Edwards*라는 제목으로 총 26권으로 출간 1977-2009되었으며 한국어판은 부흥과개혁사에서 출간 중이다.ⓒ)

에라스무스, 데시데리우스 Erasmus, Desiderius 데시데리위스 에라스뮈스 (약1466-1536) 16세기 당시 국제적으로 가장 저명한 신학자 중 하나. 로테르담의 에라스무스는 학자로서 개혁자의 역할을 수행했지만 가톨릭 교회와 공식적으로 갈라서지는 않았다. 그는 당대에 '인문주의자들의 왕자'로 알려져 있었으며, 탁월한 저술가이자 편집자, 성경 번역자 겸 해석자로 두각을 나타냈다. 아마도 에라스무스의 가장 영향력 있는 공헌은 1516년 자료를 수집하고 편집해서 라틴어로 번역한 신약성경을 통해 이루어졌을 것이다. 에라스무스가 '새로운 도구'라고 부른 이 성경의 초판은 최초의 인쇄된 그리스어 신약 본문이었으며, 종교개혁기의 많은 이들이 이 성경을 사용했다.

에리게나(에리우게나), 요하네스 스코투스 Erigena (Eriugena), John Scotus (약810-약877) 아일랜드 출신의 철학자이자 신학자인 에리게나는 카롤링거 왕조의 프랑크 황제 '대머리' 카롤루스Charles the Bald의 궁정에서 명성을 얻었다. 그러나 에리게나의 신학은 자주 문제시되었으며, 그가 하나님과 자연에 관해 쓴 신플라톤주의적인 논문 *De Divisione Naturae*『자연의 구분에 대하여』는 범신론으로 비난을 받았다. 에리게나는 예정론에 관한 자신의 주요 논문에서, *고트샬크의 가르침을 논박했다. 에리게나는 또한 위 디오니시우스 아레오파기타Pseudo-Dionysius the Areopagite를 비롯한 초기 교부들의 영향력 있는 작품을 라틴어로 번역했다.

에비온주의 Ebionitism (1-2세기) 문자적으로는 '가난한 자들'을 뜻하는 종파. 이 에비온파Ebionites는 *금욕주의를 좇은 유대 기독교 종파로서 요단강 동편에서 활동했다. 이 종파는 과격한 신학 때문에 특히 관심의 대상이 된다. 이들은 예수님을 요셉과 마리아의 자연적인 아들로서 세례 시에 성령을 받은 이로 여겼다. 이들은 또한 바울 서신을 거부하고, 네 복음서 중에서도 마태복음만을 인정했다.

에우세비우스, 카이사리아의 Eusebius of Caesarea 카이사레아의 에우세비오스, 유세비우스 (약260-약340) 교회사의 아버지로 알려진 인물. 그는 자신의 저서 *Ecclesiastical History*『유세비우스의 교회사』, 은성, 1990로 잘 알려져 있다. 이 책은 4세기 중엽까지의 기독교 역사에 관한 주된 정보의 원천이다. 에우세비우스는 카이사리아 주교로 재직했으며, 325년에 열린 *니케아 공의회에서도 절충파를 이끌면서 적극 참여했다. 이후에는 *알렉산드리아학파의 *아타나시우스가 대변했던 정통 견해를 지지했다.

에우티케스 Eutyches (약378-454) 콘스탄티노플 출신의 수사인 에우티케스는 451년의 *칼케돈 공의회에서 그리스도의 본성에 관한 *네스토리우스주의의 관점을 반대하면서 이후 교회가 이단설로 간주한 견해를 발전시켰다. 실질적으로 에우티케스는 성육신 이후의 그리스도는 오직 한 본성, 곧 신성만을 지닌다고 주장했다. 로고스가 그분의 인성을 흡수했으므로, 그리스도는 본질상 다른 사람들과 같지 않다는 것이다. 그러나 교회는 그리스도가 구속자가 되기 위해서는 약화되지 않은 신성을 유지하면서도 온전한 사람이 되어야만 한다는 이유로 이 견해를 거부했다. 이후 에우티케스는 자신의 지위에서 해임되고 추방되었다.

에임스, 윌리엄 Ames, William (1576-1633) 케임브리지에서 훈련을 받았으며 17세기 초 잉글랜드의 영향력 있는 청교도 신학자가 된 인물. 1613년부터 그는 *아르미니우스주의에 맞서는 *칼뱅주의의 수호자로서 네덜란드에서 명성을 얻기 시작했으며, 이후 잉글랜드 칼뱅주의자들의 조언자로서 *도르트 총회1618-1619에 참석했다. 그의 가장 영향력 있는 저서로는 *Medulla theologiae* 또는 *The Marrow of Sacred Theology*『신학의 정수』, 가나다출판사, 2018가 있다. **참조**. *언약신학; *후커, 토머스.

에크, 요한 Eck, Johann (1486-1543) 독일 잉골슈타트Ingolstadt 대학의 저명한 신학 교수. 본명은 요한 마이어Johann Maier였다. 에크는 성서적 *인문주의에 깊은 영향을 받고, 가톨릭 교회에서 사용하기 위해 독일어 성경을 출간했다. 1519년에 *루터와 벌인 유명한 라이프치히 논쟁에서, 에크는 교황의 권위와 *면벌부 교리를 옹호했다.

에크하르트, 마이스터 Eckhart, Meister (약1260-약1328) 도미니코 수도회 소속의 독일 신비주의 신학자. 그는 파리와 쾰른 대학에서 연구한 학자이자 널리 알려진 자국어 설교자였다. 에크하르트는 모든 존재에 스며드는 '고트하이트'Gottheit, 또는 '하나님의 능력'을 강조했는데, 이것은 우주의 만물 속을 흘러가는 능력으로서 실재의 본질에 속했다. 이로 인해 그는 범신론자로 비난을 받았다. 그의 가르침에 따르면, 인간의 영혼은 이 '고트하이트'를 통해 신적인 존재와 친밀한 접촉을 경험하며 그의 생명력 있는 말씀을 받는다.

에페수스 공의회 Council of Ephesus *공의회, 에페수스를 보라.

에피쿠로스학파 Epicureanism 그리스의 아테네에서 생겨난 대중 철학. 에피쿠로스주전 342-270의 가르침에 뿌리를 둔다. 데모크리토스의 원자론에 근거해서, 에피쿠로스는 이 땅에 비처럼 쏟아지는 원자들이 불규칙하게 융합되면서 모든 물질이 생겨났고 이 원자들의 융합이 존재의 근거라고 가르쳤다. 생명은 원자들의 운동으로 정의되었으며, 사람이 죽을 때에는 원자들의 복잡한 배열이 기본 형태로 되돌아갔다. 그러므로 에피쿠로스는 천국도, 지옥도 없으며 사후의 보상도, 형벌도 없다고 주장했다. 이런 전제들의 빛에서, 에피쿠로스학파가 지향하는 삶의 중요한 목표는 참된 쾌락을 추구하는 데 있었다. 그리고 이 노력에는 분별력 있는 행동을 통해 고통과 두려움을 줄이는 일도 포함되었다. 따라서 이들의 견해를 방탕한 향락주의와 혼동해서는 안 된다. 누가의 기록에 따르면 사도 바울이 아테네를 방문했을 때, 에피쿠로스학파의 철학자들도 그곳에 있었다(행 17:18을 보라).

「엑수르게 도미네」 Exsurge Domine 「주님 일어나소서」 (1520) 교황 레오 10세가 공표한 교서. 이 교서의 의도는 *출교의 위협을 가함으로써 종교개혁을 추구하는 마르틴 *루터를 굴복시키려는 데 있었다. 이 문서의 첫 행은 이렇게 되어 있다. "오, 주님. 일어나소서. 사나운 멧돼지가 당신의 포도원에 출몰했나이다." 그러나 루터는 교황에 대한 항거를 상징하는 행동으로, 비텐베르크 대학의 학생들 앞에서 교서를 태워 버렸다.

엘리자베스 1세 Elizabeth I (1533-1603) 튜더 왕조의 마지막 군주로서 통치한 잉글랜드의 여왕. 엘리자베스 1세는 *헨리 8세와 그의 두 번째 아내 앤 불린 사이에서 태어났다. 1558년 언니 *메리 튜더의 사망 이후 즉위한 엘리자베스 1세는 자신의 통치권을 확보하고 *비아 메디아, 또는 '엘리자베스의 종교 정착'the Elizabethan Settlement으로 알려진 종교적 타협안을 성사시키기 위해 신속하고 능숙하게 움직였다. 이 타협안은 개신교와 가톨릭 전통의 요소들을 모두 가져다 만든 것이었다. 처녀 여왕으로 알려진 엘리자베스 1세는 평생 결혼하지 않았다. 1588년 잉글랜드 해군이 스페인 함대를 격퇴했으며, 이를 통해 엘리자베스 1세는 당시 유럽의 가장 강력한 통치자 중 하나가 되었다.

여호와의 증인 Jehovah's Witnesses 원래는 '천년기 도래주의자들'the Millennial Dawnists, 또는 창시자 찰스 T. *러셀1852-1916의 이름을 따서 '러셀파'the Russellites로 알려진 종파. '여호와의 증인'이라는 이름은 이사야 43:10에서 유래했다. 회중교회 교인이며 YMCA의 초창기 지도자인 러셀은 성경의 예언과 대환란, 요한계시록의 내용에 매혹되었다. 러셀은 정통적인 삼위일체론을 거부하고, 그리스도는 천사장이었다고 가르쳤다. 여호와의 증인들은 (지금은 '워치타워 성서 책자 협회'Watchtower Bible and Tract Society로 알려진) '시온의 망루 책자 협회'와 협력하여 문서를 배포함으로써 자신들의 신앙을 선전했다. 이 협회는 러셀이 피츠버그에 설립한 단체였다. **참조.** *천년왕국설.

역동적 단일신론 dynamic monarchianism '그리스도 *양자설'로도 불리는 이론. 2-3세기에 유행한 이 견해는 하나님의 단일성을 보존하려는 시도다. 이 견해에서는 예수님을 (보통 세례 시로 여겨지는) 자신의 생애 중 어느 시기에 (그리스어로는 *dynamis*인) 하나님의 능력을 받았으며, 이를 통해 메시아와 구세주의 역할을 감당할 수 있었던 온전한 인간으로 보았다. 이 견해의 주된 옹호자들로는 테오도투스Theodotus, 테오도토스, 아르테몬Artemon, 사모사타의 *바울이 있다. 이후 이 견해는 이단적인 것으로 판정되었다. **참조.** *앨퀸.

연옥 purgatory 로마 가톨릭 교회의 연옥 교리는 초기 교회 시기에 뿌리를 둔 것으로, 특히 교황 *그레고리오 1세의 통치기에 발전되었다. 중세의 가톨릭 신자들은 연옥을 천상에 이르기 위한 대기소로 여기고, 이곳에서 그리스도인들이 고난을 통해 정화된다고 보았다. 이 교리는 *단테가 쓴 *Divine Comedy*『신곡』, 민음사, 2013+의 두 번째 권인 *Purgatory*『연옥편』에서 생생히 묘사되었다. 연옥에서 고난을 받은 그리스도인들은 모두 천상에서 평화와 안식을 얻게끔 되어 있었다. 동방정교회에서는 이 가르침을 받아들이지 않았으며, 개신교 종교개혁자들 역시 비성경적인 것으로 여기고 거부했다.

영, 브리검 Young, Brigham (1801-1877) *모르몬교로도 알려진 예수 그리스도 후기 성도 교회The Church of Jesus Christ of Latter-day Saints의 두 번째 회장을 역임한 인물. 그는 1832년에 모르몬교에 입회하기 전에 먼저 감리교인으로 세례를 받았다. 브리검 영은 1839년 모르몬교도들이 미주리주를 떠나는 일을 준비할 때 지도자의 역할을 맡았으며, 이후 곧 수석 사도senior apostle가 되었다. 이 종파의 첫 회장인 조셉 *스미스가 1844년 총에 맞아 사망하자, 후계자가 된 영은 대이주the Great Migration를 통해 모르몬교도들을 유타주 솔트레이크시티로 인도해 갔다. 이후 영은 유타 지역 주지사가 되었다.

『영신 수련』 Spiritual Exercises, The (1541) 예수회의 설립자 로욜라의 *이그나티우스가 저술한 영적 성찰의 교본인 이 책『영신 수련』, 이냐시오영성연구소, 2015은 특히 피정retreat(일상에서 잠시 벗어나 고요히 묵상하며 기도하는 종교적 수련ⓣ) 기간에 활용하도록 만들어졌다. 이 책의 본문은 참회하는 그리스도인들이 상상력에 근거해서 일련의 기도를 드리도록 인도하며, 그 이상적인 활용 방식은 영적 지도자의 감독 아래 읽어 나가는 데 있었다.

영지주의 Gnosticism 2세기에 유행한 종교 철학을 가리키는 용어. 다만 이 사조의 정확한 발생 시기에 관해서는 활발한 학문적 토론이 있다. 이 사조의 명칭은 '지식'을 뜻하는 그리스어 *gnōsis*에서 유래했다. 영지주의자들은 인간의 구원에 연관된 비밀스러운 지식을 추구했으며, 대부분의 영지주의 가르침은 우주적 이원론의 관념에 뿌리를 둔 것이었다. 우주의 모든 것은 두 범주 중 하나, 곧 선한 비물질적 영역 또는 영적 영역에 속하거나 본성상 악한 물질적 우주에 속하는 것으로 여겨졌다. 물질의 기원을 설명하기 위해 다양한 이론이 제시되었지만, 일반적으로 영지주의자들은 순수한 영이신 하나님에게서 '아이온'aeon이라 불리는 영적 존재들이 흘러나왔으며, 이 아이온들 역시 자신에게서 다른 영적 존재들이 흘러나오게 하는 힘을 지녔다고 주장했다. 창조의 하향적인 각 단계에서 아이온들은 점점 더 순수한 하나님을 닮지 않은 존재들이 되었으며, 마침내 하나님의 지혜를 멀리 떠난, 흔히 '데미우르고스'demiurge로 불리는 존재가 물질을 창조하게 되었다는 것이다. 영지주의자들은 각 사람을 선한 본성(영적 본성)과 악한 본성(물질적 본성, 곧 육체)을 모두 지닌 우주의 축소판으로 여겼다. 2세기에는 다양한 형태의 기독교적 영지주의가 존재했으며, 각 분파에는 발렌티누스Valentinus나 바실리데스Basilides처럼 그 분파의 창시자 또는 주된 교사의 이름을 본뜬 명칭이 붙여졌다. 기독교 영지주의자들은 대개 신약성경의 일부분을 순수한 하나님이 주신 계시로 간주했지만, 구약성경은 데미우르고스의 작품으로 여기고 무시하는 성향이 있었다. *이레네우스처럼 반反영지주의적인 기독교 *변증가들은 2세기에 급격히 퍼진 영지주의 복음서들에 조소를 보냈다. 기독교 영지주의에서는 종종 예수 그리스도를 인류에게 진리를 드러내기 위해 보냄 받은 첫 번째 아이온으로 여기곤 했다. 영지주의자들에 따르면 그리스도는 영적인 존재였으므로, 이들은 성육신 사건을 부정하면서 예수님이 그저 사람인 것처럼 보였을 뿐이라고 주장했다. 기독교 변증가들은 그리스도의 본성에 관한 이들의 오류에 '*가현설'이라는 명칭을 붙였으며, 영지주의는 유해한 이단설로 간주되었다.

예수회 Jesuits (Society of Jesus) 16세기 중엽에 스페인 사람 로욜라의 *이그나티우스가 창립한 역동적인 수도회. 이 운동은 개신교의 확산에 맞선 로마 교회 측의 가장 강력하고 효과적인 세력 중 하나가 되었다. 교황의 뜻을 직접 준행한 예수회 수사들은 군사 조직에 가까울 정도로 엄격한 규율을 유지했다. 이들은 주로 교육자와 선교사로 사역했으며, 대표적인 인물로는 아시아에서 사역한 프란치스코 *하비에르가 있다. 예수회 수사들은 아메리카 대륙 탐험에 참여했으며, 북아메리카 지역에 학교와 도서관들의 광범위한 연결망을 확립했다.

오랑주 공의회 Council of Orange *공의회, 오랑주를 보라.

오리게네스 Origen (약185-약254) 아마도 당대의 가장 위대한 기독교 학자인 오리게네스는 자신의 *알레고리적 성경 해석을 통해 교회에 지속적인 영향을 남겼다. 이집트 태생인 그는 어른이 된 후 많은 기간을 국제 도시 알렉산드리아에서 지냈으며, 이곳에서 교리문답 학교를 이끌었다. 오리게네스는 기독교 *금욕주의에 깊은 영향을 받아 금식, 철야 기도, 가난을 통한 단련의 삶을 살아갔다. *에우세비우스의 기록에 따르면 오리게네스는 하나님 나라를 위해 고자가 된 사람들에 관해 언급한 마태복음 19:12을 읽은 뒤, 이 구절을 문자적으로 받아들이고 스스로 거세를 행했다. 전승에 따르면 오리게네스는 5천 편 이상의 작품을 저술했지만, 그중 현재 남아 있는 작품은 매우 드물다. 그의 유명한 저서 *『헥사플라』는 *본문 비평의 탁월한 작품으로, 이 책에서 그는 구약의 여섯 가지 주요 판본에 실린 본문들을 서로 비교했다. 오리게네스는 또 자신의 가장 위대한 신학 작품인 *On First Principles*『원리론』, 아카넷, 2014에서 하나님의 본성, 천상적 존재들, 인류, 자유의지, 성경에 관해 다루었다. 성경 해석의 측면에서, 오리게네스는 성경에는 여러 수준의 의미나 뜻이 있다고 주장했다. 그에 따르면 이 의미들 가운데서 문자적 의미가 가장 덜 중요했으며, 그보다 훨씬 중요한 것은 더 깊은 수준의 영적 의미였다. 오리게네스는 231년 이집트를 떠나 카이사레아에 학교를 설립했다. 그는 250년 데키우스 황제의 박해 때 체포되어 고문을 당했으며, 몇 년 후 숨을 거두었다.

오벌린 칼리지 Oberlin College (1833 설립) 존 J. 셰퍼드John J. Shepherd가 설립한 진보적이며 복음주의적인 기독교 대학인 오벌린 칼리지는 여학생의 입학을 허용하는 것(첫 입학생 중 3분의 1이 여학생이었다)과 노예제 폐지를 지향하는 것으로 유명했다. 전국적으로 알려진 부흥운동가 찰스 G. *피니가 교수로 임용되고 이후 총장에 취임하면서 이 학교의 명성이 더욱 높아졌다. 피니는 노예제 폐지의 강력한 주창자였으며, 이에 따라 오벌린 칼리지는 아프리카계 미국인들에게도 입학을 허용했다. 나중에 이 학교는 신학적으로 좀 더 자유주의적인 입장으로 옮겨 갔으며, 20세기에 들어와서는 훌륭한 음악대학의 소재지로서 명성을 얻었다.

오순절 운동 Pentecostalism 일반 용어로서 '오순절 운동'은 사도행전 2장에 묘사된 것처럼 오순절에 극적으로 임했던 영적 은사들이 오늘날에도 여전히 그리스도인들에게 주어지고 있음을 확언하는 현대의 개신교 운동을 가리킨다. 대부분의 오순절주의자들은 자신들의 기원을 찰스 F. *파럼과 베델 성경 학교Bethel Bible College에서 찾는다. 1901년 1월 1일에 이 학교의 교사와 학생들 모두가 방언을 하기 시작했으며, 이 경험은 성령 세례의 뚜렷한 증거로 여겨졌다. 이후 파럼의 학교는 텍사스주 휴스턴으로 옮겨 갔으며, 이곳에서 아프리카계 미국인 설교자 윌리엄 J. *시모어가 오순절 운동을 받아들였다. 얼마 후 시모어는 로스앤젤레스에도 이 운동을 전파했으며, 이에 따라 1906년에 *아주사 스트리트 부흥이 일어났다. 미국에 있는 대부분의 은사주의나 오순절 단체들은 이 부흥과 직접적인 연관성이 있다.

오웬, 존 Owen, John 존 오언 (1616-1683) 잉글랜드 *청교도 운동에서 개혁신학의 탁월한 *변증가인 오웬은 영향력 있는 저술가, 목회자, 국회의원이자 런던에 있는 크라이스트 처치 대성당의 주임 사제였다. 오웬은 처음에 장로교적인 *청교도 세력에 동참했으나, 1646년에 회중교회주의자가 되었다. 그는 자신의 설교를 통해 호국경the Lord Protector 올리버 크롬웰과 긴밀한 관계를 맺게 되었다. 오늘날 그는 자신의 교리 논문들을 통해 잘 알려져 있으며, 그 가운데는 *Of the Mortification of Sin in Believers*『죄 죽임』, 부흥과개혁사, 2009+, *Christologica*『그리스도론』; 『기독론』, 퍼플, 2019, *Brief Declaration and Vindication of the Doctrine of the Trinity*『삼위일체론에 대한 간략한 주장과 옹호』, *Death of Death in the Death of Christ*

『그리스도의 죽음 안에서의 죽음의 종식』가 있다.

오직 성경 sola scriptura 마르틴 *루터가 내세운 유명한 구호이자 격언 중 하나로, '성경만으로'를 뜻하는 어구. 이 어구는 성경과 '교회의 살아 있는 전통'living traditon of the church, 즉 교황과 보편 공의회들의 결정 모두가 권위를 지닌다고 여긴 로마 가톨릭의 견해와 대조되는 것으로 이해해야 한다.

오치노, 베르나르디노 Ochino, Bernardino (1487-1564) 이탈리아의 *카푸친 작은형제회 수사로서 그 수도회의 총대리인vicar general을 역임한 오치노는 능력 있는 설교로 잘 알려져 있었다. 쉰네 살에 개신교로 회심한 오치노는 동료 개혁자인 피에트로 마르티레 *베르미글리와 친밀한 관계를 형성했다. 오치노는 이탈리아의 *종교재판을 피해 2년간 제네바에 머물렀으며, 그곳에서 *칼뱅에게 깊은 영향을 받았다. 아우크스부르크에서 잠시 목회한 뒤, 오치노는 베르미글리와 함께 당시 잉글랜드의 개신교도인 *에드워드 6세의 치하에 있던 옥스퍼드 대학 신학부 교수진에 합류해 달라는 요청을 받아들였다1547. 그러나 1553년에 *메리 튜더가 즉위하자, 오치노는 잉글랜드를 떠나 유럽 대륙의 *후터파 형제단에 몸을 의탁했다.

옥스퍼드 운동 (소책자 운동) Oxford Movement (or Tractarian Movement) 19세기 초에 존 H. *뉴먼과 E. B. 퓨지Pusey를 중심으로 형성된 *성공회 개혁 운동. 이들은 특히 소책자 집필을 통해 교회의 거룩성 회복을 요청했으며, 사도적 계승을 강조하면서 로마 가톨릭 교리들에 대해 열린 태도를 드러냈다. 그러나 *성공회 고교회파의 이런 움직임은 복음주의자들에게 호된 비판을 받았다. 이후 1845년에 뉴먼이 다른 이들과 함께 잉글랜드 성공회를 떠나 가톨릭 신자가 됨으로써 이 운동은 공식적으로 막을 내렸다. 한편 미국 성공회에서도 조금씩 이 '소책자들'에 대한 관심이 생겨났으며, 이는 그곳에서 고교회 대 저교회high- versus low-church의 논쟁이 싹트는 데 기여했다. **참조.** *소책자 운동가.

와이트 호스 여관 White Horse Inn, The 16세기에 케임브리지의 캠Cam 강변에 있었던 술집. 이 여관은 각자의 관점에 따라 유명한 곳

또는 악명 높은 곳이 되었다. 1520년대 초반에 와이트 호스 여관은 이 도시에서 마르틴 *루터를 비롯한 개신교도들의 종교개혁 문헌이 배포되는 실질적인 중심지였다. 지역 주민들은 이곳을 '작은 독일'little Germany로 불렀다. 케임브리지 대학에서 공부하던 미래의 많은 개신교 지도자들이 이곳의 단골손님이었다.

와이트, 엘런 White, Ellen (1827-1915) 제칠일 안식일 예수 재림교단 the Seventh-Day Adventists의 창시자. 그녀의 부모는 감리교인이었지만 재림에 관한 윌리엄 *밀러의 가르침을 따르게 되면서 감리교를 떠나야만 했다. 밀러는 1844년에 그리스도가 재림할 것을 예언한 인물이다. 같은 해에 엘런 와이트는 자신이 평생에 걸쳐 본 2천여 회의 환상 중 첫 번째 것을 체험했다. 그녀는 조셉 베이츠Joseph Bates의 소책자를 읽고서 토요일을 참된 안식일로 받아들이게 되었다. 그녀의 남편 제임스 와이트도 여러 사역을 감당했으며, 특히 *Review & Herald*「리뷰 앤드 헤럴드」를 출간하기 시작했다. 여러 차례에 걸쳐 심각한 질병에 시달린 그녀는 건강 개선에 깊은 관심을 쏟았다. 그녀는 채식주의를 옹호하고, 자연 치유에 도움을 주는 수많은 음식을 권장했다.

왈도파 Waldensians 로마 가톨릭 교회가 오랫동안 분리적이며 이단적인 것으로 간주한 운동의 일파인 왈도파의 기원은 12세기에 활동한 리옹의 발데스Valdes, 또는 왈도Waldo라는 이에게로 거슬러 올라간다. 그다음 세기에 형성된 왈도파의 신념 가운데는 (1) 로마 교회에 대한 불신, (2) 자국어 설교에 대한 헌신, (3) *연옥 교리와 죽은 자를 위한 기도의 교리에 대한 심각한 의심이 포함되었다. 15세기에 독일 지역 왈도파는 후스파와 통합하여 왈도파 형제단 the Waldensian Brethren을 형성했다. **참조**. *후스, 얀.

외경 Apocrypha 문자적으로 'Apocrypha'는 '감추어진 일들'을 뜻한다. 외경은 구약의 그리스어 역본(칠십인역the Septuagint)에는 포함되지만, 구약의 히브리어 본문에는 포함되지 않은 책들로 이루어져 있다. 이 외경에 속한 작품들은 종종 다니엘서에 추가된 이야기들의 경우처럼 구약의 한 책을 완성하거나, 마카베오기의 경우처럼 유대인의 역사 이야기에서 빠진 부분을 채우는 역할을 한다. 기독교회는 외경의 정경성 문제와 씨름해 왔다. 5세기에 *불가타 역본의 번역자인 히에로니무스는 외경을 정경에 포함시키는 데 반대했으나, 히포의 주교인 아우구스티누스는 찬성했다. 로마 가톨릭 교회의 한 공의회는 외경에 속한 작품들을 교회의 예식에서 낭독하는 일을 승인했지만, 역사적으로 외경을 정경에 포함시키는 것을 반대한 몇몇 주요 인물이 있었다. 그런 인물들 가운데는 교황 *그레고리오 1세604 사망와 다마스쿠스의 *요한8세기, 리라의 니콜라우스Nicholas of Lyra, 14세기 등이 포함된다. 그러나 1646년 열린 *트렌트 공의회에서는 외경 중 여섯 권만 제외하고 정경에 속한 것으로 받아들임으로써 마침내 그 문제를 해결했다. 1566년에 로마 가톨릭 신학자인 시에나의 식스투스Sixtus of Siena는 '제2경전의'deuterocanonical, 즉 '이차적인 정경성을 지닌'of secondary canonicity이라는 용어를 써서 외경의 성격을 설명하려 했다. 이 용어는 교회와 학술 문헌에서 광범위하게 통용되어 왔다. 한편 동방정교회의 경우에는 토빗기와 유딧기, 솔로몬의 지혜서와 집회서만 제외하고 외경의 대부분을 거부했다. 16세기의 개신교 종교개혁자들은 외경 전체를 거부했다. **참조**. *정경, 성경의.

외지 복음 전파회 SPG (the Society for the Propagation of the Gospel in Foreign Parts) 외지 복음 전파회는 1701년에 토머스 브레이Thomas Bray가 창립한 *성공회 선교 조직체다. 이 단체는 해외에 거주하는 영국민들에게 성공회의 예식과 지원을 제공하는 일과 더불어 식민지의 토착민을 전도하는 일에 초점을 두었다. 1965년에 이 단체는 '연합 복음 전파회'the United Society for the Propagation of the Gospel로 개명했다.

외콜람파디우스, 요하네스 Oecolampadius, Johannes (Hussgen) (1482-1531) 기독교 인문주의자이며 독일어권 스위스의 개신교 종교개혁자인 인물. 그가 자신의 이름을 '외콜람파디우스'로 선택한 것은 이 단어가 그의 독일어 성姓에 대한 그리스어식 동의어였기 때문이다. (이는 문자적으로 '집의 등불'house lamp을 뜻한다.) 로마 가톨릭 교회에서 성직 생활을 시작한 외콜람파디우스는 볼로냐에서 법학을, 하이델베르크 대학에서 신학을 공부했다. 그러나 이 젊은 학자는 요하네스 *로이힐린과 필리프 *멜란히톤, 특히 로테르담의 *에라스무스 같은 인문주의자들과 교류하면서 종교개혁자가 되었다. 외콜람파디우스는 에라스무스가 *『노붐 테스타멘툼』을 편집하는 일을 도왔으며, 이 작품은 바젤에 있는 요하네스 프로벤Johannes Froben의 출판사에서 인쇄된 최초의 그리스어 신약성경이었다. 이후 그는 바젤 대학 신학 교수로 취임하는 동시에 성 마르틴 교회의 설교자가 되었다. 생애 말엽에 그는 울리히 *츠빙글리가 진행하던 취리히의 종교개혁을 도왔다.

요아킴, 피오레의 Joachim of Fiore **피오레의 조아키노**[JKL] (약1132-1202) 이탈리아의 신비주의자로, 수사이며 수도원장이었던 그는 시토회에 속한 피오레 수도원을 설립했다. 요아킴은 요한계시록, 그중에서도 특히 14:6에 초점을 맞추어 세계의 역사를 세 개의 시대로 나누는 급진적인 도식을 구축했다. 그중 첫째 시대인 성부의 시대는 모세의 율법이 지배한 시기와 대략 동일했으며, 둘째 시대인 성자의 시대는 신약의 시기부터 시작해서 마흔두 세대 동안 지속되었다. 끝으로 그는 1260년에 성령의 시대가 시작될 것이라고 여겼는데, 이 시대에는 온 세상에 사랑과 평화가 임하는 것이 특징이다. 그의 이런 견해들은 교회의 공식 가르침과 충돌했으며, 교황 알렉산데르알렉산더 4세에 의해 정죄되었다.

요한, 다마스쿠스의 성 John of Damascus, St. **다마스코스의 요안네스** (약675-약749) 종종 최후의 위대한 동방정교회 신학자로 간주되는 요한은 다마스쿠스에서 자라났으며 마흔 살에 팔레스타인에서 수사가 되었다. 그의 주요 저서인 *The Fount of Wisdom*『지혜의 원천』은 철학, 참된 신앙, 이단에 관한 정교회의 사상을 종합한 작품이다. 요한은 사적인 기도와 더불어 공예배에서 *성상의 사용을 옹호한 것으로 잘 알려져 있다. 교회의 분열을 낳은 성상 파괴 논쟁에 관해, 요한은 *On the Divine Images*『성상에 관한 논고』라는 글을 저술했다.

울지, 토머스 Wolsey, Thomas (약1472-1530) 입스위치Ipswich에서 도살업자의 아들로 태어난 울지는 옥스퍼드 대학에서 잠시 재직한 뒤

이어졌다. 이때에 6주간에 걸친 반反개신교 살육이 벌어졌으며 3만 명 이상이 목숨을 잃는 결과를 낳았다. 이후 1598년에 공표된 *낭트 칙령으로, 위그노들은 제한적인 안전과 더불어 새로운 시민권을 부여받았다.

위클리프, 존 Wyclif (or Wycliffe), John (약1330-1384) 잉글랜드의 학자이며 신학자로서 대부분의 생애를 옥스퍼드에서 보낸 위클리프는 때로는 '종교개혁의 샛별'morning Star of the Reformation로 불린다. 그는 이후 16세기에 가서 온전히 표현될 종교개혁의 여러 주제를 미리 언급했다. 위클리프는 성직자 개개인의 권위는 지금 그가 은혜의 상태에 있는지에 달려 있으며, 그렇지 않을 때에는 국가가 교회의 재산을 통제할 권한을 가진다고 주장했다. 그러나 로마 교회에서는 이 주장을 달갑게 여기지 않았다. 또 그는 교리의 유일하고 최종적인 권위는 성경에 있으며, 잉글랜드 그리스도인들이 자신들의 모국어로 그 성경을 접할 수 있어야 한다고 역설했다. 이와 더불어 위클리프는 성경에서 수도원 제도나 화체설을 지지하는 근거를 찾지 못했으며, 이렇게 화체설을 부정한 것 때문에 옥스퍼드 대학에서 해임되었다. 그는 자신이 거주하는 루터워스Lutterworth의 작은 지역 교회에서 미사를 드리다가 쓰러진 후 사망했다. 위클리프는 잉글랜드의 *롤라드파와 보헤미아의 얀 *후스에게 끼친 영향을 통해 후세에 지속적인 영향력을 미쳤다. **참조.** *공의회, 제4차 라테란.

위트비 공의회 Synod of Whitby, Council of Whitby ***공의회, 위트비**를 보라.

윌리엄, 오컴의 William of Ockham (약1300-1349) 옥스퍼드 대학과 파리 소르본 대학에서 교육받은 잉글랜드의 철학자인 오컴은 정통적이지는 않았으나 대단한 영향력을 지닌 사상가였다. 윌리엄은 교황의 무류성을 공개적으로 의문시하면서 교회의 보편 공의회들이 교황보다 더 큰 권위를 지닌다고 주장했다. 그에 따르면 이 땅에서 최종 권위는 성경에 있었다. 이런 견해들 때문에, 그는 로마 교황 앞에 출두하도록 소환된 후에 *출교를 당했다. 윌리엄은 검약의 원리Law of Parsimony 또는 '오컴의 면도날'Ockham's Razor으로 잘 알려져 있다. 이는 단순하면서도 심오한 다음의 문장 속에 담긴 원리다. *Pluralitas non est ponenda sine neccesitate*불필요하게 다수의 것들을 상정해서는 안 된다. 이 언급의 요지는 이용 가능한 자료들이 두 이론으로 설명될 수 있을 때, 두 이론 중 더 단순한 쪽을 선택해야 한다는 데 있다.

윌리엄스, 로저 Williams, Roger (약1582-1650) 로저 윌리엄스는 케임브리지 대학을 졸업한 후 매사추세츠로 이주하여 보스턴 교회에서 *청교도 교사로 사역했다. 그는 교회와 국가의 분리를 옹호하고 미국 원주민들을 공정하게 대우할 것을 주장했으며, 이로 인해 1635년 식민지에서 추방되었다. 이듬해에 프로비던스 정착지Providence settlement를 건설하고, 1639년 신대륙에 첫 침례교회를 설립하는 데도 중요한 역할을 감당했다. 잉글랜드 국왕은 로드아일랜드 식민지를 종교적 관용의 장소로 인정하고 특허장을 발부해 주었다.

윗필드, 조지 Whitefield, George 횟필드 (1714-1770) 윗필드는 자기 가족이 운영하던 술집에서 보잘것없는 '사환'drawer으로 일했으나, 옥스퍼드 대학에 입학하고 홀리클럽the Holy Club에 들어간 뒤 존 *웨슬리와 찰스 웨슬리의 영향을 받았다. 대학을 졸업한 후, 윗필드는 잉글랜드 국교회에서 임직을 받고 잉글랜드와 스코틀랜드, 아메리카 식민지에서 유능한 야외 부흥사로 활동했다. 그는 많은 여행을 다니면서 '위대한 순회 설교자'the Grand Itinerant라는 별명을 얻었으며, 설득력 있는 설교와 깊은 진정성으로 잘 알려지게 되었다. 그는 개혁신학을 강력히 고수했으며, 그로 인해 웨슬리 형제와 사이가 멀어졌다.

유니테리언주의 Unitarianism 16세기에 개신교가 시작될 때 생겨난 이 운동은 하나님의 단일성에 초점을 두고 삼위일체 교리를 부정했다. 유니테리언주의에는 신조가 없으며, 인간 본성을 매우 긍정적으로 이해한다. 따라서 이들은 인간의 타락, 그리스도의 죽음을 통한 속죄, 미래의 징벌을 부인한다. 미국의 경우 유니테리언주의는 독립 전쟁 시기에 생겨났으며, 19세기 초에 이 운동을 주로 옹호한 인물 중 하나는 윌리엄 E. *채닝이었다. 1961년에는 미국 유니테리언 협회the American Unitarian Association와 미국 유니버설리즘 교회the Universalist Church of America가 통합하여 유니테리언 유니버설리즘 협회the Unitarian Universalist Association를 창립했다.

유명론 nominalism *실재론과 유명론을 보라.

유스티누스, 순교자 성 Justin Martyr, St. (약100-약165) 2세기의 가장 탁월한 기독교 *변증가 중 하나로 사마리아 태생인 그는 고전 문헌과 특히 *플라톤의 글을 연구하다가 회심했으며, 그 이후에도 계속 철학자로 활동하면서 에페수스와 로마에서 학교를 운영했다. 유스티누스는 신적 계시와 인간의 지혜를 모두 포괄하는 관점을 취했으며, 성경뿐 아니라 최상의 철학에서도 하나님의 진리를 발견하려 했다. 그의 잘 알려진 작품으로는 *Apology*『변증』(『초기 기독교 교부들』두란노, 2011에 일부가 수록됨ⓒ)와 *Dialogue with Trypho*『트리폰과의 대화』가 있다. 그는 복음서들에서 성취된 구약의 예언을 해석하는 데 자신의 역량을 집중했다.

유스티니아누스 1세 Justinian I (483-565) 비잔틴 제국을 38년간 통치한 황제. 유스티니아누스 1세가 주로 초점을 맞춘 일은 5세기 중엽에 로마가 몰락한 이후 그 제국의 위대함을 다시 회복하는 데 있었다. 그의 놀랍도록 생산적인 통치의 내용에는 다음의 일들이 포함된다. (1) *Corpus juris civilis*라는 이름의 개정되고 고도로 조직화된 법 체제를 도입한 일. 이 체제에서는 특히 유대인과 이교도, 이단자를 억제하는 법을 제정하여 국교를 강화했다. (2) 앞서 *반달족에게 빼앗긴 아프리카 지역의 영토를 탈환한 일. (3) 탁월한 공공 건축 계획을 추진하고 지원한 일. 이 계획은 콘스탄티노플에 하기아 소피아the Hagia Sophia를 건축함으로써 그 절정에 이르렀다. 이 거대한 성당이 10년 만에 완공되었을 때, 유스티니아누스 1세는 이렇게 선언했다고 한다. "솔로몬이여, 내가 그대를 능가했도다."

유아 세례 paedobaptism '유아 세례'를 뜻하는 라틴어 단어에서 유래한 용어. 많은 기독교 분파에서 유아 세례를 시행해 왔으며, 그 가운데는 로마 가톨릭, 루터파, 장로교, 회중교회, *성공회, 감리교가 포함된다. 한편 이것은 *신자의 세례와 대비되는 개념이다. 신자의 세례는 침례교와 *아나뱁티스트 집단들에서 따르는 교리로, 세례에 앞서 믿음이 있어야만 함을 강조한다.

유해遺骸 relic **유물** 종종 뼈나 옷가지, 고문 도구 같은 물품의 형태로 남은 성인의 유해를 가리키는 용어. 성인의 유해를 수집하는 관습은 초기 교회 시기에 시작되었으며, 정교회와 로마 가톨릭 교회에서는 지금까지 이어진다. 초기 교회에서는 4세기에 그리스도인 황제 *콘스탄티누스 대제의 어머니 *헬레나가 예루살렘 성지에 가서 갈보리 언덕의 실제 십자가와 그리스도가 쓴 가시 면류관을 찾는 데 성공했다는 이야기에 자극을 받아 유해를 사고파는 일이 성행했다. 많은 이들은 유해에 치유력이 있다고 믿었으며, 유해는 신성한 장소를 거룩하게 만드는 데도 중요한 역할을 했다. 개신교에서는 전통적으로 유해의 사용 가치를 부정해 왔다.

율리아누스, 배교자 Julian the Apostate (약331-363) *콘스탄티누스 대제의 조카로 361년에 로마 제국 황제로 즉위한 인물인 율리아누스는 *아리우스파 그리스도인으로 양육되었으나 이교로 전향했으며, 로마의 전통적인 신들을 섬기는 신전과 예배 의식들을 복구하는 일에 부단히 힘썼다. 학구적이며 *금욕적인 수양을 추구했던 그는 콘스탄티누스 대제 이후 유일한 비그리스도인 황제였다.

은자 anchorite (m.), anchoress (f.) 가장 이른 시기에 나타난 기독교 *금욕주의의 한 사례. 남녀 은자들은 사람들이 많이 거주하는 곳을 벗어나서 고립된 상태에서 하나님을 더 깊이 의식하기를 추구했던 은둔자들이었다. 최초의 은자들은 이집트의 사막이나 나일강의 섬에서 생활했다. 중세 시대에 번성한 이 전통은 오늘날까지 이어지고 있으며, 일부 수도회들도 이 전통을 받아들이고 있다.

이그나티우스 Ignatius **이냐시오** (약35-약107) 영향력 있는 *사도 교부며 안티오키아의 주교인 그는 아마 안티오키아 주교직을 맡은 두 번째 또는 세 번째 사람이었을 것이다. 이그나티우스는 오늘날까지 남아 있는 일곱 통의 편지를 썼는데, 여기에는 에페수스, 마그네시아, 트랄레스, 로마, 필라델피아, 스미르나의 그리스도인들에게 보낸 편지와 함께 동료 주교인 스미르나의 *폴리카르푸스에게 보낸 개인적인 편지가 포함된다. 그리스도께 헌신한 이그나티우스는 모든 면에서 그를 따르기를 갈망했으며, 그 방식 가운데는 순교도 포함되어 있었다. 로마인들에게 보낸 편지에서, 이그나티우스는 순교의 미덕을 찬미하면서 신앙을 위해 죽는 것을 귀한 특권으로 간주했다. *영지주의 이단설과 특히 *가현설의 발흥을 염려한 이그나티우스는 그리스도가 온전한 하나님인 동시에 온전한 사람임을 주장했다. 그는 교회의 일치를 유지하는 데 주교들의 권세가 꼭 필요하다고 보고 이 권세를 강력히 옹호했다. 황제 *트라야누스의 치하에서 이그나티우스는 군인 열 명의 감시를 받으며 안티오키아에서 로마로 호송되었으며, 그곳에서 순교를 당했다. 전승에 따르면 그는 원형 경기장에서 숨을 거두었다.

이그나티우스, 로욜라의 성 Ignatius of Loyola, St. **이냐시오 데 로욜라** (약 1491-1556) *예수회제수이트의 설립자인 로욜라의 이그나티우스는 전투에서 다리에 중대한 부상을 입은 후, 제자도의 여정에 나섰다. 그는 회복 과정에서 심오한 마음의 변화를 겪었으며, 만레사Manresa에서 수행하면서 영적인 삶의 통찰을 발전시켰다. 이후 그는 신학 수업을 마치고 사제로 안수받았다. 그의 저서 *Spiritual Exercises***『영신 수련』, 이냐시오영성연구소, 2015*는 1540년에 새로 설립된 예수회의 훈련 교범이 되었다. 이 수도회는 교황의 뜻을 받드는 데 전념하는 단체로서 군사 조직의 체계를 따라 구성되었으며, 그 첫 번째 '장군'은 로욜라의 이그나티우스였다.

이레네우스, 성 Irenaeus, St. **이레나이우스** (약130-200) 2세기의 가장 위대한 기독교 신학자 중 하나로, 소아시아 지방에서 태어났지만 (지금의 프랑스인) 골Gaul 남부의 리옹Lyons에서 주교로 사역하며 다스렸다. 이레네우스는 현존하는 주요 저서 *Against Heresies*『이단들을 반박함』에서 발렌티누스파의 *영지주의를 통렬히 공박했다. 영지주의자들이 은밀한 지식을 좇는 것과 달리, 이레네우스는 성경의 의미는 명확하며 원하는 자는 누구든지 그 의미를 파악할 수 있다고 주장했다. 그는 성경의 '자연적인' 의미, 곧 '*레굴라 피데이' 또는 사도들의 살아 있는 전통과 상충하지 않는 의미를 강조했다. 그리고 이레네우스는 자신의 총괄갱신설recapitulation theory에서, 인류의 머리인 아담의 도덕적 발전이 타락에 의해 저지되었다고 주장했다. 그러므로 그리스도는 성육신을 통해 두 번째 아담이 되심으로써 아담의 이상적인 발전을 재현하고 인류 앞에 완전한 인간의 본보기를 제시하셨으며, 인류를 구속하는 구원자가 되셨다는 것이다.

이븐 루슈드 Ibn Rushd **아베로에스** (1126-1198) 이븐 루슈드 또는 아베로에스Averroes는 스페인의 코르도바에서 출생한 아랍계 이슬람교 학자이자 의사였다. 그는 법과 신학, 의학에 관한 글들을 저술했다. 이븐 루슈드는 고대 그리스 철학자 *아리스토텔레스를 매우 존경하여, *Politics*『정치학』, 숲, 2009를 제외하고 당시에 알려진 아리스토텔레스의 모든 저작에 관해 주석을 집필했다. 12세기 이전까지 서방 기독교권은 아리스토텔레스의 사상에 관해 거의 아는 바가 없었다. 그러나 아리스토텔레스의 저작들에 대한 이븐 루슈드의 주석들이 라틴어로 번역되면서 스콜라주의 신학 방법론에 깊은 영향을 주었으며, 특히 기독교 학자 *토마스 아퀴나스가 많은 영향을 받았다.

이슬람교 Islam 주요 유일신교 가운데서 세 번째로 형성된 종교. 632년에 창시자 *무함마드가 사망했을 때, 이슬람교는 아라비아 지역에 안정적으로 뿌리내린 상태였다. 그다음 세기에는 이슬람교가 무력 정복을 통해 메카에서 페르시아, 시리아, 팔레스타인, 이집트를 거쳐 북아프리카와 스페인까지 급속히 확산되었다. 이슬람교의 경전으로는 쿠란the Qur'an, 코란과 순나the Sunna가 있으며, 이슬람교도들은 알라신이 쿠란의 내용을 선지자 무함마드에게 계시해 주었다고 믿는다. 이슬람교는 계속 동방과 서방으로 세력을 넓혀 나갔으며, 15세기 중엽에는 동유럽 지역을 위협하기에 이르렀다.

이신론 deism **자연신교**JKL '계몽주의의 종교'로 불렸던 사조. 18세기 프랑스와 잉글랜드에서 번성했으며, 이후 북대서양을 건너 미국인들의 지성과 감정 속에도 흘러 들어갔다. 광활한 하늘을 지도처럼 나타내는 망원경과 연못의 물방울 속에서 하나의 작은 세계를 보여 주는 현미경이 발명되면서, 이신론은 다양한 형태로 계속 발전해 갔다. 이신론자들은 우주를 형성한 뒤 그 속에 에너지를 주입하고 중력 등의 질서와 법칙을 심어 놓은 공로를 '무한한 설계자'the infinite architect에게 돌렸다. 그들에 따르면, 신은 자신의 일을 잘 끝마쳤으므로 더 이상 피조 세계와 소통할 필요가 없다. 따라서 이신론자들에게는 신적 계시가 기록된 성경도, 하나님이자 사람인 구세주도, 기도를 듣고 응답하는 인격적인 하나님도 존재하지 않는다. 물론 우리가 일반적인 방식으로 신을 알 수는 있지만, 이는 오직 그가 지은 세계의 구조를 통해서만 가능하다. 계몽주의 시기의 프랑스에서는 볼테르, 드니 디드로, 장 자크 루소가 이신론을 전파했으며, 미국에서는 특히 토머스 제퍼슨, 벤저민 프랭클린, 토머스 *페인과 이선 앨런Ethan Allen이 그 일을 감당했다.

이신칭의 justification by faith 바울의 강조점 중 하나엡 2:8-9로, 개신교 종교개혁의 중요한 주제가 된 가르침. 사람이 예수 그리스도의 대속적 죽음을 믿음으로써 죄에서 구원을 얻고, 하나님 앞에서 의로운 자로 선언될 수 있다는 교리다.

『인간의 유래』 Descent of Man, The (1871) 『종의 기원』사이언스북스, 2019+의 주된 후속 연구로 찰스 *다윈이 저술한 과학서. 『인간의 유래』한길사, 2006에서 다윈은 인간 진화의 문제를 직접 다루면서, 진화의 계보에서 인간과 (예를 들어 유인원 같은) 고등 영장류가 공통의 조상을 지닌다고 주장했다.

인노첸시오 3세 Innocent III **인노켄티우스 3세** (1198-1216 재임) 중세의 가장 강력한 교황 중 하나로, 본명은 로타리오 데이 콘티 디 세니 Lotario dei Conti di Segni이며, 서른여덟 살에 즉위해서 인노첸시오 3세가 되었다. 그는 사제로 안수받거나 주교로 서품되기도 전에 로마의 주교로 선출되었으며, 탁월한 행정가로서 로마 교황청의 중요한 개혁을 시행했다. 인노첸시오 3세는 그리스도의 뜻 아래서 교회가 이 세상에서 유일한 권위를 지닐 필요가 있다고 확신했으며, 교황의 파문권을 이용해서 왕과 황제들을 굴복시켰다. 그는 또한 프랑스 남부에서 생겨난 이단과 분리론자들을 심문하기 위한 *종교재판을 제정했다.

인문주의 humanism 15세기에 특히 발전한 지성과 교육 운동으로, 그리스 로마의 고전 문학이 지닌 최상의 관념과 미덕, 본보기를 발견하고 되살리려 했다. 이를 통해 서유럽에서 새로운 '황금기'를 이룩하는 것이 이 운동의 목표였다. 이 계획을 좀더 앞당기기 위해, 인문주의자들은 고전 문학을 원어로 읽을 필요성을 강조했다. 인문주의 운동은 얼마간 그리스 반도에 대한 *이슬람교 세력의 위협에 자극을 받아 생겨났다. 이 위협을 통해 고대 그리스 문헌과 관련 학자들이 이탈리아 남부에 있는 학문의 중심지들로 옮겨오게 되었기 때문이다. 16세기에 기독교 인문주의 또는 성서적 인문주의 운동은 초기 기독교 사상의 정수를 회복하려 했으며, 그리스어 신약성경과 초기 교부들의 작품을 읽는 것을 특히 강조했다.

인본주의 선언 Humanist Manifesto (1933) 20세기 미국의 이른바 과학적 *인본주의 운동scientific humanism은 「인본주의 선언」을 통해 자신들의 관점을 공식적으로 제시했다. 철학자 존 듀이John Dewey의 영향을 깊이 받은 이 문서에는 서른 명 이상의 유력한 과학자, 교육자, 철학자들이 서명했다. 이 문서에는 하나님 대신에 과학적 방법론을 믿고 따르는 세속 종교를 확립하자는 요청이 담겨 있었다.

일치 신조 Formula of Concord (1577) *아우크스부르크 신앙고백의 바른 해석에 관해 루터파 교회 내의 일치를 이끌어 내기 위해 만든 고백 문서. 일치 신조에서는 원죄, 율법, 복음에 관한 교리와 더불어 예정, 선택, 성례, 아디아포라adiaphora 또는 비본질적인 사안에 관한 교리를 명확히 밝혔다.

『잉글랜드 국민의 교회사』 Ecclesiastical History of the English Nation 『영국민의 교회사』나남, 2011 앵글로색슨족의 역사가인 *베다의 저서. 이 작품은 7세기까지의 잉글랜드 교회 역사를 살피려는 최초의 주된 시도였으며, 당시에 형성되던 연대기와 역사 기록 분야의 전형이 되었다.

ㅈ

자연선택 natural selection 자신의 개념을 동물의 품종 개량가들이 수행하는 특별 선택과 구별하기 위해 찰스 *다윈이 만든 어구. 이는 각자의 환경에 가장 잘 적응하는 개체들을 선택하는 자연의 본능적인 활동을 묘사하는 개념이다. 이 개념은 1859년에 *On the Origin of Species by Means of Natural Selection*『종의 기원』, 사이언스북스, 2019+의 초판이 출간되면서 널리 알려졌으며, '적자생존'survival of the fittest과 더불어 다윈이 주창한 진화론의 토대가 되었다.

자유주의 liberalism 19세기 초 이후에야 널리 알려진 용어인 자유주의는 일반적으로 신학과 정치 문제에서 전통적이지 않은 접근법에 대한 개방적 태도를 의미한다. 그러나 좀더 폭넓게는 미래에 관한 낙관론과 더불어 더 큰 자유와 진보를 가져올 변화에 대한 확신을 함축하고 있다. 철학적으로, 자유주의는 계몽주의 시대에 발전한 합리론에 뿌리를 둔다. 오늘날 이 용어는 '자유주의 가톨릭'이나 '자유주의 개신교', 심지어는 '자유주의적인 복음주의'처럼 다양한 집단의 이름에 덧붙여질 수 있다.

장로교 교회 정치 presbyterian church government 개신교 정치 체제의 세 가지 주요 형태 중 하나. 'presbyterian'이라는 용어는 '장로'를 뜻하는 그리스어 *presbyteros*를 거의 직접적으로 음역한 것이다. 장로교 교회론에서는 회중의 투표로 선출된 장로들이 교회를 다스린다. 장로교 교회 정치 체제는 제네바의 종교개혁자 장 *칼뱅의 신학에 뿌리를 두며, 스코틀랜드 종교개혁과 존 *녹스의 작업에 연관되어 있다. 이 체제에서는 한 지역 교회 또는 회중에 속한 장로들이 그 지역 내의 다른 장로들과 함께 노회presbytery를 형성하고 정기적인 회합을 갖게 된다. 이 노회는 그 지역 내에서 이루어지는 교회 생활의 모든 측면을 감독한다. 매년 한 번씩 전국 모임 또는 **총회**general assembly가 열리며, 이 모임에는 그 나라 안의 모든 노회에서 대표자를 파견한다.

장자 상속제 primogeniture 잉글랜드를 비롯한 나라들에서 이어져 온 법적 전통. 한 가문의 맏아들이 사망한 아버지의 칭호와 대부분의 재산을 물려받는 전통을 가리킨다. 이에 따라 어린 아들의 왕위 계승권이 누나들의 권리보다 더 우세했다.

재럿, 데브로 Jarratt, Devereux (1733-1801) *대각성 시기에 미국 식민지에서 활동한 소수의 *성공회 소속 부흥운동 중 하나. 재럿은 1763년 사제로 안수받은 뒤 버지니아주 배스Bath의 관할 사제가 되었다. 그의 저교회파 견해low-church views(전통적인 의식이나 형식보다 개인의 신앙과 예배를 더 중시하는 태도ⓣ) 때문에 재럿은 동료 성직자에게 인기가 없었지만, 감리교인에게는 따뜻한 환대를 받았다. 그러나 감리교가 성공회와 공식적으로 결별하자 그는 감리교 측과 교제를 중단했다.

저드슨, 아도니람 Judson, Adoniram (1788-1850) 브라운 대학과 앤도버 신학교를 졸업한 뒤 미국의 첫 해외 선교사가 된 인물. 회중교회 소속인 그는 *미국해외선교회의 설립1810에 적극 참여했다. 저드슨은 보스턴에서 인도로 향하는 도중에 유아 세례가 성경적이지 않다는 결론을 내렸으며, 이로 인해 회중교회 측의 재정 지원을 잃었다. 그러나 이후 미국 침례교회가 그의 재정 지원 요청에 응답했다. 1812년 영국과 미국 사이에 전쟁이 터지면서, 그가 인도에서 진행하려 한 사역이 방해를 받았다. 이에 잉글랜드인 선교사 윌리엄 *캐리의 조언대로, 저드슨은 버마미얀마에서 사역을 시작했다. 그리고 남은 생애 동안 그곳에서 다양한 역할을 감당했다.

저등 비평 lower criticism ***본문 비평**을 보라.

정경, 성경의 canon of Holy Scripture 초기 교회에서 점진적으로 규정된 권위 있는 책들의 목록. '캐논'canon이라는 단어는 '계량용 막대기'를 뜻하는 그리스어에서 유래했으며, 3세기에 알렉산드리아의 학자 *오리게네스가 성경의 책들을 언급하는 데 이 단어를 처음으로 사용했다. 당시 권위를 내세우지만 실상은 가짜인 많은 문서들이 나타남에 따라, 공식적인 정경의 필요성이 대두되었다. 교회는 유대교의 히브리어 구약성경에 속한 책들을 의문 없이 정경으로 받아들였다. 그러나 '칠십인역'Septuagint이라 불리는 구약 그리스어 역본의 경우, 현재 개신교는 **구약 *외경**'이라고 부르는 제2성전기의 작품들이 포함되어 있었다. 과연 이 작품들을 정경에 포함시킬 것인지 여부는 5세기 초에 격렬한 논쟁의 주제였다. 히포의 *아우구스티누스는 외경을 정경에 포함시키는 쪽을 옹호했지만, 그 작품들에는 '제2경전의'deuterocanonical라는 명칭이 붙었다. 신약의 책들은 그 책이 사도에 의해, 또는 사도의 영향 아래 기록되었으며 사도들의 교리와 일치할 경우에 정경으로 간주되었다. **참조.** *알렉산드리아학파; *사도 교부.

정적주의 quietism 17세기 프랑스에서 귀용Guyon 부인과 페늘롱Fénelon 대주교가 옹호한 운동인 기독교 정적주의는 (16세기의) 수녀이며 신비주의자인 아빌라의 *테레사가 쓴 글들에 기반을 둔 급진적인 영성을 장려했다. 테레사는 자신의 글들에서 '정적의 기도'prayer of quiet에 관해 묘사한 바 있다. 정적주의자들은 자신의 의지가 소멸될 정도로 완전히 하나님 앞에 굴복하고자 했다. 그들은 자신이 하나님을 절대적으로 신뢰하고 그 안에서 안식하고 있으므로, 굳이 영적 수련을 행할 필요나 가치가 없다고 여겼다. 정적주의자들은 또한 우리 안에 죄와 유혹이 여전히 남아 있지만 더는 문제가 되지 않는다고 주장했다. 이는 자발적인 의지가 없는 곳에서는 죄도 죄이기를 그치기 때문이라는 것이다. 이 견해는 1687년 교황 인노첸시오 11세에 의해 정죄되었다.

제임스 1세 James I 스코틀랜드의 제임스 6세 (1566-1625) 스튜어트 왕조에 속한 잉글랜드의 첫 왕이자 스코틀랜드의 군주인 그는 스코틀랜드 여왕 메리와 그녀의 남편 헨리 단리 경Lord Henry Darnley 사이에서 태어난 아들이다. 제임스 1세는 왕권신수설the divine right of kings을 주장한 것으로 알려져 있다. 이는 하나님이 군주에게 권력을 부여했으므로, 군주에게 반발하는 것은 곧 하나님의 뜻을 거역하는 것이라는 사상이다. 제임스 1세가 개신교를 따르는 스코틀랜드에서 자라나서 통치해 왔기 때문에, 잉글랜드의 *청교도는 자신들이 *엘리자베스 1세에게 얻지 못한 후원을 그에게서 얻기를 기대했다. 하지만 이 점에서 그들은 대단히 실망하게 되었다. 법률에 따라 잉글랜드 교회의 수장이 된 제임스 1세는 청교도의 요구에 점점 더 적대적인 태도를 보였기 때문이다. 다만 그는 청교도가 성경을 영어로 새롭게 번역하는 일을 후원했으며, 이 역본이 바로 1611년에 나온 '킹 제임스 성경'이다.

종교재판 Inquisition 교황 *인노첸시오 3세의 주도 아래, 서방 교회는 13세기부터 '종교재판'으로 알려진 이동형 교회 법정을 통해 이단과 분리주의자들의 근절 운동에 나섰다. 이후의 세대들에는 주로 마녀들과 유대인, 이슬람교도들에 관해 재판이 이루어졌고, 16세기에는 개신교인을 대상으로 시행되었다. 종종 도미니코 수도회의 수사들이 종교재판관의 역할을 맡았으며 여러 종교재판소들은 이단자로 의심되는 자를 체포하고 투옥하고 심문하고 처형할 법적 권한을 지니고 있었다. **참조.** *종교재판, 스페인.

종교재판, 스페인 Spanish Inquisition (1478-1834) 15세기 말, 스페인은 기독교뿐 아니라 이슬람교와 유대교의 신념 체계에 깊은 영향을 받고 있었다. 독실한 가톨릭 신자로서 스페인을 공동으로 통치한 페르난도와 이사벨은 교회에 의존해서 자신들의 나라를 통합하는 데 도움을 얻으려 했다. 그들은 1478년에 스페인에서 종교재판을 시행하도록 교황의 승인을 요청했으며, 이 재판의 대상에는 불신자들과 함께 은밀한 이슬람교도와 유대교도가 포함되었다. 도미니코 수도회의 수사인 토마스 데 토르케마다Tomas de Torqemada, 1420-1498는 15년간 종교재판관으로 일하면서 대략 2천 명의 스페인 사람이 처형되는 것을 감독했다. 16세기에는 개신교도들을 상대로 종교재판이 시행되었으며, 이 종교적인 공포 정치는 1834년이 되기까지 공식적으로 중단되지 않았다.

종부성사 last rites ***병자성사**를 보라.

주교제 교회 정치 episcopal church government 주교들이 교회를 다스리는 전통적인 지배 구조. '주교'를 뜻하는 그리스어 *episcopos*를 본따서 '주교제'episcopal로 불린다. 이런 형태의 구조에서 주교는 자신의 주교구 또는 감독 관구에 있는 모든 지역 교회와 사제, 장로,

부제*집사 등을 감독한다. 로마 가톨릭 교회와 정교회에서 이 구조를 채택하며, *성공회와 감독교회, 감리교와 루터파 등 여러 개신교파에서도 채택하고 있다.

주현절 Epiphany 동방정교회에서 그리스도가 받으신 세례를 기념하여 1월 6일에 경축하는 기독교의 축일. 4세기 이후 서방 교회에서는 새로 나신 왕에게 경배하러 온 동방 박사들을 이 축일에 기념해 왔다.

줄리안, 노리치의 Julian of Norwich (약1342-약1413) 줄리안은 성인이 된 후 대부분의 기간 동안, 잉글랜드 노리치에 있는 세인트 줄리안 교회의 작은 방에서 은둔자로 생활한 여인이었다. 그녀는 1377년에 이틀에 걸쳐 열여섯 차례의 계시를 받았다. 줄리안은 이 '드러냄들'showings에 관해 묵상했으며(이는 그녀 자신의 표현이다), 그 결과로 20여 년 후에 *Revelations of Divine Love*『신성한 사랑의 계시』를 출간했다. 줄리안의 작품들 속에 담긴 주요 주제는 그리스도의 수난과 삼위일체의 참된 본성이며, 최근에는 그녀가 '어머니이신 그리스도'Christ as Mother와 '어머니이신 하나님'God as Mother에 관해 명상한 내용에 관심이 쏠리고 있다.

중도 언약 Half-Way Covenant 17세기 중엽에 미국의 청교도 회중교회 지도자들은 한 가지 어려운 문제와 씨름했다. 그것은 과연 유아 세례를 받았음에도 기독교적 회심의 증거를 드러내지 않은 2세대 청교도들의 자녀에게 유아 세례를 베풀어도 되는가 하는 문제였다. 길고 신랄한 토론이 이어진 뒤, 그들은 타협적인 중도 언약을 시행하기로 결정했다. 이 언약에 따르면 그런 이들의 자녀도 세례를 받을 수는 있지만, 어른이 되어 회심의 증거를 보여 주기 전까지는 성찬에 참여하거나 투표권을 행사하도록 허용되지 않았다.

집사 deacon **부제(가톨릭, 성공회)**JKL 하인 또는 봉사자를 나타내는 신약의 그리스어 단어에서 유래한 용어로, 집사들은 늘 회중과 그 지도자인 장로들presbyters, 사제들priests, 주교들bishops을 섬기는 직무를 감당해 왔다. "칭찬받는 사람 일곱"을 집사로 임명한 사도행전 6장의 예식을 본받아, 집사들은 임직을 받는 것이 전통이다. 신약의 목회 서신에서 집사들은 봉사의 직무를 감당하면서 종종 가난한 이들을 돌보았다. *니케아 공의회 이후의 교회에서 집사들은 예배의 진행을 도왔지만, 성찬 예식을 집례하지는 않았다. 개신교의 교파들에서 집사들은 매우 다양한 역할을 수행한다. 예를 들어, 침례교의 경우, 집사회는 다른 교파에서 장로회가 감당하는 것과 거의 동일한 역할을 감당한다.

집회소 meetinghouse 미국 식민지 시대에 *청교도들을 비롯한 여러 공동체가 건축한 직사각형 모양의 단층 건물. 종교 예식과 시민적 회합을 위한 모임의 장소로 쓰였다. 첫 세대 청교도들의 경우, 대개 집회소는 제일 먼저 지어지는 공공건물이었다.

찰스 1세 Charles I (1600-1649) 아버지 *제임스 1세에 이어 스튜어트 왕조에서 잉글랜드와 스코틀랜드를 다스린 두 번째 왕. 찰스 1세는 가톨릭 신자였던 스코틀랜드 여왕 메리의 손자로 자신도 로마 가톨릭 신자와 혼인했으며, 좀 덜 *칼뱅주의적인 방향, 가톨릭 신자에게 좀더 관용을 베푸는 방향으로 잉글랜드 국교회를 되돌려 놓으려 했다. 그러나 의회 내부에서는 전통적 신앙으로 회귀하려는 그의 움직임을 우려하면서 반대하는 청교도 세력이 늘어났다. 이에 찰스 1세는 윌리엄 *로드를 캔터베리 대주교에 임명하여 청교도들의 영향력을 억제하려 했으며, 로드는 '철저한 정책'thorough policy을 강제 시행함으로써 예배의 일치를 확보하려 했다. 그러나 1637년에 찰스 1세와 로드가 스코틀랜드 백성도 잉글랜드에서 쓰이는 것과 비슷한 기도서를 받아들여야 한다고 강요하자 반란이 일어났으며, 이는 *언약도 운동으로 이어졌다. 잉글랜드에서 청교도 의회와의 갈등은 1642년에 내전으로 이어졌고, 1648년에 왕당파가 이 전쟁에서 패배했다. 이듬해, 찰스 1세는 런던에서 '잔부 의회'the Rump Parliament라 불리는 반동 분파에게 공개 처형을 당했다.

채닝, 윌리엄 엘러리 Channing, William Ellery (1780-1842) 회중교회 목회자로서 19세기 초 이후에 *유니테리언주의의 대변자였던 인물. 채닝은 1798년 하버드 대학(참조. *하버드 칼리지)을 졸업하고 그곳에서 다양한 직책을 맡아 가르친 뒤, 대부분의 생애 동안 보스턴의 페더럴스트리트 교회를 담임했다. 그의 신학이 조금씩 더 자유주의적인 방향으로 옮겨 가면서, 채닝은 삼위일체, 인간의 전적 타락, 그리스도의 대속 교리에 반대하는 목소리를 냈다.

천년왕국설 chiliasm *천년왕국설millennialism을 보라.

천년왕국설 millennialism 'chiliasm'이나 'millenarianism'으로도 알려진 천년왕국설은 그리스도가 회복되고 갱신된 세상에서 천 년 동안 물리적으로 통치할 것이라는 종말론적 견해다. 이 견해는 요한계시록 20장의 문자적 해석에 근거한 것으로 *니케아 공의회 이전의 시기에 널리 보급되었으며, 지난 두 세기 동안에는 전천년설과 *세대주의에 결부되어 있었다. 초기 교회 시기의 *파피아스, 바르나바Barnabas, *이레네우스는 세계 역사를 6천 년으로 보는 구도에 근거한 천년왕국설을 발전시켰다. 이 견해에 따르면 매 천 년은 창조의 각 날에 상응하며, 일곱째 날인 안식일은 평화와 번영이 가득한 세상을 통해 나타나게 되어 있었다. 근대에 들어와서 천년왕국설은 존 넬슨 *다비와 C. I. 스코필드C. I. Scofield, 루이스 스페리 채퍼Lewis Sperry Chafer 등을 통해 널리 보급되었다.

『천로역정』 Pilgrim's Progress, The (1678) 잉글랜드 비국교도 존 *버니언이 쓴 작품. 꿈 속에서 펼쳐지는 이야기로서 영적 전쟁에 관한 기독교적 우화다선한청지기. 2019+. 이 책에서는 '크리스천'Christian이라는 이름의 순례자가 자신이 살던 도성을 떠나 우화적인 풍경 속을 헤매며, 그 가운데서 '절망의 늪'과 '허영의 시장'과 '천상의 도성' 등을 만나게 된다. 이 책의 이런 유명한 상징들은 영어의 고유한 어법 중 일부가 되었다.

청교도 Puritans 16세기 말에 잉글랜드 국교회에 대한 반발로 생겨난 청교도는 엘리자베스 여왕 통치기의 교회를 '정화하려'purify한 개신교인들이었다. 철저한 로마 가톨릭 신자인 *메리 튜더의 짧은 통치기에는 잉글랜드의 종교개혁이 방해를 받았다. 1558년에 즉위한 *엘리자베스 1세는 *비아 메디아로 불리는 중대한 타협안을 도입했는데, 이것은 로마 가톨릭 교회의 예전적 요소와 개신교의 교리를 서로 결합시키는 정책이었다. 그러나 청교도들은 '잉글랜드에서 교황제의 누더기를 벗겨 내고' 순전한 성경적 신앙으로 돌아가기를 원했다. 청교도들은 엘리자베스의 치하에서 억압받았으나 스튜어트 왕조에 속한 *제임스 1세와 그의 아들 *찰스 1세 치하에서 정치적 영향력을 얻기 시작했으며, 마침내 1649년에 정부의 통제권을 장악했다. 또한 청교도들은 아메리카 식민지를 종교의 자유에 관한 '위대한 실험'을 펼칠 배경으로 삼았다. 이들은 종교와 정치의 측면에서 미국 특유의 정신이 발전하는 데 깊은 영향을 끼쳤다.

촌시, 찰스 Chauncy, Charles (1705-1787) 미국 뉴잉글랜드 회중교회 내부에서 부흥운동에 반대하는 '오래된 빛'the Old Light 측을 이끈 인물. 그는 *하버드 칼리지를 졸업한 후 보스턴 제일교회에서 사역한 목회자였다. 촌시가 1743년에 저술한 책 *Seasonable Thoughts on the State of Religion in New England*『제도집』는 조나단 *에드워즈를 비롯한 이들과 벌인 논쟁의 도화선이 되었다. 이 논쟁은 부흥운동의 감정적 과잉 현상에 관련된 것으로, 이런 감정은 때로 '종교적 정서'religious affections로 불렸다. 신학적으로 촌시는 *자유주의 성향을 띠었으며 성경 해석에서 인간 이성의 중요성을 강조했다. 또 그는 인류에 대한 하나님의 자비로운 사랑을 중시했고, 생애 말엽에는 보편 구원론을 옹호했다. 촌시는 또한 미국 독립 혁명의 유력한 옹호자였다.

촌시, 찰스 Chauncy, Charles (약1592-1672) 잉글랜드 태생의 히브리어와 그리스어 학자. 그는 엄격한 *칼뱅주의 신학의 옹호자였으며, 미국 뉴잉글랜드로 이민한 뒤 실질적으로 *하버드 칼리지의 두 번째 총장이 되었다.

총괄갱신설 recapitulation theory of the atonement 속죄의 총괄갱신설 *이레네우스를 비롯한 초기 교회의 교부들이 에베소서 1:10에 근거해서 발전시킨 이론. 에베소서의 이 구절에서 사도 바울은 하나님이 그리스도 안에서 "만물을 통일시키려"to gather up all things in him 했다고 역설했다. 새 아담인 그리스도는 자신의 순종과 자발적인 죽음을 통해 하나님과 타락한 인류 사이의 교제를 온전히 회복시켰다. 그리스도는 그렇게 행함으로써 이전에 주어진 하나님의 모든 계시를 자신 안에서 압축적으로 드러내셨을 뿐 아니라, 친히 온전한 사람이 되셨다. 이는 하나님이 아담에게 이루어지기를 의도했으나 결코 실현되지 않은 일이었다. 그러므로 그리스도는 아담의 발전 과정을 다시금 반복했으며, 세상 앞에 온전히 의로운 인간의 본을 보여 준 것이다.

추기경 cardinal '카디널'cardinal은 '경첩'을 뜻하는 라틴어 *cardo*에서 유래한 용어. 초기 교회에서 추기경은 중요한 교회들에 소속된 핵심 성직자였으며, 부제*집사급 추기경cardinal deacon 또는 사제급 추기경cardinal priest으로 불렸다. 중세에 와서 주교급 추기경cardinal bishop들은 교황의 특별 보좌역이 되었으며, 그중 대부분이 로마에 거주했다. 11세기에 교황 *그레고리오 7세는 추기경들에게 차기 교황 선출을 위한 강력한 투표권을 부여하는 데 중요한 역할을 했다. 1150년에 추기경들은 정식 규약과 공인된 직제를 지닌 추기경단을 형성했다. 오늘날 추기경을 서품하거나 면직할 수 있는 것은 교황뿐이며, 추기경들은 주교의 자격과 권한을 지닌다.

출교 excommunication 한 신자를 교회와의 교제에서 단절시키는 엄격하고 공식적인 형태의 권징을 나타내는 용어. 로마 가톨릭 교회에서 출교는 무거운 출교와 가벼운 출교의 두 단계로 시행될 수 있다. 가벼운 출교의 경우에는 성찬에서 배제되는 일이 수반되며, 무거운 출교의 경우에는 해당 인물이 *병자성사를 제외한 모든 성례에서 배제된다. 다만 출교의 영향력이 신자와 하나님 사이의 관계에까지 미치는 것은 아니다. 정교회와 대부분의 개신교파에서도 출교를 시행한다.

츠빙글리, 울리히 Zwingli, Ulrich (or Huldreich) 홀드라이히 츠빙글리 (1484-1531) 1520년대에 독일어권 스위스의 주된 종교개혁자였던 츠빙글리는 지역 교회의 사제로 사역하다가 1518년 취리히의 *그로스 뮌스터 교회로 청빙을 받았다. 츠빙글리는 대학 시절에 *기독교 인문주의를 받아들이고 특히 *에라스무스의 가르침을 좇았다. 츠빙글리가 수도원의 특권 남용, 성인들에 대한 기도, *연옥 교리를 공격하게 되면서, 그의 설교에서는 점점 *루터가 설파한 것과 비슷한 주제들이 나타나기 시작했다. 1522년에 츠빙글리는 교황의 권위에 직접적인 도전을 제기하고, 67개 논제를 통해 종교개혁을 공개적으로 선언했다. 공개 토론으로 시의회의 지지를 얻은 그는 1524년에 미사를 폐지하고, 이듬해에 뮌스터 교회에서 모든 성상을 제거했다. 그리고 1529년에는 *마르부르크 회담에서 루터와 만나서 논쟁을 벌였다. 그러나 그의 활동은 1531년 10월의 카펠 전투에서 전사함으로써 중단되었다.

친첸도르프 백작, 니콜라우스 루트비히 그라프 폰 Zinzendorf, Count Nikolaus Ludwig Graf von (1700-1760) 독일 경건주의자이며 *모라비아 형제단의 창립자인 친첸도르프는 독일에 있는 자신의 영지에 세운 복음주의 공동체 헤른후트Herrnhut를 비롯해서 유럽과 북미 지역에 여러 공동체를 설립한 일로 유명하다.

침례교, 일반 General Baptists 인간의 자유의지를 옹호하는 입장 또는 수정된 형태의 *아르미니우스주의를 따르는 침례교인들을 나타내는 용어. '일반'이라는 표현은 그리스도의 피 흘림을 통한 속죄 사역이 온 인류를 위한 것이었음을 가리킨다.

침례교, 특수 Particular Baptists 17세기 초 잉글랜드에서 생겨난 침례교의 하부 집단. 특수 침례교는 교리적으로 *칼뱅주의를 따랐으며 '제한 속죄'limited atonement 견해를 고수했다. 이 견해에 의하면, 그리스도가 속죄를 위해 흘린 피는 오직 택자the elect들의 죄에 대해서만 효력이 있다. 특수 침례교는 미국에도 전파되어 널리 퍼졌으며, 이곳에서 이들은 때로 '엄격한 침례교'Strict Baptists로 불렸다.

ㅋ

카롤루스 대제 Charlemagne 라. Carolus Magnus; 독. Karl der Grosse, 카

를-; 프. Charlemagne, 샤를마뉴-; 영. Charles the Great 찰스- (약742-814) 800년 성탄절에 로마에서 교황 레오 3세에 의해 황제로 추대되었을 때, 카롤루스 대제는 앞선 카롤링거 왕조 군주들이 통치하던 영역의 크기를 세 배로 늘린 상태였다. 카롤루스 대제의 제국은 오늘날의 프랑스, 독일, 스페인 북부, 이탈리아 북부 지역으로 이루어져 있었으며, 그는 강력한 중앙 정부를 통해 이 모든 땅을 다스렸다. 카롤루스 대제는 기독교 선교를 적극 장려했으며, 성직자 교육 개선, 전례 개혁, 로마식 미사의 도입을 추진했다. 하지만 그는 (여러 아내를 두는 것과 같이) 교회의 비난을 받은 자신의 일부 생활방식을 포기하려 하지 않았다. 카롤루스 대제는 자기 백성의 문화적인 번영을 위해 노섬브리아의 학자 *앨퀸처럼 탁월하고 총명한 지성인들을 초빙하는 일에 노력을 쏟았으며, 이를 통해 9세기 초에 이른바 '카롤링거 르네상스'the Carolingian Renaissance가 일어났다. 한편 카롤루스 대제의 제국을 10세기에 건국된 신성로마제국과 혼동해서는 안 된다. 이 무렵에는 그가 다스렸던 광활한 영토가 이미 다툼을 일삼던 그의 아들들과 손자들에 의해 사라진 상태였다.

카롤루스 마르텔루스 Charles Martel (약690-741) 정당한 자격을 지닌 왕은 아니었지만 723년경부터 프랑크 왕국을 실질적으로 통치한 인물. '망치'the Hammer라는 별명을 지닌 카롤루스는 732년 프랑스 남부의 *투르 전투에서 아랍의 *이슬람교 군대를 결정적으로 격퇴했다. 이를 통해 그는 이슬람 세력의 서유럽 침투를 저지하고, 적군을 피레네산맥 너머 스페인으로 되돌려 보냈다. 카롤루스는 카롤링거 가문의 통치권을 강화하기 위해 많은 노력을 쏟았으며, 그의 아들 피핀 3세Pepin Ⅲ는 '프랑크인의 왕'king of the Franks이라는 칭호를 얻었다. 또한 카롤루스 마르텔루스는 *카롤루스 대제의 할아버지다.

카를 5세 Charles V 라. Carolus V, 카롤루스-; 독. Karl V, 카를-; 프. Charles V, 샤를-; 스. Carlos I, 카를로스- (1500-1558) 스페인의 국왕인 동시에 1519년에 신성로마제국 황제로 선출된 인물. 그는 유럽의 가장 강력한 군주였다. 카를 5세의 이모인 아라곤의 캐서린은 잉글랜드 왕 *헨리 8세에게 이혼당하는 일을 피하려고 애썼지만 실패했으며, 카를 5세는 그녀의 입장을 적극 지지했다. 카를 5세는 루터파를 제국의 일치에 대한 위협 요소로 여기고, 그 분파의 성장세를 억제하려 했다. 이를 위해 그는 1521년의 보름스 제국 회의에서 *루터를 심문했으며, 슈말칼트 동맹을 상대로 전쟁을 일으켰다(참조. *슈말칼트 신조). 1555년에 열린 아우크스부르크 제국 회의the (imperial) Diet of Augsburg에서는 잠정적인 '종교적 화의'religious peace가 체결되었으며, 이를 통해 각 군주나 제후들은 자신의 영토에서 받아들일 기독교 분파를 선택할 수 있게 되었다. 그해에 카를 5세는 제국의 권좌에서 물러났다.

카시아누스, 성 요한 Cassian, St. John (약360-430) 수사이며 역사가인 인물로, 사막 교부들의 생애를 연구한 뒤, 그들의 전기를 자신의 책 *Conferences*『담화집』, 은성, 2013에 기록했다. 그는 동방의 수도원 제도를 서방에 도입했으며, 프랑스 동부에 수도원들이 설립되는 데 기여했다. 그의 책 *Institutes*『제도집』, 은성, 2018에서는 수사의 삶의 모습과 경건한 삶의 장애물에 관해 서술했다.

카이퍼, 아브라함 Kuyper, Abraham (1837-1920) 네덜란드 개혁교회에서 고전적인 *칼뱅주의를 강력히 옹호한 카이퍼는 목회자와 교회 지도자, 국회의원으로 활동했으며, 4년간 네덜란드 수상으로 재임했다. 카이퍼는 인류 역사를 주관하시는 하나님의 절대 주권에 철저히 헌신했다. 레이덴 대학 재학 시절, 그는 네덜란드 개혁교회가 과거의 *도르트 총회에서 작성된 교리 체계를 다시 따르도록 이끌어 가려는 비전을 품었다. 그의 생각에 이 목표의 방해물은 국가가 대학 교수직의 임명에 영향력을 행사하는 데 있었다. 이런 상황을 개선하기 위해, 카이퍼는 1880년의 암스테르담 자유대학 설립을 주도했다. 그리고 이후에는 결국 국가 교회를 탈퇴하고 자유 교회 운동에 참여했다. 이후 그는 국회의원이 되었으며, 1874년에는 네덜란드 의회the States-General의 하원 의장이 되었다. 카이퍼는 1898년 프린스턴 신학교에서 스톤 강연을 행했으며, 이때의 내용은 *Calvinism*『칼빈주의 강연』, 다함, 2021이라는 제목으로 출판되었다.

카타리파 Cathars (Cathari) 12세기 유럽 교회를 정화하려 했던 몇몇 소수 집단을 지칭하는 용어. 이들의 신학적 이원론에 따르면 사람의 신체를 포함한 모든 물질은 명백히 악했으며, 영적인 일들은 본질상 선했다. 따라서 이들은, 인간의 악한 신체를 취할 수 없었던 그리스도가 천사였다고 주장했다. 카타리파는 또한 지옥, 부활, *연옥의 교리를 부정했다. 카타리파에 관련된 집단으로는 *알비파와 *아리우스파, *마니교도들이 있다.

카테리나, 시에나의 성 영. Catherine of Siena, St., 이. Santa Caterina da Siena, 라. Sancta Catharina Senensis (약1347-1380) 역사상 '교회의 박사'doctor of the church라는 칭호를 얻은 단 세 명의 여성 중 하나인 카테리나는 14세기 가톨릭 신앙에 가장 깊은 영향력을 끼친 인물이었다. 그녀는 페스트가 유럽을 처음 덮친 해에 시에나에서 태어났으며, 어린 시절부터 자신이 하나님을 섬기도록 부름을 받았다고 느꼈다. 열여섯 살에 도미니코 수도회에 입회한 카테리나는 가난한 자, 병자, 감옥에 갇힌 자를 돌보는 사역에 헌신했다. 많은 이들은 그녀가 병을 고칠 뿐 아니라 심지어는 죽은 자를 살려 낼 능력까지 지녔다고 믿었다. 명성이 널리 퍼져 감에 따라, 카테리나는 피렌체에서도 치유를 행하도록 초청받았다. 기독교 신비주의자임이 분명했던 그녀는 당대에 큰 영향을 끼친 환상들에 심오하게 영향을 받았다. 어떤 환상으로 말미암아 그녀는 *교회의 바빌로니아 유수를 끝내고 프랑스의 아비뇽에 있던 교회의 중심지를 다시 로마로 옮기도록 교황 그레고리오그레고리우스 11세를 설득했다. 그녀는 그리스도의 십자가 고난에 평생 관심을 쏟았으며, 이는 그녀가 자신의 몸에 나타났다고 주장한 성흔에서 그 절정에 이르렀다. 또한 카테리나는 그리스도와의 신비한 혼인을 경험한 일에 관해 글을 썼다.

카파도키아 교부 Cappadocian fathers 갑바도기아- 소아시아의 카파도키아 지역 태생이었던 세 명의 위대한 신학자. 이 신학자들은 381년의 콘스탄티노플 공의회에서 *아리우스주의 이단 문제를 최종적으로 해결했다. 카이사리아 주교였던 대 *바실리우스와 그의 형제인 나지안주스의 *그레고리우스, 그리고 니사의 *그레고리우스가 바로 그들이다.

카푸친 작은형제회 Capuchin, Order of Friars Minor 16세기에 생겨난 프란치스코회 내부의 개혁 수도회. 수도회 설립 초기의 단순성으로 돌아가는 데 목표를 두었다. 이 수도회의 명칭은 그들이 썼던 '카푸체'capuce라는 이름의 뾰족한 두건에서 유래했다. 카푸친 작은형제회는 기도와 설교에 초점을 두었으며, 가톨릭 종교개혁에 실질적인 영향을 끼쳤다. (한국에서는 1996년에 설립.ⓒ) **참조**. *가톨릭 종교개혁; *프란체스코, 아시시의 성.

칸트, 임마누엘 Kant, Immanuel (1724-1804) 독일 합리론에 심대한 영향을 끼친 프로이센의 철학자로, 쾨니히스베르크의 가난한 가정에서 출생한 칸트는 1740년 그곳에서 대학을 졸업하고 신학 학위를 받았다. 그는 프로이센을 벗어난 적이 없지만, 신적 계시와 이성의 위치 문제에 엄청난 영향을 끼쳤다. 칸트의 가장 영향력 있는 두 저서 *Critique of Pure Reason*『순수이성비판』, 아카넷, 2006+과 *Critique of Practical Reason*『실천이성비판』, 아카넷, 2009+에서는 스코틀랜드 사상가 데이비드 흄David Hume에게서 받은 영향이 드러난다. 윤리학의 측면에서, 칸트의 '정언 명령'categorical imperative에 따르면 각 사람은 중요한 도덕적 결정을 내릴 때마다 이렇게 질문해야 한다. "지금 이 사안에 관한 내 결정이 이와 유사한 상황들에 대한 보편 법칙이 된다는 것을 확증할 수 있는가?" 이러한 추론은 인간의 정신이 이성적 판단을 통해 사안들의 '당위성'oughtness을 분별할 수 있다는 확신에 근거한다.

칼뱅, 장 Calvin, John 존 칼빈, -캘빈, -코뱅 (1509-1564) 프랑스 태생으로 제네바의 종교개혁을 주도한 인물. 칼뱅은 파리와 오를레앙Orléans, 부르주Bourges에서 신학과 법률을 폭넓게 공부하면서 *기독교 인문주의와 *루터 사상의 영향을 받았다. 1533년 그는 니콜라 콥Nicholas Cop의 개혁 지향적인 연설문 작성에 관여했으며, 그 때문에 결국 프랑스 바깥으로 피신했다. 이후 그는 바젤에 거주하다가 1536년 여름 제네바에 있던 기욤 *파렐의 사역에 동참했다. 그러나 2년 후 그와 파렐은 제네바를 떠나야만 했는데, 이는 두 사람이 교회 권징과 신앙고백을 엄격히 해석한 일에 대한 부정적 반응 때문이었다. 칼뱅은 마르틴 *부처의 초청으로 스트라스부르에 있는 프랑스인 회중을 3년간 목회했다. 이 기간에 그는 이델레트 드 뷔르Idellette de Bure와 결혼해서 아들 자크Jacques를 낳았다. 칼뱅은 자신의 강력하고 체계적인 지성으로 *The Institution of the Christian Religion*『기독교 강요』,생명의말씀사, 2020+을 집필했는데, 이 작품은 간단히 칼뱅의 *Institutes*『강요』라고도 불린다. 1541년 제네바로 돌아온 그는 성공적인 개혁 활동에 나섰으며, 이를 통해 실질적인 신정체제를 수립했다. 이 체제의 특징은 도덕적 표준을 유지하고 권징을 시행하는 *콘시스토리움을 두는 데 있었다. 칼뱅이 끼친 영향은 엄청났다. 그는 많은 성경 주석과 편지, 논문과 『강요』를 통해 그 영향력을 행사했으며, 존 *녹스와 테오도르 *베자 같은 종교개혁자들에게도 개인적인 영향을 끼쳤다.

칼뱅의 『기독교 강요』 Calvin's *Institutes* 16세기 장 칼뱅의 저서인 *On the Institution of the Christian Religion*『기독교 강요』은 보통 칼뱅의 *Institutes*『강요』로 불리며, 최초의 가장 온전한 개신교 조직신학서다. 처음에 이 책은 새로 생겨난 개신교 신앙의 변증이자 프랑스 왕 프랑수아 1세를 향한 관용의 호소문으로 의도되었다. 그러나 여러 판을 거듭함에 따라 그 분량이 점점 늘어나서, 1536년 초판CH북스, 2016은 여섯 장章이었지만 1559년판생명의말씀사, 2020에 가서는 여든 장이 되었다. 이 엄밀한 작품은 개혁신학의 교리적 기반이 되었으며, 장로교와 청교도 운동을 비롯해서 전 세계의 다양한 개혁교회들에 심대한 영향을 끼쳐 왔다. (원래는 라틴어로 출간되었지만 제2판은 1541년 프랑스어복있는사람, 2022로도 번역하여 출간했다.ⓒ)

칼케돈 공의회 Council of Chalcedon *공의회, 칼케돈을 보라.

캐드먼, 성 Caedmon, St. (약680 사망) 위트비 수도원Whitby Abbey에서 일한 목동이며 '잉글랜드 찬송가의 아버지'로 추앙받는 인물. 전설에 따르면, 어느 날 밤 캐드먼은 환상 가운데서 거룩한 시를 쓰는 은사를 받았다. 이 소박한 그리스도인에 관해 우리가 아는 것은 앵글로색슨족의 역사가 *베다가 기록한 내용이 전부다. 캐드먼이 죽은 후, 그가 살았던 주shire는 잉글랜드 북부의 중요한 순례지가 되었다. 지금은 그가 쓴 시 한 편의 일부만이 남아 있다.

캐리, 윌리엄 Carey, William (1761-1834) 영국 침례교 소속의 선교사로 인도에서 활동한 인물. "하나님께로부터 위대한 일들을 기대하고, 그분을 위해 위대한 일들을 시도하라"가 그의 평생 모토였다. 영국에서 구두 수선공으로 일하던 캐리는 외국어를 빨리 습득하는 놀라운 재능을 지니고 있었다. 1779년 회심한 후 그는 인도에 가서 복음을 전할 꿈을 품었으며, 그 꿈은 1793년 벵골에 도착함으로써 이루어졌다. 캐리는 벵골어로 신약성경을 번역했고, 1800년대 초두부터 콜카타에 있는 포트 윌리엄 칼리지의 교수직을 맡아 30년간 가르쳤다.

캠벨, 알렉산더 Campbell, Alexander (1788-1866) 바턴 W. *스톤과 함께, 미국에서 때로 '스톤-캠벨 운동'Stone-Campbell Movement이라 불리는 회복 운동을 일으킨 인물. 캠벨은 북아일랜드에서 미국으로 이주한 장로교인이었다. 그는 각 교파의 꼬리표를 떼어 버리고 모든 그리스도인을 하나로 연합시킬 단순한 명칭을 내세울 필요성을 느꼈다. 그의 생각에 그런 꼬리표들은 분열을 낳는 것이었기 때문이다. 이에 캠벨은 하나의 기독교 협회를 조직하는 데 참여했다. 그에 따르면, 연합의 열쇠는 신조들을 벗어나서 원시적 형태의 기독교를 회복하는 데 있었다. 1812년 캠벨은 자신의 장로교적 뿌리와 결별하고 침례교에 가입했다. 하지만 그는 침례는 죄 사함을 위한 것이라는 견해를 지녔으며, 이 때문에 독자 노선을 택할 수밖에 없었다. 1832년 그가 이끌던 운동은 스톤의 운동과 병합되었으며, 이에 따라 '스톤-캠벨 운동'이 생겨났다. 1840년 캠벨은 미국 웨스트버지니아주의 베서니에 베서니 칼리지Bethany College를 설립하고 첫 총장을 역임했다. (Douglas A. Foster, et al. eds, *The Encyclopedia of the Stone-Campbell Movement*Eerdmans, 2012; 『그리스도의 교회들 운동 대사전』대한기독교서회, 2015ⓔ)

캠프 집회 camp meeting 미국의 2차 대각성 시기1790-1810, 서부 지역에서는 캠프 집회들이 열린 것이 특징이었다. 이는 처음에 테네시주와 켄터키주의 변경에서 활동하는 부흥사들이 취했던 전략이었다. 이주민들은 광활한 땅의 이곳저곳에 흩어져 있었으므로, 매년 또는 반년마다 한 번씩 중심 지역에서 부흥 집회가 열렸다. 이 집회는 종종 초교파적인 성격을 띠었으며, 많은 부흥사와 여러 다양한 배경에 속한 그리스도인들을 끌어들였다. 20세기에도 농촌 지역에서는 캠프 집회가 지속되었다.

커버데일, 마일스 Coverdale, Miles (1487-1569) 영어 성경의 번역자로 잘 알려진 인물. 그는 1514년에 로마 가톨릭 사제로 안수받았으나, 곧 로버트 반스Robert Barnes의 영향 아래 개신교 종교개혁을 받아들였다. 자국어 성경에 대한 왕실 측의 반대로 망명을 떠나야 했던 커버데일은 1535년에 성경을 완역했으며, 1539년 '대성경'the Great Bible의 출간에도 중요한 역할을 감당했다. *에드워드 6세의 짧은 통치기에 그는 엑시터 주교로 서품되었으나, *메리 튜더가 즉위하자 잉글랜드를 떠나야만 했다. 여왕 *엘리자베스 1세의 치하에서 커버데일은 당시 성장하던 청교도 세력에 참여했다.

케인 리지 부흥 Cane Ridge revival 1801년 미국 켄터키주의 버번 카운티에서 일어난 부흥운동. 미국 부흥 역사상 가장 큰 규모의 *캠프 집회 중 하나다. 이때 열린 집회들은 '변경 종교'frontier religion(미국 서부 개척기의 변경 지역에서 나타난 신앙 형태ⓣ)의 특징을 띠었다. 많은 참석자들에게서 기이한 감정 표현이 나타났는데, 그 가운데는 경련을 일으키는 일이나 동물처럼 짖기, 웃음을 터뜨리는 일, *쓰러짐 체험 또는 '성령 안에서 죽음'slain in the Spirit 등이 있었다.

케임브리지 강령 Cambridge Platform (1649) 17세기 당시 미국 식민지에서는 다양한 관점들이 제기되고 있었다. 이에 따라 뉴잉글랜드의 비분리적인 회중주의 청교도 운동을 적절히 규정 짓기 위해, 목회자와 평신도 측의 대표자들이 매사추세츠주의 케임브리지에 모여 2년에 걸쳐 이 문서를 작성했다. 완성된 케임브리지 강령은 리처드 매더Richard Mather가 작성한 것으로, 회중주의 교회 정치를 규정한 문서다. 시간이 지나면서 이 문서는 회중교회의 헌법 같은 것이 되었다.

켈트 교회 Celtic churches 아일랜드 기독교는 5세기 *파트리키우스의 전도 사역을 통해 갱신되고 발전해 갔다. *니니아누스와 *콜룸바 같은 선교사들은 켈트 기독교를 스코틀랜드에 보급했으며, 스코틀랜드 서쪽 해안 끝머리의 아이오나Iona에서 훈련받은 아이다누스Aidan, 에이든, 라. Aidanus는 잉글랜드 북부의 린디스판Lindisfarne에 신앙을 전파했다. 그리고 7세기에는 '페레그리니'peregrini로 불리는 켈트 선교사들이 중부 유럽과 그 너머에서 사역을 수행했다. 켈트 수사들은 특히 필사본 제작에 적극 참여했으며, 린디스판 복음서들the Lindisfarne Gospels과 켈스의 서the Book of Kells(800년경에 제작된 라틴어 필사본ⓣ)에서 뚜렷이 나타나는 독특한 문서 채식 양식을 발전시켰다. 켈트 교회는 몇 가지 측면에서 로마 가톨릭 교회와 구별되었는데, 그런 측면들로는 켈트 교회의 (1) 전례력, (2) 수사들의 의복과 두발 양식, (3) 주교 아래 단계 사제들에게 주어진 혼인의 자유, (4) 수도원장과 수녀원장들이 누린 교회 운영권 등을 들 수 있다.

코페르니쿠스, 니콜라스 Copernicus, Nicholas (1473-1543) 폴란드 태생의 천문학자이며 수학자. 그는 크라쿠프Cracow 대학에서 수학한 뒤, 자신의 삼촌이 주교로 있던 프라우엔부르크Frauenburg의 성당 참사회원이 되었다. 코페르니쿠스는 망원경이 발명되기 전에 살았지만, 행성들의 운동을 살피다가 프톨레마이오스의 지구 중심 우주론(지구가 우주의 중심에 정지해 있으며 다른 모든 것이 그 주위를 돈다는 이론)으로는 설명되지 않는 몇 가지 이상 현상을 발견했다. 그는 대안적 모형인 태양 중심의heliocentric 관점을 발전시켰으며, 자신의 책 *On the Revolution of Celestial Spheres*『천체의 회전에 관하여』, 서해문집, 1998에서 그 내용을 서술했다. 이 책은 그가 사망한 1543년에 출간되었으나, 반세기 이후 *갈릴레이가 망원경을 가지고 하늘을 관찰하여 그 이론을 확증하기 전까지는 가톨릭 교회에서 이 책의 내용을 위협적인 것으로 여기지 않았다. 1616년에 교황청은 코페르니쿠스의 저서를 금서 목록에 포함시켰다.

코핀, 헨리 슬론 Coffin, Henry Sloane (1877-1954) 20세기 미국 장로교회 내에서 자유주의 신학의 가장 유력한 지도자 중 하나. 그는 목회자로 사역했으며, 특히 뉴욕시의 매디슨애비뉴 장로교회에서 사역하는 동안에 설교자로서 전국적인 명성을 얻었다. 코핀은 또한 뉴욕의 유니언 신학교에서 실천 신학과 설교학을 가르치면서 총장으로 봉직했다. 그는 자유주의 신학의 대변자로서 미국의 제1차 세계대전 참전에 반대했으며, 장로교회 내부의 *근본주의 운동을 강하게 공격했다.

콘스탄츠 공의회 Council of Constance ***공의회, 콘스탄츠**를 보라.

콘스탄티노플 공의회 Council of Constantinople ***공의회, 콘스탄티노플**을 보라.

콘스탄티누스 대제 Constantine the Great 콘스탄틴 대제^JKL, -1세 (272-337) 로마 제국의 첫 번째 그리스도인 황제. 정확한 이름은 가이우스 플라비우스 발레리우스 아우렐리우스 콘스탄티누스Gaius Flavius Valerius Aurelius Constantinus다. 교회와 국가의 관계 문제에 그가 끼친 영향력은 그의 뒤를 이은 황제들이 그중 한 명을 제외하고는 모두 그리스도인이었다는 사실에서 찾아볼 수 있다. 콘스탄티누스는 제국의 서쪽 지역을 통치했던 부황제 콘스탄티누스 클로루스Constantius Chlorus와 *헬레나의 아들로 태어났으며, 306년에 아버지의 제위를 계승했다. 312년에는 자신의 서방 군대를 이끌고 로마의 경쟁자 막센티우스Maxentius와 밀비우스 다리 전투the Battle of Milvian Bridge에서 격돌했다. 락탄티우스Lactantius에 따르면 당시 콘스탄티누스는 전투 전날 밤 십자가의 환상을 체험하고 기독교로 개종했다. 그러고는 전투에서 거둔 승리를 자신이 새로 받아들인 신앙 덕택으로 돌렸다. 이듬해 콘스탄티누스는 공동 황제 리키니우스Licinius와 함께 *밀라노 칙령을 공표하여 제국 내의 그리스도인들에게 종교의 자유를 주었다. 324년에 이르러 콘스탄티누스는 제국의 통치권을 확보했지만, 기독교회가 알렉산드리아의 아리우스가 퍼뜨린 가르침 때문에 생겨난 교리 논쟁으로 분열된 것을 알고 고심에 빠졌다. *아리우스 논쟁을 해결하기 위해, 콘스탄티누스는 325년에 교회의 첫 번째 보편 공의회인 *니케아 공의회를 소집했다. 또한 콘스탄티누스는 수도 로마가 북쪽으로부터의 침공에 취약하다고 판단하고, 제국 권력의 중심지를 동쪽의 비잔티움으로 옮기고는 이 도시에 '콘스탄티노플'이라는 이름을 붙였다.

콘스탄티누스 증여 문서 Donation of Constantine 콘스탄틴의 기증장[JKL] 전설에 따르면, 첫 그리스도인 황제였으나 아직 세례를 받지 못했던 *콘스탄티누스 대제는 임종을 앞둔 침상에서 그 예식을 집전할 로마의 주교 실베스테르Sylvester를 기다리고 있었다. 이때 콘스탄티누스는 세례 예식을 통해 자신이 그때까지 지은 모든 죄를 씻김 받고 평안히 죽음을 맞으리라고 여겼다. 그리고 실베스테르가 자신의 직무를 완수하자, 콘스탄티누스는 자신의 서명이 담긴 제국의 문서를 내려 보상했다. 이는 교황에게 제국 내의 그리스도인들에 대한 포괄적인 권세뿐 아니라 이후 '교황령'the Papal States으로 불리게 될 이탈리아 중부의 광대한 지역을 다스릴 권한을 부여하는 문서였다. 그러나 15세기에 이탈리아의 문예 비평가 로렌초 *발라는 이 문서가 위조된 것으로서 아마도 7세기 이후의 어느 시점에 작성된 것임을 밝혀냈다.

콘시스토리움 consistory 추기경회의(가톨릭) 교회 법정 또는 교회의 숙의 기관을 가리키는 용어. 로마 가톨릭 교회에서는 추기경단이 콘시스토리움을 구성한다. 교회 내의 문제나 위기에 대처하기 위해 교황이 이 모임을 소집할 경우 일반 회기로 모이기도 하며(이때는 로마의 *추기경들만 소집된다), 특별 회기로 모이기도 한다(이때는 전 세계의 모든 추기경이 소집된다). 16세기에 *칼뱅이 사역했던 제네바의 경우, 콘시스토리움은 기독교적 도덕률을 규정하고 시의회에 법률 문제를 조언하며 이단자들을 재판했다. 또한 장로교와 스코틀랜드 교회the Church of Scotland를 비롯한 개혁교회들에서는 권징 문제를 심의하는 교회 기관을 가리키는 데 이 용어를 쓴다.

콜레트, 존 Colet, John (약1466-1519) 부유하고 힘 있는 런던 시장의 아들로 태어났으나 평생 잉글랜드 교회를 겸손히 섬긴 인물. 옥스퍼드 대학의 기독교 인문주의자들에게 감화를 받은 콜레트는 좀더 공부하기 위해 프랑스와 이탈리아로 떠났으며, 새로운 성경 해석의 비전을 품고 옥스퍼드 대학으로 돌아왔다. 1497년에 그가 옥스퍼드 대학에서 시작한 바울 서신의 공개 강좌는 현대적인 문법-역사적 주해의 초석이 되었다. 안수받은 사제였던 콜레트는 이후 런던에 있는 세인트폴 *대성당의 수석 사제가 되었으며, 또 헌신된 교육자로서 사비를 들여 세인트폴 소년 학교St. Paul's School for Boys를 세웠다. 이곳에서는 150명이 넘는 소년들이 무료로 라틴어와 그리스어를 배울 수 있었다.

콜룸바, 성(콜럼 실) Columba, St. (Colum Cille) (약521-597) '교회의 비둘기'the dove of the church로 알려진 *켈트 교회의 선교사. 아일랜드 귀족 태생의 콜룸바는 563년 고국을 떠나 스코틀랜드 서부 해안에 아이오나Iona 수도원을 설립했다. 그는 이후 그곳을 거점으로 삼아 스코틀랜드 고지대의 픽트족과 스코트족에게 복음을 전했다. 그의 업적에 관해 우리가 아는 대부분의 내용은 잉글랜드 역사가 *베다의 기록에서 얻은 것이다.

콜룸바누스, 성 Columbanus, St. (615 사망) *켈트 교회의 선교사였던 인물. 아일랜드를 떠나 (지금의 프랑스인) 골Gaul 지역에서 복음을 전했으며, 로마 가톨릭 주교들과 충돌한 일과 왕의 결혼 문제를 비판한 일로 추방되기 전까지 적어도 두 개의 수도원을 세웠다. 그는 이후 스위스에서 사역하다가 제노바 북쪽의 보비오Bobbio에 수도원을 설립했으며, 이곳에서 숨을 거뒀다. 보비오는 필사본 제작의 중심지가 되었다.

크랜머, 토머스 Cranmer, Thomas (1489-1556) 잉글랜드 교회의 주요 종교개혁자이며 개신교 최초의 캔터베리 대주교였던 인물. 그의 생애는 세 명의 군주, 곧 *헨리 8세, *에드워드 6세, *메리 튜더의 생애와 얽혀 있었다. 크랜머는 케임브리지 대학의 지저스 칼리지에서 교육을 받고 그곳의 교수가 되었으며, 1523년에 사제로 안수받았다. 황제 *카를 5세의 궁정에서 외교관으로 잠시 체류한 뒤, 그는 헨리 8세의 부름을 받고 잉글랜드로 돌아와 1533년 대주교에 임명되었다. 헨리 8세는 아라곤의 캐서린과의 결혼 관계에서 벗어나려 했으며, 크랜머는 그의 뜻을 받들어 그 결혼이 무효임을 선언했다. 얼마 후 크랜머는 헨리 8세와 앤 불린Anne Boleyn의 결혼을 집례하고 그들의 딸 *엘리자베스의 대부가 되었다. 점차 개신교 성향을 띠게 된 크랜머는 10개 신조the Ten Articles을 작성하고 영어 성경 출간을 적극 추진했다. 1547년에는 에드워드 6세가 아홉 살의 나이에 즉위했으며, 크랜머는 그의 교육과 종교적 훈육에 깊은 영향을 끼쳤다. 에드워드 6세의 치하에서 크랜머는 잉글랜드 종교개혁의 주된 설계자가 되어, *성공회 기도서와 이후 *39개 신조로 불리게 될 신조를 작성했다. 크랜머는 또한 어린 왕을 이끌어 사제직의 요구 조건에서 독신 생활을 제외하고, 평신도들에게도 성찬의 잔을 나누어 주게 했다. 그러나 1553년 여름에 시작된 메리 여왕의 치하에서 그의 운명은 달라지기 시작했다. 가톨릭 신자인 그 여왕의 통치기에 크랜머는 잉글랜드에 남아 있던 다른 개신교 지도자들과 함께 이단자로 고발되어 성직을 박탈당하고 투옥되었으며, 옥스퍼드에서 화형당했다.

크롬웰, 토머스 Cromwell, Thomas (약1485-1540) *헨리 8세 치하의 급변하는 잉글랜드 권력 세계에서 급부상한 인물인 크롬웰은 국왕의 수하로서 경력을 쌓으면서 개신교 운동을 진척시켰다. 크롬웰은 토머스 *모어 경의 재판과 수도원들의 해산 과정에서 주된 역할을 감당했으며, 평신도들도 읽을 수 있는 영어 성경의 출판을 대담히 옹호했다. 그러나 크롬웰은 헨리 8세를 위해 안나 폰 클레페Anna von Cleves와의 네 번째 결혼을 주선했다가 왕의 총애를 잃었다. 독일의 정치적 변동으로 이 결혼은 잉글랜드 측에 덜 유익한 것으로 판명났기 때문이다. 이 일과 더불어 보수적인 적대파의 음모에 빠진 그는 곧 반역 죄목으로 유죄 판결을 받고 처형되었다.

크리소스토무스, 요한 John Chrysostom 크리소스토모스 (약347-407) 탁월한 수사법과 힘 있는 목소리 덕분에 '황금의 입을 지닌'golden-mouthed 크리소스토무스로 알려진 그는 콘스탄티노플의 주교로 서품되었으며, 후에 '교회의 박사'라는 칭호를 얻었다. 은자로서 성직 생활을 시작한 그는 이후 부제*집사가 되었다가, 사제로 안수받은 뒤 안티오키아에서 설교자로 특별 위임되었다. 그는 *안티오키아학파에 속한 인물로서 당대에 유행했던 성경의 주관적, *알레고리적 해석을 반대했다. 주교로서 그가 쌓은 경력의 끝은 황후 에우독시아Eudoxia와의 충돌로 비극적으로 손상되었으며, 유배된 채 숨을 거두었다.

크리스천 사이언스 Christian Science 19세기 말에 메리 베이커 에디Mary Baker Eddy가 창시한 미국의 기독교 종파. 이 운동은 죄와 악과 질병이 그릇된 관념에 근거한 허상에 불과하며 올바른 가르침을 통해 그런 문제들을 치료할 수 있다는 믿음에 토대를 둔다. 이 운동에서는 하나님을 선, 진리, 지성, 참된 생명과 동일한 존재로 간주한다. 에디의 알려진 저서로는 *Science and Health*『과학과 건강』가 있으며, 이 운동의 모교회는 보스턴에 있다.

클레멘스, 로마의 성 Clement of Rome, St. (1세기 말) 가장 이른 시기의 *사도 교부 중 하나로서 로마의 2대 또는 3대 주교. 빌립보서 4:3에서 언급된 클레멘스와는 다른 사람인 것이 거의 확실하다. 이 로마의 클레멘스에 관해 알려진 내용은 거의 없으나, 그가 고린도 교회에 보낸 것으로 여겨져 온 두 편의 편지약96가 있다. 이 편지들은 「클레멘스1서」와 「클레멘스2서」로 불리며, 그중 첫 번째 서신은 진본으로 간주된다. 클레멘스는 교회가 간헐적인 박해와 이단설에 시달리면서 필사적으로 안정을 추구하던 시기에 글을 썼다. 그러므로 그가 고린도 교회에 보낸 메시지에서 하나님이 모든 일에 질서를 요구하신다는 점을 강조한 것은 놀라운 일이 아니다. 그리스도인들은 교회 지도자들에게 마땅히 순종해야 했다. 흥미롭게도, 클레멘스는 성직자의 위계를 논할 때 주교와 장로를 명확히 구분하지 않았다.

클레멘스, 알렉산드리아의 Clement of Alexandria (약150-215) 판타이누스Pantaenus, 판타이노스의 제자로 그의 뒤를 이어 알렉산드리아 교리문답 학교의 교장이 되었으며약190, *오리게네스의 스승이었던 인물. 기독교가 무지한 종교로 간주되지 않게끔 하는 데 관심을 쏟은 클레멘스는 *Address to the Greeks*『그리스인(이방인)을 위한 권고』를 비롯한 자신의 글들에서 기독교 신앙을 최상의 그리스 철학과 접목시키려고 노력했다. 클레멘스는 그리스도가 사람으로 태어나지 않으셨다는 견해 등의 일부 *영지주의 가르침을 적극 반대했지만, 그의 신학에서는 그리스 철학의 영향을 받은 흔적이 나타난다.

클뤼니 Cluny 909년에 수도원 개혁 운동의 일환으로 (프랑스) 클뤼니에 세워진 수도원. 설립자인 아키텐의 윌리엄William of Aquitaine은 세속 권력의 통제에서 독립된 기관을 세우려는 목적을 가지고 이 수도원을 설립했다. 초대 원장 베르노Berno와 후임자인 오도Odo는 베네딕도회의 엄격한 규율을 다시 강조하면서, 깊은 영적 생명력과 성가대의 직무, 풍성하고 화려한 예배 의식에 근거해서 이 공동체를 건설해 나갔다. 천 개가 넘는 자매 수도원들은 독립적인 위치에 있지 않고 모원母院인 클뤼니 수도원의 엄격한 통제를 받았다. 12세기에 이 클뤼니 수도원은 서방 기독교권에서 가장 큰 교회이자 주된 순례지였다.

키노, 유세비오 Kino, Eusebio (1644-1711) 이탈리아 태생으로 예수회 소속 수사인 그는 오스트리아와 독일, 스페인에서 대학 교육을 받았다. 선교 탐험가인 키노는 멀리 서쪽으로 지금의 애리조나주에 위치한 황량한 사막까지 진출했다. 이곳에서 그는 복음을 전하고 약 사천 명의 미국 원주민에게 세례를 주었으며, 여러 성당을 건축하고 40번 이상의 탐험에 기초해서 이 지역 지도를 만들었다. 그가 세운 산 하비에르 델 박 선교회San Xavier del Bac Mission는 지금도 아리조나주 투손 근처에 남아 있다.

키릴루스, 알렉산드리아의 성 Cyril of Alexandria, St. **키릴로스, 치릴로** (444 사망) 412년에 이집트의 알렉산드리아 주교로 서품된 인물로, 신학 논쟁의 애호자이며 승리자로 알려져 있다. 키릴루스는 *아타나시우스와 *카파도키아 교부들의 전통을 따르는 정통의 수호자로, *에페수스 공의회431를 주도적으로 이끌면서 *네스토리우스주의에 반대했다. 이 공의회에서 그는 네스토리우스를 지지하는 대표단이 도착하기도 전에 이미 회의장을 장악하고, 그곳에 모인 주교들을 이끌어 네스토리우스주의와 그 창시자를 정죄하게끔 했다.

키릴루스, 예루살렘의 성 Cyril of Jerusalem, St. **키릴로스, 치릴로** (약315-387) 325년의 *니케아 공의회에서 *아리우스주의 문제의 결론을 내렸지만, 그것으로 논쟁이 다 해결된 것은 아니었다. 많은 황제와 주교들이 계속해서 아리우스의 관점을 지지했다. 349년에 예루살렘 주교가 된 키릴루스는 니케아 정통의 철저한 옹호자였다. 그는 아리우스주의자들에 의해 자신의 관구에서 추방되기도 했으나 10년 후 복직되었다. 키릴루스가 347-348년에 행한 스물세 편의 교리문답 강좌는 많은 영향을 끼친 작품으로, 교리와 기독교적 실천에 관한 몇 가지 문제를 다룬다. 이후 그에게는 '교회의 박사'doctor of the church라는 호칭이 수여되었다.

키에르케고르, 쇠얀 오브이 Kierkegaard, Søren Aabye **쇠렌 오뷔에 키에르케고어, 키르케고르** (1813-1855) 종종 실존주의 철학의 아버지로 불리는 사상가로, 덴마크에서 태어난 그는 대부분의 생애를 코펜하겐에서 보냈다. 어린 시절에 양육받은 경건주의에 대한 반발로, 대학 시절에 키에르케고르는 헤겔의 철학에 몰두하면서 부도덕한 생활에 빠졌다. 그러나 스물다섯 살에 회심을 체험하고 신학 공부를 시작했다. 이후 약혼이 깨지고 몇 차례에 걸쳐 심한 우울증을 겪으면서, 2년간 베를린에 머물렀다. 이 시기에 풍성한 저술 활동을 펼쳤는데, 그 가운데는 *Philosophical Fragments*1844;『철학적 조각들』, 집문당, 1998, *Stages of Life's Way*『인생행로의 여러 단계』, 1845, *The Sickness unto Death*1849;『죽음에 이르는 병』, 치우, 2011, *Attack upon Christendom*『기독교세계 공격』, 1855 등이 포함된다. 키에르케고르는 헤겔이나 임마누엘 *칸트를 인생의 참된 의미에 대한 탐구의 안내자로 삼기를 거부했다. 그의 주장에 따르면 진정한 삶은 윤리적 행동에서 발견되며, 이 행동은 직관이나 감정, 합리성보다 더욱 중요하다. 그러나 결함 있는 피조물인 우리는 모두 윤리적으로 실패하게 되므로, 이 진리는 우리를 절망으로 몰고 간다. 그리고 이 절망은 우리를 유한성을 초월하는 신-인the God-man인 예수 그리스도에게로 이끌어 간다.

키프리아누스, 성 Cyprian, St. **치프리아노** (258 사망) 초기 라틴 교회의 주요 신학자로, 246년에 기독교로 회심한 키프리아누스는 같은 카르타고 출신 신학자인 *테르툴리아누스의 글들에 깊이 의존했다. 키프리아누스는 회심한 지 2년 만에 카르타고 주교로 선택되었으며, 이어 로마 제국의 박해로 생겨난 문제들에 직면해야만 했다. 이는 배교했다가 교회에 다시 들어오기 원하는 그리스도인들을 어떻게 다룰 것인지에 관한 문제였다. 그는 이들이 원래의 위치로 회복되기 전에 충분한 참회의 기간을 거쳐야만 한다고 주장했다. 키프리아누스는 또한 *노바티아누스주의를 좇는 분리론자들이 받은 안수가 유효하지 않음을 지적했다. 그는 교회에서 주교들의 지상권the supreme power of bishops을 옹호한 주된 인물이었다.

킹 제임스 성경 King James Version (1611) 당시에 새로 즉위한 스튜어트 왕조의 왕 *제임스 1세의 이름을 딴 역본. 그는 이 역본의 출판을 위해 재정을 지원했다. 1611년에 출판된 후, 이 역본은 곧 사랑받는 영어 성경이 되었다. 이 역본은 정확한 성경 본문을 마련하려는 청교도들의 갈망에서 만들어진 것으로, 흠정역the Authorized Version으로도 알려져 있다. 그런데 이것은 완전히 새로운 역본이 아니라 1568년에 출판된 '주교 성경'the Bishop's Bible을 개정한 것이다. 50명가량의 학자가 당시에 입수 가능한 최상의 히브리어와 그리스어 본문을 가지고 작업했다. 어조와 문체 면에서, 이 역본에는 윌리엄 *틴들과 존 *위클리프가 만든 이전 영어 역본들의 특성이 반영되어 있다.

킹 주니어, 마틴 루터 King, Martin Luther, Jr. (1929-1968) 아프리카계 미국인 침례교 목사이며 민권 운동가인 킹이 1963년에 행한 역사적인 연설 "나는 꿈이 있습니다"I Have a Dream는 인종 통합을 추구한 그가 자신의 비폭력 저항을 통해 성취한 내용을 함축적으로 보여 준다. 킹은 크로저 신학교Crozer Seminary에서 교육을 받고 1951년에 졸업했으며, 4년 후 보스턴 대학에서 박사 학위를 취득했다. 그의 첫 목회지는 앨라배마주 몽고메리였는데, 이곳에서 그는 인상적인 버스 보이콧 운동을 이끌면서 전국적인 인사로 부상했다. 남부 기독교 지도자 협의회의 의장이 된 킹은 철야 기도와 보이콧 운동을 비롯한 여러 항의 운동을 이끌었으며, 여기에는 워싱턴 D. C. 행진도 포함된다. 그의 생애에서 이룬 최상의 입법적 성취로는 1964년에 통과된 공민권법the Civil Rights Act과 이듬해 통과된 투표권법the

Voting Rights Act이 있다. 킹은 1968년 4월 테네시주 멤피스에서 청소 노동자들의 파업 투쟁을 지원하던 중에 암살되었다.

터너, 내트 Turner, Nat (1800-1831) 미국 버지니아주의 평신도 설교자이며 노예 반란의 주동자인 인물. 그는 자신이 동료 흑인들을 해방시킬 것이라는 여러 환상을 체험했다. 터너는 점성술적인 계산을 통해 1831년 8월 22일을 거사일로 택했으며, 당시 60명 정도의 노예를 이끌고 버지니아주에 거주하는 57명의 백인을 살해했다. 터너는 같은 해 11월에 체포되어 처형당했다. 그의 이 반란 이후, 노예들이 어떤 목적에서든 함께 모이는 것을 제한하는 규정이 더욱 강화되었다.

테넌트, 길버트 Tennent, Gilbert (1703-1764) 미국 *대각성 시기에 장로교 부흥운동가로 활동한 테넌트는 시어도어 *프렐링하이즌의 영향 아래서 일어난 뉴브런즈윅 부흥 시기에 설교를 시작했다. 이곳에서 대중의 인기를 얻은 테넌트는 보스턴에서도 설교하고 큰 성공을 거두었지만, 열정적인 부흥을 추구하는 성향 때문에 다른 성직자들에게 신랄한 비판을 받았다. 이에 그는 자신의 유명한 설교 "회심하지 않은 사역자의 위험성"The Danger of an Unconverted Ministry으로 대응했으며, 이런 대응은 부흥의 지지자들과 비판자들 사이에 생겨난 분열의 틈을 공고히 하는 데 영향을 끼쳤다.

테넌트, 윌리엄 Tennent, William (1673-1745) 당대에 영향력을 끼친 장로교 교육자이며 *로그 칼리지의 설립자로 인정되는 테넌트는 펜실베이니아주에 정착한 스코틀랜드 이민자였다. 로그 칼리지는 장로교 사역자 양성을 위한 학교였으며, 이후 뉴저지 칼리지로 이름을 바꾸었다가 나중에는 프린스턴 대학이 되었다.

테레사, 아빌라의 성 Teresa of Avila, St. (1515-1582) 스페인의 성인이며 신비주의자, *가르멜회의 개혁자인 아빌라의 테레사, 또는 예수의 테레사Teresa of Jesus는 로마 가톨릭 교회의 역사에서 교회 박사doctor of the church로 지명된 세 명의 여성 중 하나다. 테레사는 스무 살 무렵 아빌라의 강생 가르멜 수녀원the Carmelite Monastery of the Incarnation에 입회했다. 마흔 살에 그녀는 자신의 생애 가운데서 더욱 신비로운 시기에 들어섰으며, 자신이 받은 환상들을 통해 몇몇 영향력 있는 저서를 집필했다. 그 가운데는 자신이 지도하는 수녀들을 위한 안내서인 *The Way of Perfection*『완덕의 길』, 영적 자서전인 *Life*『아빌라의 성녀 데레사 자서전』, 분도출판사, 2017, *Foundations*『창립사』, *The Interior Castle*『내면의 성』, 요단, 2011이 있으며, 그중 마지막 두 권은 영성 수련 분야의 고전이 되었다. 이 저서들과 더불어 가르멜회를 개혁하고 수녀원들을 세우려던 그녀의 노력에 힘입어 테레사의 영향력은 오늘날까지 지속되고 있다.

테르툴리아누스, 퀸투스 셉티미우스 플로렌스 Tertullian, Quintus Septimius Florens **터툴리안** (약160-약225) '라틴 신학의 아버지'로 불리는 테르툴리아누스는 카르타고 출신의 기독교 사상가로, 서방의 기독교 사상 발전에 막대한 영향을 끼쳤다. 법률가로 훈련받은 테르툴리아누스는 197년이 되기 직전에 기독교 신앙으로 회심했다. 그는 이후에 교회의 주된 *변증가가 되었으며, 로마 제국이 그리스도인에게 관용을 베풀 것을 설득력 있게 주장하면서 그리스도인이 국가의 적이 아님을 강조했다. 또한 그는 기독교가 다른 종교들보다 훨씬 더 우월하다는 주장을 폈다. 테르툴리아누스는 이교 철학에서 아무 가치를 찾지 못했으며, *영지주의를 비롯해서 진리를 '곡해하는' 사상들을 집요하게 공격했다. 그의 주장에 따르면 하나님의 진리는 "사도들의 살아 있는 전통"에서 발견할 수 있으며, 이 전통은 사도적 계승을 통해 교회 내에서 대대로 이어져 온 것이었다. 또한 그는 죄, 용서, 참회, 구원의 교리 발전에 강력한 영향을 끼쳤다. 테르툴리아누스는 202년 또는 그 직전에 몬타누스파로 알려진 은사주의 분파와 공개적으로 관계를 맺었다. 이들은 프리기아 출신 *몬타누스의 가르침을 추종하는 이들이었으며, 테르툴리아누스는 이 집단의 주도적인 신학자가 되었다.

테오도투스, 비잔티움의 Theodotus, "The Cobbler" 무두장이 테오도토스 (2세기) 그리스도 *양자설 또는 *역동적 단일신론을 주창한 테오도투스는 2세기 말에 비잔티움을 떠나 로마로 간 뒤, 나사렛 예수는 인간으로 태어났지만 세례 시에 하나님이 베푸신 성령의 기름 부음을 통해 그리스도로 입양되었다고 역설했다. 이로 인해 그는 로마의 주교 빅토르Victor에 의해 *출교당했다. **참조.** *앨퀸; *단일신론; *바울, 사모사타의.

테오필루스 Theophilus 테오필로스 (2세기 말) 초기 기독교의 *변증가이며 안티오키아의 주교인 테오필루스의 작품 가운데 현존하는 것은 *Apology*『변증』뿐이다. 그는 자신의 논증을 통해 기독교의 하나님이 지닌 우월성을 강조함과 동시에, 성경의 창조 기사가 당시에 지배적이던 호메로스의 신화보다 더 뛰어남을 역설했다. 테오필루스는 처음으로 *trias*라는 용어를 써서 기독교의 삼위일체를 묘사한 인물이다.

테클라, 성 Thecla, St. (2세기?) 소아시아 지방의 초기 기독교 선교사인 테클라에 관해 알려진 내용은 "The Acts of Saints Paul and Thecla" "바울과 테클라 행전"라는 글에 담겨 있으며, 이 글은 좀더 포괄적인 작품 *The Acts of Paul*『바울 행전』(『신약 외경』하권한님성서연구소, 2011에 '바오로 행전'으로 수록됨ⓒ)의 일부다. 이 글에 따르면 테클라는 사도 바울과 동시대인이었으며, 바울의 설득에 따라 처녀로 머물면서 선교사가 되었다. 하지만 본문의 내적 증거는 이 글이 2세기에 작성되었음을 시사한다.

토마스 아 켐피스 Thomas à Kempis (약1380-1471) 기독교 영성의 고전인 *Imitation of Christ*『그리스도를 본받아』를 저술한 인물. 토마스 아 켐피스는 독일의 켐펜에서 출생했으며, 데벤테르Deventer에서 *공동생활 형제단에 가입한 뒤 깊은 영향을 받았다. 이후 그는 즈볼러Zwolle 부근에 있는 아우구스티노회의 아그니텐베르크Mount St. Agnes 수도원에 들어갔다. 그는 조용히 명상하는 가운데서 저술, 설교, 사본 필사, 영적인 지도로 여생을 보냈다.

토마스 아퀴나스, 성 Thomas Aquinas, St. 아퀴노의 토마소 (약1225-

1274) '천사 박사'the angelic doctor로 알려진 토마스 아퀴나스는 도미니코 수도회의 여러 직급을 거치면서 교회 안에서 점차 부각되었으며, 마침내는 13세기 스콜라주의의 주도적인 인물이 되었다. 토마스는 이탈리아에서 유년기를 지냈으며, 성인이 된 후에는 대부분의 생애를 파리 대학에서 보냈다. 그는 먼저 *알베르투스 마그누스의 학생으로 이곳에 머물렀으며, 후에는 이 대학의 교수로 재직했다. 토마스는 이 시기에 *아리스토텔레스의 사상에 깊은 영향을 받았다. 그의 저서인 Summa Theologica『숨마 테올로기카』, 또는 '신학 대전'sum of theology(토마스 아퀴나스 신학대전은 바오로딸과 한국성토마스연구소에서 현재 29권까지 출간함ⓔ)은 신학의 핵심 질문들에 관한 주의 깊은 대답들을 모아 놓은 방대한 분량의 책이다. 이 책은 여러 세기에 걸쳐 엄청난 영향력을 끼쳤다.

통일령 Acts of Uniformity 이 법령들은 잉글랜드 의회가 제정한 것으로, 그 나라 안에서 시행될 종교 예식의 바른 형태에 관한 내용을 담고 있다. 처음의 두 통일령은 *에드워드 6세의 통치기인 1549년과 1552년에 제정되었으며, 이 둘 모두 새로운 *성공회 기도서의 간행과 함께 시행되었다. 이 법령들의 의도는 개신교적이며 *성공회적인 예식을 따르게끔 강제하려는 데 있었다. 그러나 1553년 7월 에드워드 6세가 사망한 후 가톨릭 신자인 여왕 *메리 튜더가 즉위했으며, 그녀는 1552년의 통일령을 폐지했다. 그 후 메리의 자매인 개신교도 *엘리자베스 1세는 1558년에 개정된 기도서를 출간하고 이와 함께 새 통일령을 공표했다. 이때의 통일령에는 자신의 *비아 메디아via media 정책에 따라 잉글랜드의 종교를 규정하려는 의도가 담겨 있었다. 이 법령의 효력은 1640년까지 지속되었다.

투르 전투 Battle of Tours 732년에 벌어진 (푸아티에 전투the Battle of Poitiers로도 알려진) 중요한 전투. 이 전투에서 카롤링거 왕조의 장군 *카를루스 마르텔루스는 프랑스를 향해 북쪽으로 진격해 오던 이슬람 군대를 격퇴했다. '망치'The Hammer로 알려진 카롤루스 마르텔루스는 이를 통해 이슬람 세력을 피레네산맥 너머로 후퇴시켰으며, *이슬람교가 북쪽으로 서유럽 기독교권까지 확대되는 것을 저지했다.

트라야누스 Trajan (98-117 재위) 53년에 출생한 트라야누스 황제는 로마 제국 시기의 가장 유능한 통치자 중 하나였다. 당시 그는 제국 내의 질서를 확립하고, 알프스 북쪽에 있는 제국의 적들을 복속시켰다. 또 그는 상업을 장려할 뿐 아니라 화려한 건축 사업들을 통해 로마를 아름답게 만든 인물로 인정받는다. 트라야누스는 소아시아 지방의 총독 플리니우스Pliny의 요청에 대한 응답으로 기독교에 관한 정책을 발전시켰으며, 이 정책은 251년까지 주된 본보기가 되었다. 그는 기본적으로, 기독교를 적극적으로 고백하는 것은 중대한 범죄이지만 그리스도인들을 애써 색출해 낼 필요는 없다고 여겼다. 그리스도인들이 관리 앞에 불려 올 경우에는 자신의 신앙을 철회할 기회가 주어졌으며, 이 철회는 대개 이교의 신에게 제사를 드림으로써 입증되었다. 하지만 철회하기를 거부할 경우에는 처형을 당했다.

트렌트 공의회 Council of Trent ***공의회, 트렌트**를 보라.

트렌트 신앙고백(문)(서) Tridentine Profession of Faith 트리엔트-, 트렌토- 로마 가톨릭 교회의 *트렌트 공의회1545-1563에서 확립된 내용을 요약한 문서. 이 신앙고백은 매우 중요한 교리 문서로 이후 여러 세기 동안 큰 영향력을 끼쳤다. 대부분의 측면에서 이 문서는 13세기에 *토마스 아퀴나스가 체계화한 가톨릭의 전통적인 가르침을 다시금 언급한 것이었다.

틴들, 윌리엄 Tyndale, William 틴데일 (1494-1536) 유능한 언어학자이며 성경 번역자인 틴들은 옥스퍼드와 케임브리지 대학에서 교육을 받는 과정에서 종교개혁 이념을 접하게 되었다. 1520년대 초에 그는 신약성경을 영어로 번역하도록 교회의 승인을 구했으나 거부되었고, 이후 유럽 대륙에 건너가서 작업을 수행하는 길을 택했다. 1525년에 틴들이 그리스어 사본들로부터 번역한 신약성경의 첫 판본이 완성되었으며, 그 이듬해에는 잉글랜드에도 전해졌다. 그러나 이곳에서 그의 역본은 국왕과 교회 측의 격렬한 공격을 받았다. 틴들은 그의 짧은 생애의 남은 기간 동안 유럽 대륙에 머물면서 신학 논문들과 성경의 각 책에 대한 개론서들을 집필하고, 구약의 몇몇 책들을 번역했다. 그는 1536년에 체포되어 투옥되고, 화형을 당했다. 그가 남긴 마지막 말은 이러했다. "주님, 잉글랜드 국왕의 눈을 열어 주소서."

Ⅱ

파럼, 찰스 Parham, Charles F. (1873-1929) 미국에서 *오순절 운동을 창시한 파럼은 감리교회에서 사역을 시작했지만 곧 성결 운동의 교리를 받아들이고 부흥운동가가 되었다. 파럼은 캔자스주의 토피카에 베델 성경 학교Bethel Bible College를 설립했다. 1901년 1월 1일, 이 학교 학생 애그니스 오즈먼Agnes Ozman이 방언을 한 뒤 자신의 은사가 성령 세례의 표지로서 주어진 것임을 밝혔다. 1905년에 파럼은 자신의 학교를 텍사스주의 휴스턴으로 옮겼다. 그리고 이곳에서 오순절 운동은 많은 영향력을 끼친 *아주사 스트리트 부흥의 지도자 윌리엄 J. *시모어의 설교를 통해 로스앤젤레스로 퍼져 나갔다. 그러나 파럼이 성적 부정의 혐의로 고발된 일과 '영국 이스라엘 사상'British Israelism(영국인들이 고대 이스라엘 민족의 직접적인 후손이라는 주장ⓣ)을 적극 옹호한 일 때문에 그의 영향력이 점차 쇠퇴했다.

파렐, 기욤 Farel, Guillaume (1489-1565) 프랑스어권 스위스의 초기 개신교 종교개혁자. 바젤과 뇌샤텔Neuchâtel에서 사역하다가 제네바로 옮겨 갔다. 젊은 장 *칼뱅을 설득해서 제네바의 사역에 동참하게 한 이도 파렐이었다. 1538년에 칼뱅과 자신이 모두 제네바에서 추방되자, 뇌샤텔로 돌아간 파렐은 제네바에서 칼뱅과 함께 발전시킨 사역 방식을 계속 이어 갔다.

파머, 피비 W. Palmer, Phoebe W. (1807-1874) 미국 감리교 평신도 부흥운동가인 파머는 존 *웨슬리의 성화 교리를 수정한 '완전 성화'entire sanctification의 견해를 제시했다. 이는 신자가 '자신을 온전히 제단 위에 놓음으로써'laying her all upon the altar 완전한 상태에 이를 수 있다고 여기는 견해였다. 그리스도는 그렇게 헌신한 이를 완전한 성화에 이르게 하신다는 것이다. 이 견해는 그녀가 쓴 열 권의 책과 미국 전역의 *캠프 집회들에서 행한 설교를 통해 수많은 사람들에게 퍼져 나갔다. 비록 파머 자신은 방언을 한 적이 없지만, 그녀는 성령 세례에 대한 가르침을 통해 현대 *오순절 운동의 토대를 놓았다.

파스칼, 블레즈 Pascal, Blaise (1623-1662) 수학의 세계에서는 확률 이론으로, 과학의 세계에서는 진공의 존재에 관한 논증과 기압계를 이용한 실험으로, 종교의 세계에서는 탁월한 기독교 *변증가로 유명했던 인물. 17세기의 프랑스에서 그는 조금 특이하면서도 탁월한 인물이었다. 파스칼은 *아우구스티누스주의의 현대적 유형인 얀센주의Jansenism로 개종한 뒤, 부활하신 그리스도에 대한 인격적 체험에 신앙의 중심을 두고 *예수회를 호되게 비판했다. 그는 자신의 주된 종교적 저서인 *Pensées*『팡세』, 서울대학교출판문화원, 2015+에서 그리스도에 대한 신앙을 변호하면서 유명한 '내기'를 제시했다. 간단히 말해 그 내기의 내용은 이러하다. (1) 삼위일체 하나님이 존재하지 않는데 어떤 이가 그분을 믿는다면, 그가 큰 손해를 볼 일은 없다. 하지만 (2) 그분이 실제로 존재하는데 그분을 믿지 않는다면, 그는 전부를 잃게 된다. (3) 따라서 논리적인 '베팅'은 하나님을 믿는 것이다.

파울라, 성 Paula, St. (347-404) 로마의 과부로서 상당히 부유한 인물인 파울라는 기독교로 회심한 뒤 로마 여성들의 공동체에 들어가 엄격한 *금욕주의를 따랐으며, *히에로니무스에게 성경과 히브리어를 배웠다. 죽기 얼마 전, 로마를 떠나 베들레헴에 수녀원을 설립했다.

파코미우스, 성 Pachomius, St. (약292-약346) 이집트의 영향력 있는 기독교 금욕주의자인 파코미우스는 이십대 초에 새로운 신앙을 받아들였다. 종종 *공동체 수도생활의 창시자로 간주되는 파코미우스는 *은자들(홀로 있는 은둔자들)을 초청하여 나일 강변의 섬 타벤나Tabenna에 함께 머물면서 느슨한 수도 공동체를 이루었다. 그는 이 집단의 '초기 수도원장'proto abbot 역할을 감당했다. **참조**. *금욕주의.

파트리키우스, 아일랜드의 성 Patrick of Ireland, St. 패트릭, 파트리치오 (약389-약461) '아일랜드인의 사도'로 알려졌던 파트리키우스의 출생지는 아일랜드가 아니라 로마 제국의 속주였던 브리튼섬이었다. 파트리키우스는 바나벰 타부르니아이Bannavem Taburniae에 있는 기독교 가정에서 태어났으며, 이 지역의 정확한 위치는 현대의 학자들에게 알려지지 않은 채로 남아 있다. 현존하는 그의 두 저서 *Confessions*『고백록』와 *Epistle*『서신』에는 그가 열여섯 살에 해적들에게 유괴된 이야기가 실려 있다. 해적들은 그를 아일랜드에 노예로 팔아넘겼으며, 파트리키우스는 여섯 해 동안 양 떼를 돌보았다. 그러던 어느 날 꿈 속에서 하나님이 그에게 도망치라고 말씀하셨다. 그가 집으로 돌아오는 길은 길고 위험한 여정이었지만 마침내 성공적으로 끝났다. 그런데 집에 돌아온 지 얼마 되지 않아, 그는 또 다른 꿈에서 아일랜드로 돌아와 그곳 사람들을 위해 사역해 달라는 부름을 받았다. 얼마 동안의 종교적 수련과 라틴어 수업을 마친 뒤, 그는 오랫동안 설교하고 수도원과 수녀원들을 세우며, 사제들을 안수하고, 아일랜드 족장들의 아들들을 교육하는 사역을 성공적으로 이어 갔다.

파피아스 Papias (약60-130) 소아시아 지방에 위치한 히에라폴리스의 주교로서 교회를 섬겼던 인물. 그의 작품 가운데 현재 남아 있는 것은 *Expositions of the Oracles of the Lord*『주님의 계시에 대한 강해』의 작은 일부분뿐이다. 천년왕국설 신봉자였던 파피아스는 그리스도가 이 땅에 재림해서 새롭게 된 세상을 천 년 동안 통치할 것이며, 그때에는 평화가 넘쳐나고 음식도 풍성할 것이라고 믿었다. **참조**. *천년왕국설.

팍스 로마나 Roman peace 팍스 로마나*pax romana*, 또는 '로마의 평화'는 아우구스투스 카이사르가 로마의 내전을 종식시키고 황제로 즉위한 주전 27년부터 마르쿠스 아우렐리우스 황제가 사망한 주후 180년까지의 시기를 가리킨다. 당시에 무력 충돌이 전혀 없지는 않았지만, 이때는 보기 드문 정치 안정과 문화 발전의 시기였다. 기독교회가 팍스 로마나의 주된 수혜자 중 하나였다는 점에는 의심의 여지가 없다. 이는 사도들과 선교사들, 그리고 그들이 쓴 편지들이 로마 제국 내에서 편리하고 빠르게 이동할 수 있었기 때문이다.

페인, 토머스 Paine, Thomas (1737-1809) 퀘이커 교도의 아들로 태어난 페인은 미국 독립 혁명기에 혁명을 지지하고 선동하는 *Common Sense*『상식』, 왓북, 2016 등의 소책자들을 써서 명성을 얻었다. 그리고 전쟁 이후에는 유럽의 귀족 정치 체제와 기독교회를 향해 공격의 화살을 돌렸다. 이신론자인 그는 자신의 작품 *The Age of Reason*『이성의 시대』, 돋을새김, 2018을 통해 *이신론을 옹호하고 정통 기독교를 공격했다.

펠라기우스 Pelagius (약419 사망) 브리튼섬의 경건한 수사이며 신학자인 펠라기우스는 히포의 주교 *아우구스티누스를 상대로 죄, 은혜, 구원의 문제를 놓고 중요한 신학 논쟁을 벌였다. 펠라기우스는 400년경 로마를 여행했으며, 그곳에서 북아프리카로 이동했다가 성지(예루살렘 일대ⓣ)도 방문한 듯하다. **참조.** *펠라기우스주의.

펠라기우스주의 Pelagianism 5세기 초에 브리튼섬의 수사 *펠라기우스가 저술한 글들에 연관되어 생겨난 신학적 입장. 이 입장은 펠라기우스가 죽은 뒤 그의 제자들을 통해 더욱 심화되고 발전되었다. 이 입장에서는 원죄는 건전한 성경적 교리가 아니며, 인간의 의지는 완전히 자유롭게 선 또는 악을 선택할 수 있다고 단언했다. 그리고 개개인의 구원이나 저주는 바로 이 선택에 달려 있다고 여겼다. 교회가 이 견해를 거부한 것은 주로 히포의 *아우구스티누스가 끼친 영향력 때문이었다. **참조.** *반╬펠라기우스주의.

평생 동정 perpetual virginity 마리아가 예수님을 낳은 후에도 평생 처녀로 남았다는 교리로, 초기 교회 시기에 발전되었다. 이 교리에 따르면 마리아와 요셉의 혼인 관계는 사회적 규범에 순응하기 위한 것으로 여겨졌으며, 둘 사이의 성적인 결합은 없었던 것으로 간주되었다. 예수님의 형제들에 관한 신약의 언급은 사촌이나 가까운 친척을 암시하는 것으로 해석되었다.

포스딕, 해리 에머슨 Fosdick, Harry Emerson (1878-1969) 20세기 전반부 자유주의 개신교의 중요한 대변자. 1922년의 설교 '과연 *근본주의자들이 승리할 것인가?'Shall the Fundamentalists Win?를 통해 미국 전역에서 유명해졌다. 포스딕은 설교단과 라디오 방송, 대중 서적을 통해, 그리스도의 동정녀 탄생과 문자적 재림, 성경 무오의 교리들은 기독교 신앙의 본질적인 원리가 아님을 주장했다. 그는 뉴욕의 유니언 신학교에서 훈련받은 뒤 침례교 목사로 임직받았으며, 이후 그곳의 실천 신학 교수로 봉직했다. 그는 뉴욕시의 파크애비뉴 침례교회에서 목회했는데, 이 교회는 이후 리버사이드 교회로 이름을 바꾸었다. 그는 사람들에게 초점을 맞추면서 개인의 영적 성장과 사회 참여를 강조하는 초교파적인 사역 방식을 발전시켰다.

포이어바흐, 루트비히 안드레아스 Feuerbach, Ludwig Andreas (1804-1872) 처음에 하이델베르크 대학에서 신학을 공부하던 포이어바흐는 이후 G. W. F. 헤겔Hegel의 제자가 되었으며, 하나님의 초월성을 부정하는 반反기독교적 관점으로 조금씩 이끌려 갔다. 포이어바흐에게는 하나님이 아니라 사람이 곧 실재의 본질이었다. 그의 철학은 실증주의positivism에 깊이 뿌리를 둔 것으로, 이 실증주의는 경험 과학의 데이터에 직접 연관된 법칙들만을 중시하는 사조다. 포이어바흐의 사상은 프리드리히 니체와 카를 마르크스에게 큰 영향을 끼쳤다.

폭스, 조지 Fox, George (1624-1691) 잉글랜드에서 친우회the Society of Friends를 설립하고 지도한 인물. 이후 이 단체는 퀘이커the Quakers로 불린다. 1643년 폭스는 참된 교회를 찾으려는 영적 여정에 나섰다. 그러나 그 여정에 실패한 그는 하나님이 자신을 인도하여 새로운 단체를 설립하게 한다고 여겼으며, 이 단체는 1646년에 시작되었다. 폭스가 이끈 이 운동은 하나님의 영이 각 사람과 직접 소통한다는 '*내면의 빛' 신학에 근거한 것으로, 정식으로 세움 받은 목회자의 개념을 버리고 그곳에 참석한 어떤 그리스도인 남녀나 어린이를 통해서도 성령이 말씀하실 수 있는 예배의 형태를 선호했다. 그들의 공격적인 선교 활동과 비타협적인 태도, 기성 종교를 거부하는 자세 때문에, 퀘이커 신자들은 특히 미국 식민지에서 박해를 받았다.

폭스, 존 Foxe, John (1516-1587) 잉글랜드의 개신교 순교사가. 풍부한 역사적 자료와 일화를 수집하여 방대한 저서인 *Acts and Monuments of the Martyrs of the Christian Church*를 저술했으며, 이 책은 때로 *Foxe's Book of Martyrs*폭스의 『순교자 열전』, 포이에마, 2014+로 불리기도 한다. 폭스는 옥스퍼드 대학에서 공부하고 모들린 칼리지의 연구원이 되었지만, 여왕 *메리 튜더 통치기에 잉글랜드를 떠나 유럽 대륙으로 피신해야 했다. 유럽 대륙에서 그는 몇몇 주요 개신교 종교개혁자들과 만나서 교류했다.

폴리카르푸스, 성 Polycarp, St. 폴리카르포스 (약69-약155) 스미르나 Smyrna, 서머나의 주교이며 마지막으로 세상을 떠난 *사도 교부 중 하나다. 포리카르푸스는 잘 알려진 반反*영지주의 저술가로서, 교회에 *마르키온파와 발렌티누스파를 경계하라고 권고했다. 현존하는 그의 유일한 작품은 필리피빌립보 교회에 보낸 서신이다. 폴리카르푸스는 로마에 다녀온 후 체포되었으며, 신앙을 부인하기를 거부한 뒤 불에 타서 숨졌다. 당시 그는 여든여섯 해 동안 하나님을 섬겨 온 상태였다. 전승에 따르면 그는 꿈속에서 자신의 죽음을 미리 보았으며, 자신의 추종자들에게 자기가 곧 불에 타 죽을 것을 알렸다.

풀러, 찰스 E. Fuller, Charles E. (1887-1969) 미국의 라디오 복음 전도자. 그가 진행했던 프로그램 "옛 스타일의 복음 시간"Old Fashioned Gospel Hour은 1930년대 말에 일요일 저녁마다 대략 천만 명이 청취했다. 1947년 풀러는 해럴드 J. 오켕가Harold J. Ockenga와 함께 캘리포니아주 패서디나에 풀러 신학교를 설립했다.

풍유적 해석 allegorical interpretation 알레고리적 해석 16세기 종교개혁 이전까지 가장 영향력 있는 성경 해석법 중 하나. 풍유적 해석의 기원은 고대 그리스의 황금기로 거슬러 올라가며, 초기 유대교 해석학의 경우에는 유대인 필론Philo에게로 거슬러 올라간다. 기독교회의 초기 시대에 풍유적 해석은 *알렉산드리아학파의 것으로 여겨졌으며, 특히 그 학파의 가장 유명한 학자인 *오리게네스와 연관되었다. 이 해석법의 핵심 전제는 성경 본문이 여러 의미를 지닌다는 데 있다. 따라서 해석자는 어떤 본문의 문자적 의미 아래 놓인 여러 수준의 의미를 찾아내려고 노력하게 된다. 예를 들어 풍유적으로 볼 때, 출애굽의 이야기에 등장하는 모세는 죄에 매인 이들에게 찾아오셔서 그들을 구원으로 이끄시는 예수 그리스도로 해석될 수 있다. 오리게네스는 본문에서 세 가지 주된 의미, 곧 문자적 의미와 도덕적 의미와 영적 의미를 찾았다. 이후의 라틴 교부들은 그 의미를 네 종류로 확대했다. 이는 문자적literal 의미와 풍유적allegorical 의미와 교훈적tropological 의미(도덕적 의미)와 신비적anagogic, 영적 의미(기독교적인 삶의 목적 또는 목표에 초점을 둔 의미)다.

프란체스코, 아시시의 성 Francis of Assisi, St. **프란치스코, 프란키스쿠스, 프랜시스** (약1181-1226) 이탈리아의 아시시에서 부유한 직물 상인의 아들로 태어난 프란체스코는 수사가 되려는 환상에 이끌림을 받았다. 로마에서 거지들을 만난 그는 그중 한 사람과 옷을 바꿔 입었으며, 가난한 자들을 돌보는 일에 자기 삶을 헌신했다. 자신을 따르는 이들의 숫자가 열둘이 되었을 때, 프란체스코는 그 모임을 위해 간단한 규칙을 세웠다. 이후 이 모임은 프란치스코회로 알려진다. 프란체스코는 성흔, 곧 그리스도가 입으신 다섯 군데의 상처를 자기 몸에 체현한 최초의 인물 중 하나였다. 주요 저술로는 *Little Flowers*『작은 꽃들』, CH북스, 2020와 *Canticle of the Sun*『태양의 찬가』, 분도, 1986 등이 있다.

프랑케, 아우구스트 헤르만 Francke, August Hermann (1663-1727) 독일 경건주의 운동의 지도자이며 할레Halle 대학의 교수. 프랑케는 라이프치히에서 필립 *슈페너를 만난 뒤 그의 제자가 되었다. 프랑케는 1691년부터 할레 대학의 그리스어 교수로 재직했으며, 사회 개혁가이자 교육자로서 '빈민 학교'와 고아원, 진료소, 출판사를 설립했다. 1705년 슈페너가 사망한 후, 프랑케는 독일 경건주의 운동의 핵심 지도자가 되었다.

프렐링하이즌, 시어도어 Frelinghuysen, Theodore (1691-약1748) 네덜란

드 개혁교회 목사였던 시어도어 프렐링하이즌은 1720년대 중반 뉴저지주 래리턴Raritan에서 사역했다. 때로 '울부짖는 기도'로 묘사되는 그의 설교를 통해, 미국 식민지에서 첫 부흥이 일어났다. 회심에 대한 그의 감정적인 접근 방식은 교회를 분열시켰으며, 이에 따라 그의 목사직을 면직해 달라는 요청이 제기되었다. 그러나 (교회의 통치 기관인) 암스테르담 노회는 그렇게 극단적인 조치를 취할 이유를 찾지 못했다. 프렐링하이즌은 장로교 목사 길버트 *테넌트에게 영향을 끼쳤으며, 테넌트는 유명한 부흥운동가가 되었다.

프로이트, 지그문트 Freud, Sigmund (1856-1939) 오스트리아의 빈에서 활동한 정신분석학자. 무의식과 유아기의 성性, 꿈의 본질에 관한 자신의 개념들을 통해 당시 발전하던 심리학 분야에 깊은 영향을 끼쳤다. 비종교적인 유대인 가정에 태어난 프로이트는 종교의 심리학적 측면에 심취했다. 그는 자신의 저서들인 *Moses and Monotheism*『모세와 유일신앙』과 *Totem and Taboo*『토템과 터부』(두 권 모두『종교의 기원』열린책들, 2020에 수록ⓒ), 그리고 특히 *The Future of an Illusion* *『환상의 미래』(『문명 속의 불만』열린책들, 2020에 수록ⓒ)에서, 종교는 어린아이가 성장하는 가운데서 자연히 생겨나는 깊은 불안감에 대한 인간적인 반응이라고 주장했다. 무신론자인 프로이트는 사람들이 계몽되면 종교가 환상임을 깨닫고 종교를 버리게 되리라 믿었다.

플라톤 Plato (주전 427-347) 서양 철학과 기독교 신학에 막대한 영향을 끼친 그리스 사상가. 플라톤은 대부분의 생애를 아테네에서 보냈다. 이곳에서 그는 소크라테스의 제자가 되었으며, 이후 폭넓고 다양한 주제에 관한 여러 작품과 영향력 있는 소크라테스의 *Dialogues*『대화편』;『플라톤전집 5』, 숲, 2016+를 집필했다. 플라톤의 '아카데미아'는 실상 그가 제자들을 가르친 나무 숲을 가리키며, 당시 *아리스토텔레스를 비롯해서 아테네의 가장 총명한 지성인들이 이곳에 모여들었다. 플라톤의 철학은 인간의 정신과는 별도로 존재하는 영원한 이데아들의 세계를 상정하는 실재관 위에 세워져 있었다. 이 "*형상"들은 실재의 본질이었으며, 그가 행한 탐구의 초점이 되었다. 플라톤은 '변증법'dialectic으로 불리는 계몽된 논증의 과정을 통해 사람들이 형상들에 관한 진리를 상기할 수 있다고 가르쳤다. 인간의 영혼과 육체의 본질에 관한 플라톤의 사상은 *오리게네스와 히포의 *아우구스티누스 같은 기독교 사상가들과 중세와 르네상스 시대의 신학자들에게 깊은 영향을 끼쳤다. **참조**. *신플라톤주의.

플리머스 형제단 Plymouth Brethren 1820년대 말에 잉글랜드의 플리머스에서 설립된 교파. 이 교파는 *성공회 전前 사제였던 존 넬슨 *다비의 영향을 깊이 받았으며, 영국과 미국에서 독특한 공동체를 발전시켜 나갔다. 이 교파의 핵심 가르침은 *칼뱅주의, 경건주의, 전천년설적 종말론을 조합한 것으로, 다비의 저서 *Synopsis*『성경개요』에 바탕을 두었다. 플리머스 형제단에 속한 교회들에는 성직자가 없다. 각 회중은 자율적이고, 다수의 장로에 의해 다스림을 받는다. 이들의 설교는 성경 강해의 특징을 지닌다. **참조**. *천년왕국설.

피니, 찰스 그랜디슨 Finney, Charles Grandison (1792-1875) 미국 대중 전도의 개척자. 그는 1821년에 극적인 회심을 체험한 후, 뉴욕주의 애덤스에서 변호사로 일하려던 것을 그만두고 장로교 목사로 임직받았다. 3년 후, 피니는 동부 해안 지방을 돌며 설교하기 시작했다. 그는 전도 사역에 여러 혁신적인 방법 또는 '새로운 방편'new measures을 도입했는데, 그 가운데는 여러 날에 걸쳐 집회를 여는 일과 *애도자의 좌석을 마련하는 일, 여성들에게도 공적 집회 때의 기도를 허용하는 일이 포함되어 있었다. 뉴욕시에서 짧지만 성공적인 목회 사역을 감당한 후, 피니는 1835년 오하이오주에 있는 *오벌린 칼리지의 교수 청빙을 수락했으며 16년 후에는 총장이 되었다. 피니는 *칼뱅주의를 거부하고 혼합적인 형태의 *아르미니우스주의 신학을 받아들였으며, 이런 신학은 부흥운동과 조직 신학에 관한 그의 수많은 저서 속에서 나타난다. 오벌린 칼리지의 총장으로서 그는 노예제 폐지 운동에 적극 참여했으며, 주인에게서 도망친 노예들을 자유로운 북부로 이동시키는 지하 철도 조직에 동참하도록 학생들을 격려했다.

피사 공의회 Council of Pisa *공의회, 피사를 보라.

피치노, 마르실리오 Ficino, Marsilio (1433-1499) 이탈리아의 인문주의자이며 철학자. 코시모 데 메디치Cosimo de' Medici의 후원으로 피렌체에 플라톤 학당을 설립했다. 그리스어 문법과 문헌을 주의 깊게 연구한 뒤, 피치노는 *플라톤의 *Dialogues*『대화편』;『플라톤전집 5』, 숲, 2016+와 함께 플라톤주의와 기독교적 관점을 조화시킨 주요 작품들을 라틴어로 번역했다. 1473년에는 사제로 안수받았으며, 14년 후에는 피렌체의 성당 참사회원이 되었다.

필그림 Pilgrims 주로 잉글랜드 출신의 분리주의적인 회중교회 *청교도들로서 북미 대륙에 정착한 최초의 유럽 이주민 가운데 하나인 이들을 가리키는 명칭. 필그림들은 1620년에 잉글랜드 해안을 떠나 메사추세츠주의 케이프 코드Cape Cod 지역에 정착한 뒤, 플리머스 식민지를 건립했다. 이들이 이처럼 어렵고 위험한 항해에 나선 동기는 종교적 표현의 자유를 얻으려는 데 있었다.

필리오케('그리고 아들에게서'라는 뜻의 라틴어) filioque ("and the son"의 라틴어) 그리스도가 성부 하나님과 다른 존재라는 *아리우스의 주장에 맞서기 위해, 6세기에 열린 스페인의 톨레도 공의회에서는 성령의 나오심에 관해 진술한 신조에 '필리오케'*filioque*라는 단어를 덧붙였다. 이를 통해 이 신조에서는 성령이 성부**와 성자에게서** 보냄 받았음을 확언한 것이다요 14:26. 동방 교회는 이 단어를 덧붙이는 데 반대하면서, 이러한 언급은 성경에서 성령의 나오심에 관해 가르친 내용을 넘어서는 것이라고 주장했다. 다만 그 가운데서도 동방 교회는 그리스도가 성부와 동등하며 함께 영원히 계시는 분임을 계속 옹호했다. 또한 '필리오케'를 둘러싼 이후의 논의에서 문제가 된 것은 교황이 최상의 권세와 보편적인 관할권을 지닌다는 로마 교회 측의 주장이었다. 이 문제에 관한 양측의 입장은 점점 더 굳어졌으며, 이를 통해 기독교권의 두 지류가 더욱 뚜렷이 갈라졌다. 이 일은 1054년에 일어난 로마 가톨릭 교회와 동방정교회의 공식 *분열의 주된 이유가 되었다.

하버드 칼리지 Harvard College (1636 설립) 북미 최초의 고등교육기관으로, 미국 식민지에서 사역할 회중교회 목회자를 양성하려는 목적에서 설립되었다. 이 학교의 명칭은 존 하버드 목사의 이름을 따서 붙여진 것으로, 그는 이 학교의 설립을 위해 죽기 전에 자신의 재산과 장서를 기증했다. 하버드 칼리지의 교육 구조와 과정을 설계한 것은 초대 총장인 헨리 *던스터였다. 시간이 지남에 따라 하버드 칼리지는 *청교도적인 뿌리를 벗어나서 세계적으로 유명한 대학교university가 되었으며, 진보 사상의 요새가 되었다.

하비에르, 성 프란치스코 Francis Xavier, St. (1506-1562) 인도인을 위한 사도로 알려진 인물. 기독교 역사상 가장 유명하고 성공적인 로마 가톨릭 선교사 중 한 사람으로 알려져 있다. 그의 성姓은 자신의 출생지 스페인의 나바르 인근에 있던 하비에르성城에서 유래했다. 하비에르는 파리 대학에서 공부하다가 로욜라의 *이그나티우스를 만났으며, 1534년에 두 사람은 다른 네 명과 함께 *예수회Jesuits, 제수이트를 창립했다. 3년 후 사제로 안수받은 하비에르는 1539년 동인도 제도에 교황의 사절로 파송되었다. 1542년 인도의 고아주에서 전도 사역을 시작한 그는 이후 일본에서 설교했으며, 중국 해안 지방에서 복음을 전하다가 생애를 마감했다. 프란치스코 하비에르의 생애와 사역은 예수회 선교사들에게 모범이 되었다.

하이델베르크 신앙고백(문)(서) Heidelberg Confession (1562) 초기 개신교의 교리문답으로, 신학자 자카리아스 우르시누스Zacharias Ursinus와 카스파르 올레비아누스Caspar Olevianus가 하이델베르크 대학 신학부 교수들과 협의해서 작성했다. 이 신앙고백은 주로 네덜란드와 잉글랜드에서 교리의 표준이 되었다. 이 신앙고백은 (*칼뱅주의적인) 개혁파의 어조를 띠며, 부분적으로는 취리히의 종교개혁자 하인리히 *불링거의 영향을 받았다.

하지, 아치볼드 알렉산더 Hodge, Archibald Alexander (1820-1886) 프린

스턴 신학교 학장 찰스 *하지의 아들인 장로교 신학자. A. A. 하지는 앨러게니의 웨스턴 신학교(지금의 피츠버그 신학교)에서 가르치면서 고전적 *칼뱅주의를 옹호하다가 1877년 프린스턴 신학교 교수진에 합류했다. 이후 그는 프린스턴 신학교 학장이 되었으며, 같은 뜻을 품은 동료 교수들과 함께 당시 미국에서 진행되던 *근본주의 운동을 지지했다. 지금도 읽히는 그의 저서로는 *Outlines of Theology*『하지 조직신학』, 기독교문사, 1981와 *The Atonement*『속죄』가 있다. **참조**. *알렉산더, 아치볼드.

하지, 찰스 Hodge, Charles (1797-1878) 프린스턴 신학교 신학 교수이며 학장인 하지는 근대 미국 장로교 신학에 지울 수 없는 흔적을 남겼다. 하지는 아마도 자신의 저서 *Systematic Theology*『조직신학』, 크리스천다이제스트, 2002로 가장 잘 알려져 있으며, 또한 학술지 *The Princeton Review*『프린스턴 리뷰』를 창간했다. 하지가 성경의 무오성을 옹호하면서 「프린스턴 리뷰」에 기고한 여러 글들은 초기 *근본주의 운동 발전에 중요한 영향을 끼쳤다.

해밀턴, 패트릭 Hamilton, Patrick (약1504-1528) 스코틀랜드 최초의 개신교 지도자 중 하나. 그는 파리에서 공부하다가 루터의 글들을 접한 뒤, 1527년 비텐베르크에 가서 *루터와 *멜란히톤을 만나고 고국으로 돌아왔다. 그러나 스코틀랜드에서 해밀턴의 설교와 개혁의 외침은 비난과 질타를 불러일으켰다. 당시 스코틀랜드 교회의 중심지였던 세인트앤드루스의 대주교 제임스 비턴James Beaton은 그를 이단자로 고소했으며, 해밀턴은 1528년 2월 29일에 화형을 당했다.

해방신학 liberation theology 1968년에 라틴아메리카 로마 가톨릭 주교들이 콜롬비아 메데인Medellín에서 가졌던 회의로 생긴 신학 사조인 해방신학은 곧 기독교의 구원에는 사회적·정치적·경제적 해방이 포함되며, 구원은 바로 그 해방에 기초를 두어야 한다는 생각에 뿌리를 둔다. 해방신학은 가난한 자와 억눌린 자의 관점에서 기독교 신앙을 발전시키려 한다. 페루 신학자 구스타보 구티에레스Gustavo Gutiérrez구띠에레스는 이 운동의 토대를 제공한 사상가로 보통 간주된다. 구티에레스는 1971년에 *A Theology of Liberation*『해방

신학』, 분도출판사, 2000을 출간했으며, 그의 견해는 카를 마르크스의 사회경제적 분석에 깊은 영향을 받았다. 해방신학에서는 교회가 사회주의와 공산주의를 활용해서 그리스도의 사역을 수행해 나갈 방법을 새로운 시각에서 살피려 한다. 그러나 해방신학은 종종 로마 가톨릭 교회와 심각한 갈등을 빚었으며, 레오나르도 보프Leonardo Boff 같은 학자들은 로마 교황청의 엄중한 심문을 받았다.

허친슨, 앤 Hutchinson, Anne (1591-1643) 1634년에 매사추세츠만 식민지로 이주한 잉글랜드 출신 여성으로, 자신의 신학적 견해들과 아울러 보스턴 교회 회중주의 목회자 존 윌슨John Wilson을 직접적으로 비판한 일 때문에 유명한 재판을 받았다. 허친슨은 "*내면의 빛" 교리를 고수했는데, 이 교리에 따르면 성령이 그리스도인 개개인의 심령에 직접 증언하며 이에 따라 단기적인 예언과 성경 본문의 조명이 이루어진다. 그녀는 또한 유아 세례의 타당성을 부인했다. *도덕률 폐기론자로 기소된 허친슨은 남편과 자녀들과 함께 추방되었으며, 그녀의 가족은 뉴욕에 거주하던 중 미국 원주민들의 공격으로 살해되었다.

『**헥사플라**』(문자적으로 '여섯 겹') Hexapla (literally "sixfold") 이 책은 *알렉산드리아학파의 *오리게네스가 저술한 것으로, 당시에 탁월한 *본문 비평을 보여 준 작품이었다. 이 책에서는 히브리어 구약 본문을 한 단段에 배치하고, 바로 옆 단에는 그 본문의 그리스어 음역문을 두었다. 그리고 그 옆의 단들에는 네 종류의 그리스어 번역문을 두었는데, 그중에는 칠십인역도 포함되어 있었다. 그리하여 독자는 한 구절이나 단락을 살필 때 여섯 종류의 본문을 서로 비교해 볼 수 있었다.

헨리 8세 Henry VIII (1491-1547) 잉글랜드를 통치한 튜더 왕조의 두 번째 군주. 헨리 7세의 아들이며 *에드워드 6세와 *메리 튜더, *엘리자베스 1세의 아버지인 헨리 8세는 자신의 소란스러운 통치기에 생겨난 잉글랜드 국교회의 틀을 형성했다. 자신의 첫 아내인 아라곤의 캐서린과 이혼하려는 의도가 로마 교황에 의해 좌절되자, 헨리 8세는 1534년 *수장령을 내려 로마 가톨릭 교회와 공식적으로 단절하고 잉글랜드 군주를 수장으로 하는 *성공회를 창립했다. 헨리 8세 자신은 교리 면에서 여전히 가톨릭 신자였으며 잉글랜드에 종교개혁 사상과 문헌이 퍼지는 것을 억누르려 했지만, 그가 수도원들을 억압하고 토머스 *크랜머를 캔터베리 대주교로 임명한 일은 개혁 운동에 크게 기여했다.

헨리, 칼 F. H. Henry, Carl F. H. (1913-2003) 미국의 주요 복음주의 신학자로, 뉴욕의 독일 이민자 가정에서 태어나 1955년 *Christianity Today*「크리스채너티 투데이」의 첫 번째 편집자가 된 인물. 스무 살에 회심한 후, 헨리는 일리노이주 휘튼 칼리지를 졸업하고 시카고 북침례교 신학교에서 공부하여 1942년 신학 박사 학위를 받았다. 6년 후, 그는 패서디나에 있는 풀러 신학교의 첫 교수진에 합류했다. 풀러 신학교에 합류하기 1년 전, 그는 *The Uneasy Conscience of Modern Fundamentalism*『복음주의자의 불편한 양심』, IVP, 2009을 저술했다. 이 책은 복음주의자들에게 사회와 정치 문제들에 관심을 갖고 참여하도록 요청하는 내용이었다. 이후 풀러 신학교를 떠난 헨리는 「크리스채너티 투데이」의 편집자가 되어 1968년까지 이 직책을 수행했다. 3년 후, 헨리는 자신의 주요 신학 저서인 *God, Revelation and Authority*『신, 계시, 권위』1-4권, 알맹e, 2022를 여섯 권으로 출판했다. 그는 4년간 월드비전World Vision에서 강연자로 봉사한 뒤 1978년에 은퇴했다. **참조.** *풀러, 찰스 E.

헬레나 Helena (약255-약330) 로마 제국의 첫 번째 그리스도인 황제 *콘스탄티누스 대제의 어머니인 그녀는 콘스탄티우스 클로루스의 아내였다. 콘스탄티누스 대제가 312년 기독교로 회심한 후, 헬레나는 자신의 유명한 아들과 함께 점점 성장하던 교회의 관대하고 활동적인 후원자가 되었다. 326년에는 신성한 *유해遺骸, relics를 찾기 위해 성지 예루살렘으로 잘 알려진 순례를 떠났으며, 그곳에서 그리스도가 못 박힌 갈보리 언덕의 십자가와 당시에 쓴 가시 면류관을 발견했다고 전해진다.

헬위스, 토머스 Helwys, Thomas (약1550-약1616) 잉글랜드의 초기 침례교 지도자. 네덜란드에 잠시 머무르면서 분리주의 공동체에 참여한 뒤 잉글랜드로 돌아왔다. 1612년, 런던 부근에 최초의 일반 침례교회를 설립했다.

형상, (플라톤의) forms (Platonic) *플라톤의 실재론에서 형상, 또는 원형적 이데아들은 인간의 마음과는 별개로 영원히 존재하며, 존재하는 모든 것의 참된 토대가 된다. 플라톤은 이 형상들의 탐구를 철학자의 참된 과업으로 여겼다. 이런 개념은 그의 주요 저서인 *Republic*『국가』, 숲, 2013+에 담긴 *동굴의 비유에서 뚜렷이 예시된다. 실재의 본성에 관한 플라톤의 사유는 기독교 신학의 발전에 깊은 영향을 끼쳤다.

호바트, 존 헨리 Hobart, John Henry (1775-1830) 19세기 초 미국 성공회의 주요 지도자. 그는 1816년에 뉴욕 주교로 서품된 후, 곧 성공회Episcopalianism 내부에서 진행되고 있던 고교회 운동the high church movement의 옹호자가 되었다. 그는 예배에서 예전의 가치를 중시했으며, 참된 교회의 사역을 위해 사도직 계승이 갖는 중요성을 강조했다.

홉킨스, 새뮤얼 Hopkins, Samuel (1721-1803) 회중교회의 영향력 있는 목회자이며 신학자인 홉킨스는 매사추세츠주 그레이트배링턴에서 목회하다가 이후 로드아일랜드주 뉴포트로 사역지를 옮겼다. 뉴포트에서 그는 큰 영향력을 지니게 될 저서 *The System of Doctrines Contained in Divine Revelation*『계시에 담긴 교리의 체계』, 1793을 집필하여, 이후 '뉴잉글랜드 신학'the New England Theology으로 불리게 될 학파의 토대를 놓았다. 홉킨스의 근본 개념 중 하나는 죄의 근원이 인간의 이기심에 있다는 것이었다. 그에 따르면, 하나님이 각 그리스도인의 마음속에서 행하시는 사역의 의도는 그들로 하여금 모든 이를 향해 '사심 없는 자애'disinterested benevolence, 또는 온전한 선의를 품게끔 하려는 데 있었다. 실천적인 측면에서 홉킨스는 노예제를 도덕적 악습으로 여기고 비판한 미국 최초의 기독교 지도자 중 하나였다.

『환상의 미래』 Future of an Illusion, The (1927) 빈의 정신분석학자인 지그문트 *프로이트의 영향력 있는 저서(『문명 속의 불만』열린책들,

2020에 수록됨ⓔ). 그는 이 책에서, 종교는 자신의 부모가 불완전하며 유한한 존재라는 깨달음에 의해 생겨난 미숙한 방어 기제에 뿌리를 둔다고 주장했다. 프로이트의 추론에 따르면, 정신적으로 미숙한 이들은 잃어버린 안정감을 되찾기 위해 영원하고 전능하며 선한 천상의 아버지 같은 존재를 우주에 투사하게 된다. 그리고 모든 종교는 이 공통의 경험을 통해 생겨난 핵심적인 기본 요소들을 공유한다는 것이다. 종교의 기원에 관한 프로이트의 견해는 당시에 발전하던 과학적 *인문주의 운동에 큰 영향을 끼쳤다.

활판 인쇄술 printing with movable type (1450년대) 역사상 가장 영향력 있는 발명 중 하나로, 마인츠의 금 세공인 요하네스 *구텐베르크가 이동식 금속 활자와 인쇄기를 만들어 내면서 인쇄의 정확성이 증가하고 페이지 당 인쇄 비용은 감소하게 되었다. 이에 따라 책과 문서의 제작에 혁명이 일어났다. 이 발명으로 문해력 향상과 학문의 발전이 자극되었으며, 대중 매체의 개념이 도입되었다. 대중 매체의 개념은 현대 세계에서 이루어지는 사유의 형태에 극적인 영향을 끼쳤다.

회중주의 교회론 Congregationalist ecclesiology 16세기 잉글랜드의 청교도 운동에서 생겨난 교회 정치의 한 형식으로, 지역 교회의 자율성을 강조한다. 교회의 지도자와 사역자들은 각 회중이 선출하며, 오직 지역 교회에 대해서만 책임을 진다. 회중교회는 식민지 시대의 미국에서 성장하고 번성했다. 다른 여러 개신교 집단도 회중주의 체제를 받아들였는데, 그중에는 침례교와 은사주의 교회, 독립 교회가 포함된다.

후브마이어, 발타자르 Hubmaier, Balthasar **후프마이어** (약1480-1528) 독일 남부의 초기 *아나뱁티스트 지도자로, 츠빙글리 스위스 형제단에게 많은 영향을 받았다. 잉골슈타트 대학에서 박사 학위를 취득한 후브마이어는 초기 아나뱁티스트들 가운데 가장 교육을 많이 받은 사람 중 하나다. 그의 주된 사역지는 오스트리아 발트슈트Waldshut 였는데, 처음에는 이곳의 지역 교회 사제였으며 나중에는 개신교 목회자이자 그 도시의 개혁가로 활동했다. 후브마이어는 박해를 받고 보헤미아로 피신했으나, 그곳에서 붙잡힌 뒤 그의 송환을 요구한 오스트리아 당국에 넘겨졌다. 빈으로 끌려간 후브마이어는 이단자로 화형을 당했다.

후스, 얀 Hus, Jan (Huss, John) (약1372-1414) 보헤미아의 종교개혁자이자 프라하 대학의 총장으로, 존 *위클리프의 글에 영향을 받아 체코어로 성경을 번역하기 시작했다. 이와 더불어 교황권과 *면벌부 판매의 정당성을 의문시하는 설교를 전하면서 후스와 로마 교황청 사이에 적대감이 커져 갔다. 1414년 *콘스탄츠 공의회에 소환된 후스는 체포되어 재판에서 유죄 선고를 받고, 화형당했다. 교회 개혁에 관한 그의 사상들은 한 세기 후 마르틴 *루터를 통해 다시 울려 퍼졌다.

후커, 리처드 Hooker, Richard (약1553-1600) 잉글랜드에서 *비아 메디아 또는 '중도'中道로 알려진 엘리자베스의 종교 정착the Elizabethan Settlement을 옹호한 주요 *변증가. 이후 여러 세기 잉글랜드 국교회에 뚜렷한 영향을 남기게 된 인물이다. 옥스퍼드 대학에서 교육을 받은 후 그 대학 히브리어 교수로 재직했으며, 사제로 안수받은 뒤 대학에서 물러났다. 런던에 있는 템플 교회 지도 사제로서, 후커는 1585년에 청교도들의 공격에 맞서 잉글랜드 국교회를 옹호하는 일련의 유창한 설교를 시작했다. 그리고 그는 같은 해에 *A Learned Discourse of Justification, Works, and How the Foundation of Faith Is Overthrown*『칭의, 공로, 그리고 어떻게 신앙의 토대가 전복되는지에 관한 교양 강의』을 저술했다. 이 책에서 후커는 비록 로마 가톨릭 신자들이 *이신칭의의 의미를 온전히 파악하지 못할지라도 그들 역시 구원받을 수 있다고 주장했다. 또한 그는 기독교회의 통일성은 모든 그리스도인들을 서로 갈라놓는 것이 아닌, 그들을 하나로 연합시키는 요소에 근거해야 한다고 역설했다. 1594년에는 자신의 대표작 *Treatise on the Laws of Ecclesiastical Polity*『교회정치법에 관하여』를 출간했으며, 이 책에서는 자연법의 기초적인 성격에 관해 복잡한 이론을 제시했다. **참조.** *엘리자베스 1세.

후커, 토머스 Hooker, Thomas (1586-1647) 청교도 신학자 윌리엄 *에

임스의 제자. 1630년 잉글랜드 대주교 *로드의 핍박을 피해 네덜란드로 떠난 후커는 델프트Delft의 잉글랜드인 비국교도 교회에서 사역했다. 1633년에는 뉴잉글랜드로 이주했으며, 청교도 운동에 대한 로저 *윌리엄스의 비판을 반박하고 앤 *허친슨 재판에 관여하는 등 초기 식민지 교회 논쟁에서 중요한 역할을 감당했다.

후터파 Hutterites *모라비아 형제단에 속한 *아나뱁티스트 지도자 야코프 후터Jacob Hutter, 1536 사망의 추종자들. 후터파는 근면성과 공동체 생활, 신적 소명divine vocation의 교리와 더불어 재산과 소유물을 공유하는 것으로 잘 알려져 있다. 후터는 하나님이 이 땅에서 기대하는 사랑은 개개인이 자신의 부와 재산을 축적하는 가운데서 자라날 수 없다고 가르쳤다. 후터파는 16세기 말에 혹독한 박해를 받았으나 19세기에 다시 회복되었으며, 이제는 4만 명에서 5만 명 정도에 이른다. 이들은 주로 미국 중서부와 캐나다 서부 지역에 거주한다.

흐로티위스, 휘호 Grotius, Hugo 휴고 그로티우스 (1583-1645) 네덜란드의 인문주의 신학자이며 법률가. 열정적이면서도 우아한 어조로 무의미한 전쟁에 반대하는 글을 썼다. 이는 당시 종교적인 동기에서 그런 전쟁이 자주 벌어지곤 했기 때문이다. 흐로티위스는 자신의 조국 네덜란드에 널리 퍼져 있던 *칼뱅주의에 반기를 들었다. 그는 1619년에 *Resolution for Peace in the Church*『교회 안의 평화를 위한 결의』를 저술했으며, 1641년부터 1650년까지는 *Annotations on the New Testament*『신약성경 해설』를 집필했다.

흠정역 성경 Authorized Version *킹 제임스 성경을 보라.

히메네스, 프란치스코 Ximenes, Francisco (1436-1517) 로마 가톨릭 교회 내에서 자신의 지위가 높아지면서 따라붙게 된 허식虛飾을 경멸한 겸손하고 소박한 인물인 히메네스는 15세기 스페인의 가장 뛰어난 성직자 중 하나다. 히메네스의 빛나는 경력 가운데서 주된 사건으로는 (1) 1492년에 이사벨 여왕의 고해 신부가 되었던 일, (2) 1495년에 톨레도 대주교로 서품된 일, (3) 1499년에 알칼라 대학을 설립한 일, (4) 1507년에 *추기경으로 서임된 일이 있다. 그의 가장 큰 학문적 공헌은 콤플루툼 다국어 성경the Complutensian Polyglot

Bible을 제작한 것이었다. 히메네스는 이 일을 위해 알칼라에 모인 학자들을 지휘하면서 사적으로 경비도 부담했다. (이곳은 로마 시대에 콤플루툼Complutum으로 알려졌던 지역이다.) 그로써 그는 같은 성경 구절을 나타내는 히브리어, 라틴어, 그리스어 본문들이 각 페이지의 여러 단에 나란히 표시되는 구약 역본을 만들어 내는 데 기여했으며, 신약의 경우에는 라틴어 *불가타 역본의 본문 옆에 당시에 가장 잘 알려졌던 그리스어 본문들을 나란히 배치했다. 이 기념비적인 *본문 비평의 자료는 두꺼운 책 여섯 권에 이르는 분량으로, 완성하기까지 15년이 걸렸다. 히메네스는 이 책이 출판되는 것을 보기 전에 숨을 거두었다.

히에로니무스, 성 Jerome (Eusebius Hieronymous Sophronius), St. **제롬** (약 348-약420) 라틴어 *불가타 역본의 번역자로 잘 알려진 히에로니무스는 당대의 가장 위대한 성경 번역자였다. 달마티아에서 태어나 로마에서 교육받은 그는 안티오키아 부근에서 수사로 성직 생활을 시작했다. 이후 히에로니무스는 은둔 생활을 하면서, 그리스어와 라틴어 지식에 더하여 히브리어를 공부했다. 382년에 그는 로마 주교 다마수스Damasus의 설득으로 은둔하던 동굴을 나와 성경의 라틴어 번역에 착수했으며, 405년 직후에 그 작업을 끝마쳤다. 히브리어와 그리스어 전문 지식을 지닌 히에로니무스는 성경 번역 작업의 적임자였다. 그는 성경의 여러 책들에 관해 주석을 집필하고 성경의 *정경에 관한 토론에 참여했으며, 로마 수녀들을 교육시켰다. 말년에는 베들레헴 부근에 수도원을 설립했다.

한국 교회사 용어 30선

3.1운동과 기독교 March 1st Movement and Christianity 1919년 3월 1일에 일어난 일제 강점기 최대의 비폭력 독립 만세운동으로, 식민 치하 한국인의 애국심과 민족주의를 전 세계에 널리 알린 사건이다. 대한제국 황제인 고종이 독살되었다는 소문이 사건의 진원이었고, 고종의 장례일인 3월 1일에 맞추어 전국 시위가 계획되었다. 그러나 실제로는 지방의 도시와 소읍 등에서 5월 말까지 약 석 달 동안 1,500회 이상의 다양한 규모의 시위가 있었다. 당시 조선총독부 기록에 따르면, 시위에 참여한 인원이 최소 100만 명이 넘고, 사망자가 7천 명가량, 구속된 인원이 4만 7천 명에 이른다. 3.1운동은 4월 11일 상하이 대한민국임시정부 수립의 직접적 계기였으며, 일제는 이 사건 이후 무단정치에서 문화정치로 정책을 바꾸었다.

3.1운동에 종교계, 특히 개신교와 천도교가 주도적이었다는 사실이 널리 알려져 있다. 그 첫 원인은 1915년에 일제가 제정한 사립학교법을 들 수 있는데, 종교 교육을 금하는 등, 정부가 정한 규정에 따르지 않는 학교를 대거 폐교한 데 따른 반발이었다. 1910년에 829개에 달하던 기독교계 학교가 3.1운동 당시인 1919년 5월에는 298개로, 무려 3분의 2가량이 폐교되었다.

흔히 종로 태화관에서 3.1 독립선언서에 서명하고 이를 읽은 33인 민족대표 중 16인이 기독교인이라는 것으로 기독교가 독립운동에서 가장 중요한 기여를 했다고 평가한다. 그러나 이보다 더 중요한 사실은 실제 전국 시위를 주도하고 참여한 이들 중 청년, 학생, 교사 등 기독교인의 비율이 유별나게 높았다는 사실이다. 1919년 6월에 발행된 일제 헌병대 보고서에 따르면, 거의 모든 지역의 시위 주동자가 종교인이라고 밝힌다. 특히 이들이 보고한 통

● 이 한국 교회사 용어는 저작권자와 협의하여 한국어판에 추가 수록한 것으로, 이재근 교수가 집필했습니다.ⓒ

계에 의하면, 시위 후 수감되거나 검거된 이들 중 최소 절반이 종교인이고, 그중 기독교인(개신교+천주교)의 비율은 17-22퍼센트로, 천도교 11-15퍼센트, 불교 1퍼센트, 유교 1-3퍼센트보다 높았다. 특히 피검된 여성 중 기독교인 비율이 무려 65.6퍼센트라는 경이적인 비율을 차지했다. 당시 한국 전체 인구 대비 기독교인 비율은 1.5퍼센트에 지나지 않았다. 이렇게 기독교인이 독립운동에 적극적으로 참여함으로써, 한국 기독교는 단지 서양 문화를 무분별하게 이식하는 집단이 아니라, 민족 문제를 도외시하지 않고 한국인이라는 정체성을 신앙과 조화시키는 토착적 신앙 집단으로 거듭났음을 보여 주었다.

105인 사건 105-Men Incident or the "Christian Conspiracy Case" 1911년에 일제가 데라우치 총독 암살 기도 혐의로 주로 서북 지방 인사 약 700명을 구속하고, 1심 공판에서 105인을 유죄 판결한 사건이다. 일제가 조작한 사건으로 판명되었으며, 관련 인사 대다수가 기독교인이었다. 황해도 신천 출신으로 안중근의 사촌 동생이기도 했던 안명근安明根, 1879-1927이 1910년에 서간도 지역에 무관학교를 설립하기 위한 자금을 모집하러 황해도 일대를 다니다가 일제에 체포되었다. 당시 기독교계의 1909-1910년 백만인구령운동과 강제 병합 후 무장 독립운동 분위기에 촉각을 곤두세우고 있던 일제가 이를 데라우치 총독 암살 모의를 위한 모금 활동으로 날조하고, 신민회 회원 등 전국 계몽운동가 600여 명을 검거하고 고문했다. 그중 105명에게 결국 실형이 선고되고, 신민회는 강제 해체되었다. 당시 체포된 105인 중 개신교인이 91명(장로교인 81명, 감리교인 6명, 기타 개인교인 2명, 일본 조합교인 2명), 천주교인 2명, 천도교인 2명, 무종교인이 10명이었다. 대표적인 기독교인으로 윤치호, 양기탁, 안태국, 이승훈, 전덕기, 임치정, 옥관빈 등이 있다. 당시 사건에 연루된 것으로 알려진 선교사도 24명에 이른다. 이에 미국 북장로교 해외선교부는 이 사건의 전말을 담은 *The Korean Conspiracy Case*를 작성하여 보고하고 세계에 여론화하는 등, 적극적으로 대응했다.

귀츨라프, 카를 Gützlaff, Karl Friedrich August (1803-1851) 중국에서 활동한 독일인 선교사로, 한국을 찾아온 최초의 개신교 선교사. 카를 귀츨라프는 1803년에 독일 프로이센 지방에서 출생했다. 경건주의 중심지인 독일 할레 대학에서 신학을 공부한 후, 1826년에 네덜란드 선교회 소속으로 바타비아(오늘날의 인도네시아 자카르타)에 파견되어 첫 선교 활동을 펼쳤다. 자바와 수마트라, 싱가포르를 연결하는 선교에 참여하다가, 네덜란드 선교회와 결별하고 태국 방콕에서 성경 번역 활동에도 참여했다. 아내와 사별한 후 1831년부터는 중국으로 건너가 동남부 해안의 닝보, 상하이, 텐진, 마카오 등지를 방문했다. 1832년 7월에 영국 동인도회사 소속의 무역선 로드애머스트호에 통역관 및 선상 의사로 승선하여 중국 해안을 거쳐, 당시 순조 32년 조선 황해도의 장산곶 부근, 이어서 충청도의 고대도에 도착했다. 그는 고대도에서 의약품, 서적 등 여러 서양 물품과 한문 성경 두 권, 기독교 교리서를 주민에게 전달했다. 감자 재배법도 알려 준 것으로 전해진다. 또한 통상을 요청하는 서신을 지방관을 통해 중앙 정부에 전달했다. 당시 그가 고대도에서 핍박받던 천주교 신자를 만나 한자로 주기도문을 써 주고, 이를 한글로 베끼게 했다는 기록도 있다. 중앙 정부에서 파견된 특사와 통역관이 이들의 통상 요청을 거부하자, 귀츨라프 일행은 식량을 공급받은 후 조선을 떠났다. 20일가량 머문 그의 활동으로 기독교 신자가 생겼는지는 알 수 없다. 그러나 한국 땅을 밟은 첫 개신교 선교사로서, 성경과 교리서를 전달하는 등, 선교 활동을 한 첫 선교사인 것은 분명하다.

중국으로 돌아간 후에는 1835년부터 영국 무역 감독관 및 수석 통역관으로 영국의 대 중국 교섭을 담당했고, 1837년에는 일본 선교에도 참여해서 요한복음과 요한 서신을 일본어로 번역하기도 했다. 1844년에는 중국인 선교사 양성 학교를 홍콩에 설립해서 사역하다가, 1851년에 사망했다. 독일인이었지만, 네덜란드 및 영국계 선교회를 중심으로 활동했고, 사역지도 인도네시아, 태국, 싱가포르, 중국, 한국, 일본 등 광범위한 지역에서 일했으며, 학교, 번역, 통역, 개척, 농업 등 다방면에 걸쳐 활약한 모험적 인물이었다. 그러나 서양 제국들의 아시아 각국 침략 및 불평등 조약 체결 과정에서 행정관이나 통역관으로서 적극적으로 관여하는 등, 당대 제국주의자들의 식민 침탈을 선교 활동을 위해 무분별하게 활용했다는 비판도 받는다.

길선주吉善宙 Seonju Gil/Kil Sun Ju (1869-1935) 한국 첫 장로교 목사 일곱 명 중 하나로, 일제 강점기 한국 장로교를 대표하는 원로 인사였다. 길선주는 1869년에 평남 안주에서 태어났다. 어려서부터 한학을 배웠고, 시화와 음악에도 능했다. 힘도 세서 19세부터 차력술을 연마했고, 25세에는 친구에게서 선도仙道를 배우면 천하장사가 될 수 있다는 말을 듣고 입산하여 3년간 도인 생활을 하기도 했다. 그러다 자신에게 선도를 권한 김종섭이 이제는 선도가 아니라 예수교에 입교했다는 이야기를 듣고, 그가 권한 한문으로 된 기독교 서적들을 읽었다. 그중 길선주에게 가장 큰 감명을 준 책은 *『천로역정』이었다. 김종섭은 1900년에 평양 장대현교회 초대 장로가 되는 인물로, 1900년에 처음 모인 마펫의 신학반 모임에 첫 신학생으로 참석하기도 했으나, 결국 목사가 되지는 않았다.

길선주는 29세인 1897년에 장대현교회 그레이엄 리 선교사에게 세례를 받았고, 이듬해에는 영수領袖가 되었다. 영수는 아직 한국 장로교회에 교회 정치 체계가 확고히 정착되지 않았을 때 만들어진 임시직으로, 임직받은 목사와 장로를 대신하는 직분이었다. 1901년에는 김종섭을 이어 장대현교회의 장로가 되었고, 다음 해에는 조사가 되어 평안도와 황해도 지역 전도와 목회를 맡았다. 당시 안창호 등, 기독교인 민족운동가들과 함께 독립협회 평양지부를 세우고 민족운동에 나서기도 했으나, 우선순위는 목회 사역이었다. 따라서 그는 1903년에 *평양신학교에 입학해서 1907년에 첫 졸업자로 졸업했고, 그해 가을에 열린 독노회에서 임직받은 첫 장로교 목사 7인 중 하나가 되어, 장대현교회에서 마펫 및 리와 함께 동사목사로 섬겼다.

길선주는 1907년 평양 대부흥 당시에 강사로 선 경험 이후 부흥사로서 전국 교회의 성장과 갱신을 주도하기도 했다. 1909년에는 교회에 새벽 기도회를 도입했고, 유교 배경에서 남녀를 구별하기 위해 교회당 안에 쳐 놓은 휘장을 철거하는 개혁 용단을 보이기도 했다. 음악과 문학에 능했던 인물답게, 전통 음악인 아악을 교회에 도입해서 행사 때 활용하기도 했으며, 찬양대와 성가대, 성극을 도입하기도 했다. 1911년 *105인 사건 때는 반역 혐의로 체포되었는데, 당시 신민회 회원이던 장남 길진형은 고문 후유증으로 1917년에 사망했다. 1919년 *3.1운동 당시에는 민족 대표 33인의 일원으로 독립선언서에 서명했다. 그러나 황해도 장연 사경회를 마치고 시간에 맞추어 상경하지 못하게 되어서, 선언서를 읽은 종로 태화관 현장에는 참석하지 못했다. 그러나 길선주 또한 법적 판결이 나지 않은 미결수 신분으로 1년 7개월간 감옥에 구류되었다. 민족 대표 33인 중 최린, 정춘수, 박희도가 나중에 변절하여 친일파가 되었던 것과는 달리, 길선주는 이후 행적이 확정되지 않아 독립유공자로 인정받지 못하고 있었다. 그러나 투옥 사실이 확인되면서, 2009년 8월 15일 광복절 기념식에서 건국훈장 독립장을 추서받았다.

석방 이후에는 주로 목회와 순회 사경회에 매진했다. 그의 부흥회 설교의 단골 주제는 말세와 그리스도의 재림이었다. 1935년에 평북 선천교회 사경회 현장에서 쓰러졌다. 2주 입원 치료 후 11월에 평남 강서군 고창교회 사경회를 인도하던 중에 다시 쓰러져, 67세로 사망했다.

김교신金敎臣 Gyosin Kim (1901-1945) 한국 무교회주의 운동 지도자로, 선교사의 영향력을 벗어난 조선산 기독교를 실천하고자 노력한 인물이다. 함경남도 함흥 출신으로, 어린 시절 한학을 공부하다 함흥보통학교와 함흥농업학교를 졸업했다. 졸업 후 1918년에 도쿄로 가서 세이소쿠 영어학교를 거쳐 1922년에 도쿄 고등사범학교 영문과에 입학했다가, 지리 및 박물과로 전과해서 공부한 후 1927년에 졸업했다. 일본으로 건너간 지 2년이 지난 1920년 4월에, 그는 성결운동 단체로 일본과 한국에서 활동하던 동양선교회 성서학원 학생들이 노방 전도하는 현장을 보고 감명받아 성결교회에 출석하기 시작했다. 그러나 그해 말에 교회 분규를 목격하고 실망하다가, 일본 무교회주의 주창자로서 일본 군국주의에 반대하고, 서양 선교사 기독교의 인종주의에 비판적이던 우치무라 간조(內村鑑三, 1861-1930)가 쓴 여러 글을 읽고, 그의 로마서 강연을 들었다. 이때부터 우치무라는 김교신이 1927년에 학업을 마치고 귀국하기까지 그의 유일한 스승이 되었다.

김교신 이전에도 일본 유학생으로서 이미 우치무라에 심취한 김정식, 김창제, 박승봉, 백남주, 안학수, 최태용 같은 인물이 있었다. 그러나 개별적으로 감명받은 수준을 뛰어넘어서, 김교신은 우치무라의 무교회주의를 한국 토양에 맞게 재해석하여 소개했다. 귀국 후 1927년 7월에 김교신은 함흥 영생여자고등보통학교 교사로 일하면서, 우치무라에게서 함께 배운 송두용, 유석동, 양인성, 정상훈, 함석헌 등과 함께 월간 동인지 「성서조선」을 창간했다. 이들은 선교사들이 세운 기성교회의 의식, 조직, 제도, 교리, 형식 등을 따르지 않고, 성서와 조선이라는 두 축에 무게를 두는 무교회운동을 주창했다.

그러나 김교신은 무교회주의를 아예 교회를 부정하는 사상으로 내세우지 않았다. 오히려 조선에 성서를 주어 골격을 세우고 혈액을 만들며, 영원한 새로운 조선을 성서 위에 세우는 것이 성서조선이 추구하는 가치라고 주장했다. 또한 이 과정이 교권을 쥔 성직자나 중직자를 통해서가 아니라, 그리스도 안에서 평등하고 평범한 개별 신자를 통해 이루어져야 한다고 믿었다. 따라서 그의 기독교는 민족적이며, 민중적이며, 토착적이었다.

그러나 그가 내세운 무교회주의가 민족주의적 기독교였기 때문에, 1930년대 후반부터 일제는 「성서조선」을 검열하면서 수차례 내용을 삭제하고 발행도 중지하라는 명령을 내렸다. 결정적 계기는 1942년 3월에 조선 민족의 부활을 암시하는 "조와"(弔蛙)라는 권두언을 실었다는 혐의로, 「성서조선」을 폐간하고, 김교신과 편집자 및 구독자 13인을 체포하여 1년간 투옥한 '성서조선사건'이었다.

김교신은 1944년 7월부터는 함남 질소비료공장에 입사해서 공장 노동자로 일했다. 당시 강제 징용되어 공장에서 일하던 노동자들을 돕고자 의도적으로 입사해서 함께 생활한 것이었다. 그러나 1945년 봄, 갑작스레 티푸스에 걸려 사망했다. 김교신은 민족주의자이자 기독교인 선각자로서 그가 보여 준 창의적 사상과 모범적인 생활, 공동체적 가치 때문에, 오늘날 활발한 관심과 연구의 대상이 되고 있다.

김익두 金益斗 Ikdu Kim (1874-1950) 일제 강점기 한국 장로교회를 대표하는 목사 중 하나로, 한반도 전역 및 일본, 시베리아, 만주에서까지 부흥회를 인도한 부흥사였다. 1874년에 황해도 안악에서 태어났다. 16세에 과거 시험을 보았으나 낙방하고 장사에도 실패하면서 방황했다. 그러다 1900년에 북장로교 선교사 윌리엄 스왈른 William L. Swallen, 1859-1954이 안악 금산교회에서 전한 '영생'이라는 제목의 설교를 듣고 입교한 후, 1901년에 어머니, 아내와 함께 스왈른에게서 세례를 받았다. 세례를 받은 김익두는 스왈른의 지도를 따라 목회를 배우고, 재령교회를 도운 후, 이어서 신천 지역을 개척하는 전도자로 파견되었다. 신천에서 기도처와 교회당까지 마련하는 등 사역에 열매도 따랐다.

김익두는 1906년에 *평양신학교에 입학하여 공부한 후, 1910년에 졸업 직후 황해노회에서 목사로 임직받았다. 졸업 후 신천교회 위임목사로서 생애 대부분을 목회하지만, 설교자로서의 재능 때문에 전국 교회에서 부흥사로 초청받는 경우가 많았다. 그가 전한 부흥회 설교 내용 대부분은 예수 십자가와 속죄, 회개와 중생, 부활과 천국과 영생 등으로, 전형적이었다. 그러나 이런 단순한 설교를 듣는 청중 중에 신유를 경험했다는 이들이 나오기 시작했다. 이런 이적의 첫 현장은 1919년 말 대구 근교 현풍 집회였으며, 1920년 4월에 열린 영남 지역 집회에서도 집단 신유가 일어났다. 1920년 6월 평양 집회에서는 그의 설교를 듣고자 3천 명 넘는 사람이 몰려와 장대현교회에 자리가 없을 정도였고, 같은 해 10월의 서울 승동교회 집회에서는 1만 명이 넘는 사람이 모이는 성황을 이루기도 했다.

그러나 그의 집회에서 일어나는 이적 현상에 대한 논란이 심해지자, 김익두가 소속된 황해노회가 '김익두 목사 이적명증회'를 세워 김익두 집회에서 치유되었다고 주장하는 이들의 신상과 증언을 모아 "조선예수교회이적명증"을 발행했다. 김익두 이적의 사실성을 인정한 황해노회는 심지어 장로교 헌법 3장 1조에 나오는 "금일에는 이적 행하는 권능이 정지되었느니라"는 이적중단설을 수정하자는 헌의안을 내기도 했다. 이 헌의는 1924년 총회에서 부결되었다.

또한 1920년대에는 한국 지성계에 사회주의자들의 활동이 시작되면서, 이들이 주도하는 반기독교운동가들이 김익두를 고등무당이라 부르고, 그가 인도하는 집회를 집단으로 방해하는 등 소란을 피우기도 했다. 총회의 승인을 받지 못하고, 사회 분위기도 그를 적대시하자, 김익두는 스스로 이적을 일으키는 행위를 지양했다. 따라서 1920년대 중반 이후 김익두의 부흥운동도 차츰 힘을 잃었다.

이후 김익두는 신천교회 목회에 집중했다. 그러다 해방 직후 북한에 소련군과 공산당이 진주하면서, 김익두의 운명에 새로운 그림자가 드리웠다. 1946년 11월에 공산당 산하의 어용 기독교 조직으로 만들어진 기독교도연맹에 김익두가 강제 가입된 후, 1949년에는 총회장으로 임명되었다. 김익두의 제자이자 김일성의 이종사촌이기도 한 강양욱의 강권 때문이었다. 1950년 한국전쟁 발발 후, 한때 낙동강까지 치고 내려갔다가 다시 후퇴하던 공산군이 신천으로 10월 14일에 들어왔다. 새벽 기도를 인도하던 그와 신도 다섯 명이 총살당했다. 11월에 신천 지역 50개 교회가 연합으로 장례를 집행했다. 약 40년간의 목회 기간 중 그가 인도한 부흥회는 776회, 세운 교회당은 150개에 이르며, 2만 8천 회 이상의 설교를 했다고 알려져 있다.

김재준 金在俊 Jaejoon Kim (1901-1987) 한국 기독교장로회의 주도적 신학자로, 한국교회 진보신학의 선구자로 평가받는다. 김재준은 1901년에 함경북도 경흥에서 태어났다. 서당 훈장인 부친에게서 한학과 유교를 배우며 자랐다. 9세가 되던 1910년에 경원 향동소학교 3학년에 편입한 후, 고건원보통학교를 마치고, 회령 간이농업학교를 마쳤다. 이때가 16세였다. 회령 군청 간접세과에 취직해서 일하다가, 2년 후에 웅기 금융조합 직원으로 이직했다. 이 시기에 웅기를 거쳐 만주와 시베리아로 망명하는 애국 독립지사들을 보며 마음에 민족 애환을 느끼기 시작했다. 그러다 1920년에 함경도 웅상 출신으로 서울 남대문교회에서 사역하던 송창근 전도사의 방문을 받은 후 뜻을 품고 상경했다. 서울 중동학교 고등과에 편입한 후, *YMCA에서 영어를 배웠고, 이상재, 윤치호, 신흥우 등의 연설을 들었고, 톨스토이, 성 *프란체스코 같은 이들의 전기를 탐독했다. 그러나 회심은 1924년에 승동교회에서 열린 *김익두 목사의 사경회 설교를 듣고 나서였다. 3년 후 세례를 받은 김재준은 귀향하여 용현소학교, 귀낙동소학교, 신아산소학교에서 아이들을 가르쳤다.

김재준 인생의 새로운 전기는 그가 교사직을 내려놓고, 1926년부터 일본 도쿄 아오야마 학원 신학부에서 공부한 것이었다. 상당히 자유로운 신학 학풍에서 지적 해방감을 맛본 그는 이어서 미국 프린스턴 신학교를 거쳐, 웨스턴 신학교에서 구약으로 석사 학위 STM를 받았다. 미국 유학 시절 송창근, 한경직과 깊은 우애를 맺은 것이 계기가 되어, 귀국 후에도 여러 사업에서 뜻을 같이했다. 1933년 귀국 후에는 평양 숭인상업학교 성서 교사 및 교목을 지내는 중에, *평양신학교 기관지「신학지남」에 여러 글을 기고했다. 1936년에 신신학을 따른다고 장로교 총회에서 문제가 된『아빙돈 단권주석』번역에 참여했다가, 송창근, *한경직과 함께 정통 시비에 휘말렸다가 석명서釋明書를 내기도 했다. 이어 간도 은진중학교로 가서 가르치다가, 1937년에 동만노회에서 목사 임직을 받았다. 은진중학교에서 그가 가르친 제자로 강원룡, 안병무 등이 있었다.

1938년 9월 이후 예수교장로교 총회가 신사참배를 가결하자, 선교사들은 이에 반대하며 평양신학교를 자진 폐교했다. 그러자 김재준은 송창근, 김영주, 차재명, 김대현, 함태영, 윤인구와 함께 승동교회에서 조선신학교를 시작했다. 해방 직후 미군정으로부터 천리교 부지를 불하받아 신학교를 동자동으로 옮겼고, 12월에는 경동교회를 설립했다. 이듬해 6월에 조선신학교는 장로교 남부총회의 직영 신학교로 지정되었다. 그러나 1947년부터 자유주의신학을 가르친다는 이유로 그에게 반대한 학생들의 진정으로, 그는 1953년에 장로교 목사직에서 제명되었고, 한국신학대학으로 이름이 바뀐 신학교도 총회 인준이 취소되었다. 결국 그해에 예수교장로회에서 탈퇴하여 기독교장로회가 탄생했다.

휴전 후 한국신학대학이 동자동으로 다시 복귀하자, 김재준은 학장 서리 겸 교수로 복직했고, 1961년에는 학장이 되었다가, 2년 뒤 정년 퇴임하며 명예학장이 되었다. 1958년에는 캐나다 브리티시컬럼비아 대학으로부터 명예신학박사 학위를 받았다.

은퇴 후 김재준은 민주화 투사로 변모했다. 한경직과 함께 1965년에 한일굴욕외교반대투쟁에 나선 것이 시작이었다. 이어서 1969년에 3선개헌반대범국민투쟁위원회 위원장, 1972년 국제앰네스티한국위원회 위원장, 1973년 민주수호국민협의회 공동의장을 역임하며 반독재민주화운동에 깊이 관여했다. 1974년에 캐나다로 이주해서도 1975년 북미주한국인권수호협의회 의장, 1978년 북미주민주주의와민족통일을위한국민연합 위원장, 1982년 한국민주촉진국민연합 고문 등을 맡았다. 1983년에 귀국한 후에는 1987년 1월에 고문으로 죽은 박종철 군 국민추도회 발기인이 되는 등, 고령에도 민주화 투쟁의 전면에 나서던 중, 그달 27일에 별세했다.

김준곤 金俊坤 Joon Gon Kim (1925-2009) 학원 복음화와 민족 복음화 운동에 집중한 한국대학생선교회Campus Crusade for Christ, CCC 창립자다. 한국 개신교 내에서 초교파 학생 및 청년 선교단체para-church organizations의 활동 기반을 닦고, 이를 전국화하고 조직화하는 데 기여했다.

김준곤은 1925년에 전남 신안군에서 태어났다. 1941년에 무안농업실수학교(현재 무안중학교)를 졸업한 후 징집을 피해 만주 일대를 떠돌다, 해방 후 1946년에 대한예수교장로회신학교(남산 소재)에 입학해 1948년에 졸업했다. 1951년에는 전남노회에서 목사로 임직받고(1959년 이후 합동 측에 합류), 1952년에 조선대 문학과에 입학해 졸업한 후 1955년에 장로교계 미션스쿨인 광주

숭일중고등학교 교장이 되었다. 1956년에는 여수 애양원에 세워진 한센인 신학교인 한성신학교에서 가르친 후, 1957년에 미국으로 건너가 풀러 신학교에서 수학했다. 이때 그는 빌 브라이트William R. "Bill" Bright, 1921-2003를 만나는데, 풀러 동문인 브라이트는 1951년에 로스앤젤레스 소재 캘리포니아 대학UCLA에서 CCC를 창립한 후 전국 대학으로 조직을 확대하던 중이었다. 이 만남이 김준곤의 삶의 전환점이 되었다.

브라이트에게서 한국에서도 CCC 사역을 시작하라는 요청을 받은 김준곤은 귀국하여 1958년 10월에 서울 정동제일교회에서 한국 CCC대학생선교회를 창설했다. CCC는 이후 급속 성장해서, 그가 2003년 2월에 CCC 한국 대표에서 물러날 당시 CCC를 거쳐 간 대학생이 약 30만 명에 이른다고 한다.

민족 복음화와 학원 복음화가 양대 구호인 데서 알 수 있듯, 김준곤은 대학생 복음화가 민족 복음화의 열쇠라고 믿었다. 그 결과 1966년부터 미국에서 진행되던 행사를 본떠서 국회 내 원내 조찬기도회를 열었고, 이 행사를 1976년에는 국가 조찬기도회로 확장했다. 1973년 5월에 열린 대통령 조찬기도회에서는 박정희 대통령과 그가 추진하던 유신헌법을 추앙하기도 했는데, 이는 보수 반공주의 신앙인인 김준곤에게 개인 구원과 민족 구원, 반공 사상은 한 몸과도 같았기 때문이다. 1969년부터 추진한 전군신자화운동도 김준곤의 제안과 박정희의 동의를 받고 시작된 운동이었다.

김준곤은 1974년 8월에는 서울 여의도광장에서 5박 6일간 '엑스플로EXPLO 74'대회를 열었는데, 이 대회에 참석한 인원이 30만 명이 넘었다. 이 대회는 1909년에 진행된 백만인구령운동에서 그 틀을 빌려왔다. 또한 1974년의 이 대회는 1965년에 열린 개신교선교 80주년 민족복음화운동, 1973년의 빌리 *그래함그레이엄 전도대회, 1977년의 '77 민족복음화대성회, 1984년의 개신교선교100주년 대회의 중간에서 연결 고리가 된 대회로, 1960-1980년대 한국교회 양적 성장을 견인한 대형 집회 문화를 창출하는 데도 기여했다.

새 밀레니엄 전후에는 북한 선교에 관심을 기울여, 1998년부터

2006년까지는 우리민족서로돕기운동 상임공동대표를 맡았고, 2000년부터 북한젖염소보내기운동을 전개했다. 2002년에는 종교 지도자들과 함께 북한을 방문하기도 했다. 2002년에 국민훈장 모란장을 받았고, 전북대학교, 세종대학교, 명지대학교, 미국 사우스웨스턴 침례대학교에서 명예박사 학위를 받았다. 2009년 9월 29일, 향년 84세에 노환으로 별세했다.

네비우스 정책 The Nevius Plan 한국교회의 자립과 성장을 이끈 주요 원인 중 하나로 평가받는 선교 정책으로, 미국 북장로교 출신 중국 선교사 존 네비우스John Livingston Nevius, 1829-1893의 사상에서 유래했다. 네비우스는 1829년에 미국 뉴욕주 북서부 호수 지역에서 태어났다. 부모는 네덜란드 출신 이민자였다. 뉴욕주 쉐넥타디 소재 유니언 칼리지Union College를 졸업하고, 미국 북장로교 대표 신학교인 뉴저지의 프린스턴 신학교를 졸업하고 장로교 목사가 되었다. 1853년에 헬렌 코언Helen Coan과 결혼한 네비우스는 중국 선교사가 되어 이듬해에 닝보에 도착했다. 1861년부터 산둥반도 지역으로 이동해서 사역한 네비우스는 여기서 약국을 운영하고, 여학교를 세우고, 장로회 치리회를 조직하고, 광범위한 순회 선교에 참석하는 등, 당시에 매우 전형적인 선교 지도자의 삶을 살았다.

네비우스가 선교 정책에 관심을 가지고 연구를 시작한 것은 1880년대부터였는데, 그는 잉글랜드 성공회 교회선교회CMS의 헨리 벤Henry Venn과 미국 해외선교회ABCFM의 루푸스 앤더슨Rufus Abderson이 정리한 선교 원리, 즉 자전, 자치, 자립을 기반으로, 선교사에 의존하지 않는 토착 교회를 가능한 한 이른 시기에 세워야 한다는 삼자三自원리를 제창했다. 이 과정에서 그는 당시에 널리 퍼져 있던 소위 '옛'old 방법, 즉 현지 교회 지도자들에게 외국 선교회가 봉급과 자금을 주는 방식은 건강한 자치 토착 교회를 세우는 데 방해가 되는 방식이라며 강하게 비판했다. 그러나 이후에 네비우스 원리Nevius Plan/Method/Principle로 불리게 되는 그의 이러한 주장은 중국 선교지 내부에서는 저항에 부딪혀 성공하지 못했다. 중국은 거대한 선교지였고, 중국에서 사역한 선교사들의 배경과 신학, 사상이 너무 다양했으며, 심지어 네비우스가 속한 미국 북장로회 선교회 내부에서도 의견이 갈려 갈등이 심했기 때문이었다. 결국 네비우스는 중국에서는 자신이 관리하는 좁은 지역에서만 이 원리를 실험할 수 있었다.

이런 상황에서 은퇴를 앞둔 네비우스를 한국에서 막 시작된 북장로교 선교를 이끌던 *언더우드가 1890년 6월에 초청해서, 2주가량 함께 먹고 자며 강연을 들었다. 중국에서 30년 이상 사역한 노련하고 소속도 같은 선배 선교사의 가르침에 깊은 감명을 받은 당시 20대에 지나지 않은 경험 없는 재한 선교사들은 이 정책을 한국 장로교 선교의 기초로 삼기로 결의했다. 이들은 1891년부터 네비우스 원리를 기초로 '북장로교 선교회 규칙'을 제정해서 실천하기 시작했다. 이 정책은 한국교회 성장의 중요한 요인으로 세계 학자들의 책과 논문에 자주 등장한다. 이 때문에, 중국에서 30년 이상 사역한 네비우스는 그가 사역한 중국보다는 단 2주간 시간을 보낸 한국과 연계되어 더 많이 기억되고 칭송된다. 네비우스 정책이 한국교회 성장의 중요한 요인이기는 하지만, 목사 등 교회의 자치를 책임지는 지도자들을 지나치게 높인 결과, 교회 안에 계급 조직이 생겨났고, 그로써 이후에 공교회성과 교회의 대사회적 책임을 망각하는 개교회주의와 대형교회주의로 이어지는 결과를 낳았다는 비판도 상존한다.

동양선교회 Oriental Missionary Society 한국 성결교회의 뿌리가 된 선교회로, 1901년에 일본에서 시작된 후 1907년부터 한국에서 선교를 시작한 미국계 성결운동 선교 조직이다. 미국인 찰스 카우먼 Charles Elmer Cowman, 1868-1924과 캐나다인 어니스트 킬본Ernest Albert Kilbourne, 1865-1928 선교사, 일본인 나카다 쥬지가 이 조직의 시조로 지칭될 수 있는 인물이다. 나카다 쥬지, 카우먼, 킬본은 모두 무디 성서학원 동문이었다. 1898년 귀국 후 일본에서 성결운동을 전파하는 활동에 전념하던 쥬지가 카우먼에게 일본에 와 달라고 초청하자, 카우먼은 1901년에 일본에 도착한 후 복음전도관Mission Hall을 세웠다. 이어서 카우먼의 초청으로 킬본이 1902년에 일본에 왔다. 이들은 그해에 일본에 도쿄 성서학원을 설립해서 현지 전도자 및 목회자 양성을 시작했는데, 당시 이들이 가르친 주요 교리가 오늘날 성결교 4중복음으로 알려진 중생, 성결, 신유, 재림이었다. 1905년 11월부터는 복음전도관과 도쿄 성서학원을 포괄하는 선교 사역 공동체를 동양선교회로 지칭하기 시작했다. 당시 이사는 다섯 명이었는데, 카우먼이 총재, 킬본이 부총재가 되었다. 섭외와 재무를 카우먼 부부와 킬본이 맡고, 성서학원장은 일본인 사사오, 전도 책임자는 나카다 쥬지였다.

도쿄 성서학원을 졸업한 한국인 정빈, 김상준 두 사람이 1907년에 종로에 동양선교회 복음전도관을 세웠다. 1910년에는 영국인 존 토머스John Thomas를 감독으로 조선예수교 동양선교회 조직을 재편했다. 두 사람에 이어 이장하, 김두엽, 안동원 등이 도쿄 성서학원을 졸업한 후 귀국하여 이들 사역에 합류하면서 신자가 많이 늘어났다. 그러자 이들을 수용하기 위해 구리개(오늘날의 무교동)에 한옥을 구입하여 1911년에 입주 예배를 드렸다. 이 전도관이 오늘날 한국성결교회의 모체인 중앙성결교회다. 그해 3월부터는 무교동 전도관 내에 경성성서학원을 열어 전도자를 양성했다. 이 경성성서학원은 1921년에 아현동에 신축 교사를 지어 이전한 후, 1974년에 다시 부천 소사로 옮긴 서울신학대학교의 모체다.

한편, 킬번은 1921년에 한국 선교를 책임지는 감독으로 내한한 후, 9월에 전국 33개 교회와 기도원 등을 총괄하여 선교회 조직을 조선예수교 동양선교회 성결교회라는 이름의 교단으로 조직했다. 그러나 1933년 4월에는 선교사로부터의 독립을 선언하고 자치 연회를 개최하지만, 3년 후 내부 갈등으로 일부가 떠나 하나님의 교회(미국 인디애나주 앤더슨 본부)에 속한 교회를 세웠다. 그러나 이 교단은 1948년에 정남수 목사 중심의 대한기독교나사렛성결회와 통합했다.

1930년 말부터 진행된 태평양 전쟁과 신사참배 강요 와중에 재림 신앙을 강조하는 성결교는 다른 교단보다 더 모진 핍박을 받고, 1943년에 결국 해산되었다. 해방 후 1945년 9월에 교단이 재건된 성결교회는 1948년 4월부터 원래 취했던 감독제 대신 장로제를 교회 정치로 채택하고, 1949년에는 기독교대한성결교회로 교단명을 변경했다. 1962년에는 세계교회협의회WCC와 복음주의연맹 NAE 가입 문제를 놓고 내부 갈등이 일어나, 교단이 기성과 예성 두 개로 분열되었다. 오늘날 한국에서 성결운동을 대표하는 교단들과 직영 학교로는 기독교대한성결교회(기성)와 서울신학대학교, 예수교대한성결교회(예성)와 성결신학교(현 성결대학교), 대한기독교나사렛성결회와 나사렛대학교가 있다.

로스, 존 Ross, John **나요한**羅約翰 (1842-1915) 만주 주재 스코틀랜드 연합자유장로교 선교사로, 최초의 한국어 성경인 로스역 성경 번역의 주역이다. 스코틀랜드 하일랜드 출신으로, 글래스고 대학과 에든버러의 신학교(Theological Hall, Edinburgh; Scottish Congregational College의 전신)를 졸업했다. 1872년에 중국 만주로 파송된 이래, 주로 선양심양을 중심으로 활동하면서 중국인 대상으로 교회 개척에 힘썼다. 이후 선양과 단둥단동 사이에 위치한 고려문에서 이응찬, 이성하, 백홍준, 서상륜 등 조선인 상인과 접촉한 후, 한국 선교에 관심을 갖고, 이들에게서 한국어와 한글을 배웠다. 1875년에 『예수성교문답』, 『예수성교교리』 등을 한국어로 펴냈는데, 이는 한국어로 작성된 첫 개신교 문서였다. 추가로 성경 번역을 준비하는 과정에서 한국어 문법서도 펴냈는데, 이는 영어로 작성된 첫 한국어 문법서였다.

1882년에는 개신교 첫 한국어 성경인 누가복음과 요한복음을, 2년 뒤인 1884년에는 마가복음과 마태복음을 각각 편찬한 후, 1887년에 이들을 묶어 『예수성교전서』라는 사복음서 성경을 출간했다. 1884-1885년에 한국에 첫 정주 선교사들이 들어오기 이전에 이미 해외에서 한국어 성경이 출간되어 현지인에게 유통된 것이다. 이는 세계 선교 역사상 지극히 희귀한 일로, 한국이 다른 선교지 국가보다 더 빨리 개신교가 성장하고, 성경을 특히 중시하는 전통이 형성된 원인 중 하나로 평가받는다.

로스와 동료 존 매킨타이어John MacIntyre는 1884년에는 만주 일대의 한국인 부락에서 75명에게 세례를 준 것을 시작으로, 이듬해에는 25명에게 세례 주는 등, 100여 명 신자에게 세례를 베풀었다. 이 신자들 역시 선교사의 활동 없이 로스를 통해 신앙을 갖게 된 한국인 신자들의 자발적 노력으로 형성된 자생 개신교 공동체였다. 따라서 한국에 공식 파송되어 활동한 선교사는 아니지만, 로스와 매킨타이어는 미국인 선교사들이 한국과 만주에서 한국인을 대상으로 활동하기 이전에, 한국 개신교 탄생의 씨를 뿌리고, 그렇게 태어난 한국인 신자들과 함께 한국교회 성장의 탄탄한 기초를 마련한 인물들로 기억된다.

박윤선 朴允善 Yun Sun Park (1905-1988) 해방 후 한국 보수 장로교 진영을 이끈 신학자이자 주경학자로 성경 66권 전권 주석을 썼다. 1905년에 평북 철산에서 태어났다. 그 시기 많은 아이가 그랬듯, 8세부터 9년간 서당에서 한학을 배웠다. 1922년 4월에 18세의 늦은 나이로 지역 기독교인 김도순이 세운 선천 대동소학교 6학년에 편입해서 이듬해 3월에 졸업했다. 졸업 후 평북 정주 오산중학교 2학년에 편입했으나, 한 학기를 다닌 후 학교가 휴교하면서, 보궐시험을 보고 선천 신성중학교 3학년에 다시 편입했다.

선교사들이 세운 신성중학교에 재학할 때 기독교 신앙을 받아들였다. 1927년 졸업 무렵에는 김선두 교장의 추천으로 평양 숭실전문 영문과에 입학해서 1931년에 졸업했다. 이 시기부터 그의 신앙과 경건은 특출했는데, 방지일, 송영길, 이유택, 김철훈, 박기환, 김진홍 등 같은 학교의 동지들과 매일 새벽 3-4시에 기상하여 한 시간 이상 걸어서 모란봉 숲속에서 기도하고 돌아오는 일을 지속했다. 일평생 학자였음에도 기도와 경건을 지속적으로 강조한 데는 이렇게 단련된 경험과 습관이 있었기 때문이다.

숭실전문 졸업 후 *평양신학교에 진학한 박윤선은 1934년에 신학교를 졸업하고, 미국으로 유학을 떠났다. 박윤선의 유학은 총 세 차례였다. 1934년 9월부터 미국 필라델피아 웨스트민스터 신학교로 유학해서, 2년 뒤에 신학 석사ThM 과정을 마친 후 귀국했다. 1929년에 프린스턴에서 분리된 웨스트민스터에는 당시 이 학교를 대표하는 그레셤 *메이첸이 있었다. 그 학교에 다닌 모두에게 그랬듯, 메이첸은 박윤선에게도 신학과 신앙의 귀감이었다. 귀국한 박윤선은 평양신학교에서 성경 원서를 가르쳤고, 총회 표준성경주석 편집부원을 맡았다. 이때의 경험이 이후 박윤선을 성경 전권 주석자로 만든 첫 계기였다.

두 번째 유학은 평양신학교가 신사참배에 반대하다 문을 닫은 1938년 9월부터로, 다시 웨스트민스터로 가서 1년간 코넬리어스 반틸에게서 변증학과 성경 원어를 연구했다. 공부를 마친 후에는 일본에서 잠시 성경 주석을 집필하다가, 1940년 3월에 만주로 가서 봉천노회에서 임직받고 그 지역에 세워진 오황가교회를 맡았다. 만주에 체류하던 1941년부터 1943년까지는 *박형룡도 합류한 봉천신학교에서 교수로 가르쳤다. 해방이 되자 가족과 함께 고향으로 귀국했다가, 북한 지역이 공산주의 치하에 들어가자, 경남 지역의 출옥성도 지도자 한상동과 함께 1946년에 부산 고려신학교를 세우는 일에 힘을 보태고 교장서리와 교장직을 연이어 맡았다. 1952년에 고려파가 예수교장로회 총회에서 분리될 때도 이들과 함께했다. 1953년에는 네덜란드로 다시 유학을 떠나 신약을 공부했다. 귀국 후 다시 고려신학교로 돌아갔으나, 1960년에 주일에 선교사를 배웅하다 예배에 참석하지 못하는 일이 생겼다. 고신 교단 내 일부 인사가 주일성수 위반으로 문제를 제기하자, 이듬해 고신을 떠났다. 1963년부터 합동 측의 총회신학교 교수와 교장, 이 학교가 발전한 총신대학 교수, 총신대학원 교수 및 대학원장을 지냈다. 대학원장이 된 1979년에는 웨스트민스터 신학교에서 명예신학박사 학위를 받기도 했다.

그러나 1980년에 총신대 학내 비리에 저항한 학생들이 대규모로 퇴학당한 후 남서울교회 지하에서 합동신학원을 시작하자, 총신 대학원장을 사임하고 합동신학원에 합류하여 초대 원장이 되었다. 이후 합동신학원은 합신 교단을 설립하기에 이른다. 명예교장으로 지내던 1988년에 사망한 후, 수원 합동신학대학원 뒷동산에 묻혔다. 박윤선은 스스로 자신을 주경신학자로 인식한 것으로 알려져 있다. 그는 미국 장로교 보수의 상징 웨스트민스터신학교를 졸업했으나, 네덜란드에서 대륙 칼뱅주의를 배웠기에, 다소 분리주의적이었던 미국 전통을 16-17세기 대륙 개혁신학의 좀 더 공교회적인 정통과 조화시키려 노력했다는 평가를 받는다.

박형룡 朴亨龍 Hyung-Ryong Park (1897-1978) 한국 교회사의 대표적인 장로교 신학자 중 하나로, 특히 보수신학의 태두였다. 1897년에 평북 벽동에서 태어났다. 어려서부터 학구열이 뜨거워, 산간벽지인 벽동을 떠나 장로교 미션스쿨인 선천 신성중학교에 입학했다. 신성중학교를 1916년에 졸업한 후에는 평양 숭실전문에 입학해서 1920년에 졸업했다. 어릴 때부터 웅변술에 재능이 있던 그는 대학 시절에 웅변 강사로 전국을 순회하다가, 목포에서는 일본 경찰에게 끌려가 구금당하기도 했다. 구금에서 풀려난 1921년에 중국 난징의 금릉대학에 편입생으로 유학했는데, 금릉대학(오늘날 난징 대학교)은 1915년의 여운형을 시작으로, 조동호, 김원봉 등의 독립운동가가 공부한 기독교계 학교였다.

1923년에 금릉대학을 졸업한 후 박형룡은 미국으로 건너가 신학을 본격적으로 공부하기 시작했다. 북장로교 신학교인 뉴저지 프린스턴 신학교에서 3년간 개혁신학을 배운 후 1926년에 신학사와 신학 석사 학위를 받고 졸업했다. 이어서 켄터키 루이빌의 서던 침례신학교로 진학하여 기독교 변증학 분야 박사 과정을 수료한 후 이듬해 귀국했다. 미국에 있는 동안 학교 내에서 전개되던 근본주의 논쟁을 접하며 성서 비평을 수업의 일부로 듣기도 했지만, 박형룡은 단호한 보수주의의 길을 택했다.

귀국 후 평양 산정현교회 전도사로 사역하다가 얼마 후 목사 임직을 받은 박형룡의 신학 교수로서의 길은 1931년에 *평양신학교 교수가 되면서 시작되었다. 1933년에는 학위 논문을 마무리하고 박사가 되었다. 평양신학교에 있는 동안 이 학교가 장로교 보수주의 신학의 요람이 되게 하기 위해 노력했고, 이 와중에 주로 일본에서 유학하고 돌아온 온건한 자유주의 성향의 학자와 목사, 즉 *김재준, 송창근, 채필근, 김영주, 김춘배 등을 견제하기도 했다.

1938년에 평양신학교가 신사참배를 반대하며 자진 폐교하자, 도쿄로 잠시 피신했다가, 1942년에 만주 봉천(오늘날의 선양)의 동북신학교에서 교수 및 교장직을 역임했다. 해방 후에도 1947년까지 동북신학교 교수로 지내던 중, 경남노회에서 고려신학교를 세워 운영하던 출옥성도 진영의 송상석의 요청으로 그해 10월에 고려신학교 교장에 취임했다. 그러나 총회 소속 신학교가 특정 지역과 특정 일파만의 신학교로 남아 있어서는 안 된다고 주장하며 교장직을 사임했다. 상경한 후 1948년에 총회 직영 장로회신학교 교장으로 취임한 박형룡은 1953년 휴전 직후에 남산 조선신궁 터를 신학교 부지로 불하받으려던 과정에서 부지 대금 3,000만 환을 사기당하고 말았다. 이 과정에 책임을 지고 교장직을 사임했지만, 이 사건이 여러 원인 중 하나가 되어 대한예수교장로교는 합동과 통합으로 분열되고 말았다.

이후 박형룡은 합동 측의 신학적·정신적 대부 역할을 떠맡았다. 사당동에 세워진 총회신학교의 교수와 교장직을 역임하다 1972년 은퇴했다. 은퇴한 후에도 근본주의 요소가 강한 장로교 보수주의의 기초를 세우는 집필 작업에 몰두하다가 1978년에 소천했다. 사망 전해인 1977년에 전체 14권으로 된 방대한 『박형룡 박사 저작전집』이 출간되었다.

신사참배 Shinto Shrine Worship 1930-1940년대에 일제가 식민지 전역에 강제한 천황제 이데올로기이자 종교 행위로, 한국교회는 초기에는 저항하고 투쟁했지만, 결국 굴복하고 변절했다. 한국에 신도 및 천황 숭배가 도입된 것은 1876년 강화도 조약 직후였으나, 국공립 지배 종교 체제로 강요된 것은 1910년 경술국치 이후였다. 1925년에는 신궁으로 이름이 바뀐 조선신사가 1912년에 남산에 세워지고, 주로 일제가 운영하던 국공립 학교별로 천황 사진 및 교육칙어에 대한 배례, 동방요배, 신사참배, 기부금 등이 강요되었다. 그러나 이를 기독교계를 비롯한 사립학교에도 적용하며, 반대하면 처벌한 것은 일본이 만주사변, 중일전쟁, 태평양전쟁 등으로 군국주의의 길을 걸은 1930년대부터였다.

신사참배가 처음 강요되었을 때, 기독교계는 모두 이를 예외 없이 우상숭배로 인식하고 반대했다. 1935년 11월에 열린 평남 도내 공립, 사립 중등학교 교장회의 전에 신사참배를 하는 자리에서, 장로교 숭실학교 교장 조지 매큔George S. McCune, 윤산온, 1872-1941, 숭의여학교 교장 대리 정익성, 안식교 순안 의명학교 교장 하워드 리Howard M. Lee 등이 이에 저항했다. '평양 기독교계 사립학교장 신사참배 거부사건'으로 불리는 이 사건 이후 일제는 신사참배가 국민의례일 뿐 종교의식이 아니며, 조상에게 경의를 표하는 것일 뿐, 예배 행위가 아니라는 논리를 담은 지침서를 배포했다. 이후 이 지침을 따르지 않을 시 강제 폐교한다는 원칙을 분명히 했다.

이때 이후 학교별로, 소속 교단 내의 내부 갈등 속에서 각자의 길을 선택했는데, 천주교는 1936년 5월, 감리교는 1936년 6월, 성결교, 구세군, 성공회도 비슷한 시기에 일제의 주장을 수용하며 학교를 유지했다. 장로교의 경우, 폐교한 부류(평양 숭실과 숭의, 대구 계성과 신명, 선천 보성 및 신성, 강계 영실, 서울 정신 및 경신, 호남 및 부산의 모든 선교계 학교, *평양신학교 등)와 유지한 부류(서울 연희, 함경도 전역의 캐나다연합교회 선교회 계열 선교학교 등)로 나뉘었다.

학교에 이어 교단별로 신사참배 결의가 이어졌다. 1935년에 안식교, 성결교, 천주교가 신사참배를 결의했고, 감리교도 1936년 6월에 양주삼 총리사가 신사참배가 국민의례일 뿐이라는 입장을 피력한 후, 1938년 9월에 이를 공식 결의했다. 마지막 저항을 하던 장로교도 1938년 9월의 27회 총회에서 일본 경찰의 사전 준비와 삼엄한 경비하에 참배 결의를 통과시켰다.

이 사건 전후에 개인별로 신사참배에 저항하는 물결이 이어졌다. 박관준, 안이숙 등은 '신사참배 금지청원운동'을 벌인 대표 인사인데, 1939년 2월에 일본으로 건너가 일본제국회의 중의원 회의장에 신사참배 반대 경고장을 투척하는 기개를 보이다 투옥되었다. 박관준은 옥사했고, 안이숙은 6년 징역을 살다가, 해방 후 미국으로 이민했다. '신사참배에 대한 조직적 거부운동'을 벌인 이들도 있었다. 평남의 *주기철, 평북의 이기선, 경남의 한상동, 주남선, 전남의 손양원, 함남의 이계실, 만주의 박의흠, 김형락, 김윤섭 등이 대표적이다. 이들은 모두 옥고를 치렀는데, 조용학, 주기철, 최봉석, 최성민, 김윤섭, 박의흠 등이 감옥에서 해방 전에 사망함으로써 순교자가 되었다. 해방 후 출옥한 주남선, 한상동, 이계실 등은 교회정화운동을 펼치다 교권을 쥔 목사들의 저항에 직면하여 교단 분열의 아픔을 겪기도 했다.

신사참배 저항운동은 일차적으로는 우상숭배를 거부하고 신앙의 순결을 지키려 한 신앙운동이었다. 그러나 일제가 이들 신사참배 저항자들을 민족주의자로 규정하고 치안유지법, 보안법, 불경법 등으로 재판에 회부하고 집행한 사실, 또한 이들의 신사참배 반대 행위에 실제 반일민족운동의 요소가 있다는 사실을 고려할 때, 이 운동은 민족주의 독립운동의 일부로 편입될 여지가 있다.

아펜젤러, 헨리 거하드 Appenzeller, Henry Gerhard 아편설나亞偏薛羅 (1858-1902) 미국 북감리교 파견으로 한국에서 활동한 첫 감리교 선교사로, 한국 감리교의 아버지라 불리는 인물. 미국 펜실베이니아 서더턴 출신으로, 프랭클린앤드마샬 대학을 졸업하고 북감리교 신학교인 드루 신학교에 진학했다. 1885년 4월에 임신 중인 아내와 함께 제물포항에 들어왔다가, 다시 일본으로 가서 최종 준비를 마친 후 7월부터 한국에서 사역을 시작했다. 8월에 조선 최초의 서양식 학교인 배재학당을 설립했고, 1887년에 최초의 감리교회인 벧엘예배당(정동제일교회)를 세웠다. 이듬해에는 한국 첫 서양식 출판사 삼문출판사를 설립하고, 대한기독교서회의 전신인 조선성교서회도 1890년에 설립했다. 1897년에는 감리교 엡윗청년회 Epworth League를 창립하고, 감리교 순한글 신문인 「조선그리스도인회보」도 창간했다. 이 신문에 신앙뿐 아니라 인문, 교양, 문화 등과 관련된 여러 글을 실어 서양 세계에 대한 지식을 확산시키고, 한국어 어휘 확산에도 기여했다. 1902년에 성경번역위원회 회의 참석차 인천에서 배를 타고 목포로 향하다, 군산과 서천 인근 해역에서 배가 침몰하면서 순직했다. 딸 앨리스 레베카 아펜젤러Alice Rebecca

Appenzeller, 1885-1950와 아들 헨리 다지 아펜젤러Henry Dodge Appenzeller, 1889-1953도 대를 이어 한국에서 선교사로 활동했다.

앨런, 호러스 뉴턴 Allen, Horace Newton **안련**安連 (1858-1932) 1884년 9월에 입국한 한국 최초의 정주定住, resident 개신교 선교사이자 미국 외교관. 1883년 10월에 미국 북장로교 의료선교사로 중국 상하이에 파견되었다가, 이듬해 9월에 한국으로 임지를 옮겨 한국 첫 개신교 선교사의 영예를 얻었다. 오하이오 출신으로, 오하이오 소재 웨슬리안 대학 학부에서 신학을 공부한 후, 같은 주의 마이애미 의대에서 의학을 공부하여 의사가 되었다. 한국에 처음 입국했을 때는 선교사 신분이 아니라, 1882년 조미수호통상조약의 결과로 개설된 미국 공사관 소속 무급의사 자격으로 내한했다. 그러나 그해 12월에 일어난 갑신정변에서 민영익을 치료한 공을 인정받아 왕실 어의와 정치 고문으로 발탁되었고, 고종의 윤허하에 1885년 4월에 설립된 *제중원 의사가 되었다. 그러나 *언더우드, 헤런John W. Heron, 혜론蕙論, 1856-1890 등, 동료 선교사들과의 갈등으로 선교사 활동을 중단하고 미국으로 건너가 외교관으로 근무했다. 주미 한국공사관 서기관직을 맡았고, 1890년에 다시 내한한 후에는 주한 미국공사관 서기관, 총영사, 대리공사, 공사 자리를 거쳤다. 1905년에 미국으로 귀국한 후 개업하여 의사로 여생을 지내다, 1932년에 오하이오에서 사망했다.

최초 정주 선교사라는 영예로운 이름과는 달리, 선교 활동보다는 외교 활동에 더 집중했다는 점에서, 선교사로서는 부족했다는 평가도 있다. 또한 외교관직을 맡은 기간에 언더우드 등의 선교사에게 더 적극적인 지원을 하지 않았다는 비판과 미국의 국익에 적극적으로 부합하는 태도를 취했다는 비판도 받았다. 그러나 민영익을 치료하고 제중원을 설립하여 서양 의술로 기독교와 서양 문명에 대한 긍정적인 이미지를 한국인에게 퍼뜨렸다는 점에서, 개신교 선교의 기반을 닦은 인물로 평가할 수 있다. 또한 한국 역사, 민담, 한미 관계, 문화 등을 서양에 소개하는 여러 저서를 남겨 현대 한국학 연구의 기초를 세운 점도 공로로 평가받아야 한다.

언더우드, 호러스 그랜트 Underwood, Horace Grant **원두우**元杜尤 (1859-1916) 한국에 정주하며 선교한 최초의 장로교 목사 선교사로, 한국 장로교회의 아버지라 불리는 인물. 1859년에 영국 런던에서 태어난 후, 영국과 프랑스에서 초등학교 교육을 받았고, 미국으로 가족이 이주한 후에 뉴욕 대학을 졸업했다. 미국 소재 네덜란드계 개혁교회에서 운영하는 뉴브런스윅 신학교에서 신학을 공부했으나, 개혁교회 목사가 아니라 북장로교 목사로 임직받은 후, 북감리교의 헨리 *아펜젤러 부부와 함께 한국 선교사로 입국했다. 1884년에 입국한 호러스 뉴턴 *앨런에 이어, 1885년 4월에 입국한 두 번째 북장로교 선교사다.

의료선교사였지만 첫 선교를 개시하는 데 상당히 신중했던 앨런과는 달리, 초기부터 적극적인 선교를 펼쳤다. 처음에는 고종의 윤허 아래 1885년 2월에 설립된 첫 서양식 병원인 *제중원에서 의료 보조와 교사로 앨런을 도왔다. 이후 경신학교와 연희전문으로 발전하게 되는 보육원인 언더우드학당을 1886년에 설립하고, 최초의 장로교회인 새문안교회를 1887년에 설립하는 등, 한국 개신교 학교 및 교회의 기초를 놓았다. 한국어를 활용한 언더우드의 문헌 활동도 뛰어났다. 1887년에 결성된 성경번역위원회를 주도하여 첫 개신교 성경전서가 1911년에 발간되는 데 기여했고, 1908년에 장로교와 감리교 연합『찬송가』가 발간되기 전에 스스로 편집한 찬송가를 장로교회에서 사용하기도 했다. 1897년에 한글 기독교 신문인「그리스도신문」을 발행하고, 한국의 종교, 역사, 문화를 외국에 소개하는 저서도 많이 남겼다. 미국 남장로교, 호주 장로교, 캐나다 장로교 등 다른 장로교 선교회뿐만 아니라, 미국 북감리교 및 남감리교와의 연합 사업에도 매진하여, 초기 한국 개신교 선교 활동이 다른 해외 지역과 달리 상호 존중과 협력이라는 에큐메니컬 정신에 충실하도록 이끌기도 했다. 이 공로를 인정받아 1912년 9월에 열린 대한예수교장로회 초대총회 총회장이 되었다.

건강 악화로 미국으로 귀국한 후 치료받다가, 1916년 10월에 57세의 이른 나이에 운명했다. 한국 선교지에서 만난 여덟 살 연상의 아내 릴리어스 호턴 의사와 1888년 결혼했다. 언더우드 가문은 연세대학교를 중심으로 4대째 한국에서 활동하고 있다.

이성봉 李聖鳳 Seongbong Lee (1900-1965) 한국 성결교회를 대표하는 부흥사이자 목사. 1900년 7월에 평남 강동군에서 평범한 서민층 가족의 장남으로 태어났다. 신앙이 뜨거운 어머니로부터 기독교 신앙을 전수받았다. 어머니가 교사로 가르치던 황해도 신천 경신학교를 졸업한 후, 평남 대동군으로 가서 과수원 농사를 했다. 농사를 지어 부자가 되는 것이 꿈이었으나, 21세 때에 주일을 지키지 않고 평양에 나가 장사를 하다가 돌아오는 길에 몸에 통증이 와서 쓰러지고 말았다. 이성봉은 이때 깊이 회개하고 하나님의 길을 가기로 했다고 고백한다. 1919년 *3.1운동 당시에는 대동단이라는 독립운동 단체에서 활동하다가 유치장에 갇히기도 했다.

신천에서 경신학교에 다닐 때는 이 학교를 운영하던 주체이자, 장로교의 유명한 부흥사 *김익두 목사가 목회하던 신천교회에 다녔고, 이후에는 감리교회에도 다녔다. 그러나 1925년에 성결교 신학교인 경성성서학원(현 서울신학대학교)에 입학해서 3년간 공부했다. 중학교를 졸업하지 못한 이성봉을 받아 준 곳이 당시 학력보다는 신앙적 헌신을 목회자 자격 기준으로 더 강조한 성결교단의 신학교였기 때문이었다. 신학교에서 그는 특히 이명직 목사와의 만남을 잊지 못할 추억으로 기억했다.

1928년에 성서학교를 졸업한 후, 이성봉은 수원, 목포, 신의주에서 사역하다 1932년에 목사 임직을 받았다. 특히 신의주 목회가 성공적이었는데, 벽돌로 된 2층 신축 예배당은 당시 성결교 최대 건물이었다. 1930년대는 성결교가 크게 부흥한 시기였다. 교단 본부는 1937년에 이성봉을 지역 목회에 구애받지 않고 전국을 다니며 교파를 넘나들며 부흥회를 인도하는 순회부흥목사로 임명했다. 일제 말기 신사참배 강요기에 이성봉은 이를 피하고자 만주로 가서 사역했다. 가끔 조선에서도 집회를 인도했는데, 황해도 사리원에서 인도한 집회에서 예수가 재림한다고 가르치다 일본 경찰에 검거되어 6개월 만에 기소유예로 풀려나기도 했다.

해방 후에는 만주에서 평안도로 내려가서 교회 재건에 힘썼으나, 공산 치하가 되자 1946년 3월에 남하했다. 전쟁 중에는 보육원, 한센인 마을 등을 다니며 집회를 인도했고, 경찰서와 군대에서도 부흥사로 활약했다. 자신의 사역을 일종의 영적 전쟁으로 인식한 이성봉은 자기가 인도한 집회를 '횡성 성결군', '춘천 재토벌', '주봉산 고지', '진주 백병전', '원주전' 등으로 지칭했고, 부흥사는 특공대, 담임목사는 대장, 교인은 장병, 부흥회는 전투, 낙심자는 부상자, 부흥회 성공은 고지 탈환으로 묘사했다. 1961년에 성결교회가 기성과 예성으로 나누어 분열하자, 전국 교회를 다니며 다시 합할 것을 권하기도 했다. 그의 신앙관과 사역의 특징이 미국 부흥사 D. L. *무디를 연상시켰기에, 그는 자주 '한국의 무디'로 불렸다.

이수정李樹廷 Sujeong Lee (1842-1886) 개신교 선교사들이 한국에 공식 입국하기 전에 일본에서 개신교로 개종하고, 한국어 성경을 번역한 인물. 전남 곡성 출신의 온건 개화파 양반인 이수정은 고종 19년인 1882년 9월에 3차 수신사로 일본을 방문한 박영효의 비공식 수행원으로 일본을 방문했다. 수신사修信使는 1876년 이후 조선이 일본에 파견한 외교 사절로, 1876년부터 1882년까지 3차에 걸쳐서 파견되었다. 당시 이수정은 이미 일본을 다녀온 친구 안종수로부터 저명한 농학자이자 기독교인인 츠다센津田仙, 1837-1908을 만난 적이 있다는 말을 듣고, 그를 찾아가 만났다. 이 만남에서 두 사람은 산상수훈을 비롯한 기독교 신앙 및 양국의 농업 등에 대한 이야기를 필담으로 나누었다. 츠다센에게서 한문 성경 한 권을 선물받은 이수정은 이를 탐독한 후, 츠다센을 비롯한 기독교 지도자들의 도움을 받아 몇 개월간 성경 공부에도 열심을 냈다. 이후 1883년 4월 29일 주일에 미국인 장로교 선교사 조지 윌리엄 녹스George William Knox, 1853-1912가 진행한 세례문답 후, 일본인 야스가와安川亨 목사의 주재하에 도쿄의 로게쓰초露月町교회에서 세례를 받았다. 이로써 이수정은 일본으로 간 지 7개월 만에 세례를 받음으로써, 일본에서 세례받은 첫 한국인 개신교 신자가 되었다.

일본 기독교 지도자들의 큰 관심의 대상이 된 이수정은 그해 5

월에 열린 제3회 일본 전국기독교도 대친목회에도 초청받아 참석자들 앞에서 한국어로 기도했고, 다음 날에는 요한복음 15장에 기반한 신앙고백문을 읽기도 했다. 이수정은 일본에 와 있던 조선인 유학생들에게 전도하기 시작했고, 당시 개종한 손붕구, 박영선, 김익승, 박명화, 이경필, 이계필, 이주필 등과 함께 1883년 말에 해외 최초의 한인 교회를 설립했다.

일본 기독교 지도자들을 들뜨게 한 조선인 양반 이수정의 개종은 일본에 와 있던 미국 선교사들에게도 크게 주목받았다. 녹스는 서신과 기고문을 통해 이수정의 개종과 그의 선교 요청을 알리면서, 그를 "한국에서 온 마케도니아인"A Macedonian from Corea이라고 칭했고, 이수정은 1885년까지 수차례 선교사 파송 요청문을 미국에 보냈다. 재일 미국성서공회 총무 헨리 루미스Henry Loomis, 1839-1920 또한 이수정에게 일본에 있는 동안 한국어 성경 번역을 해 보라고 제안했다. 이에 이수정은 1883년 5월부터 번역에 착수하여, 6월까지 신약 전체 번역을 완료했다.

이렇게 빨리 번역할 수 있었던 이유는 그가 작업한 성경이 중국어 성경의 한자 본문에다 한글로 토를 단 현토성경懸吐聖經이었기 때문이다. 이 성경의 1차 대상자는 일본에 있던 유학생으로, 이들 모두가 한자를 잘 아는 식자층이었다. 현토성경 번역이 완료된 6월부터 이수정은 국한문을 혼용한 새로운 종류의 한국어 성경 번역에 착수한 후 1884년 4월에 완료했는데, 이때 번역된 책은 마가복음으로, 『신약 마가전 복음서언해』라는 제목으로 요코하마에서 1885년 2월에 출간되었다. 이수정의 성경은 개신교 첫 내한 선교사들인 *언더우드와 *아펜젤러가 일본에 도착하는 2월경으로 일정을 맞추어 출간된 것이었다. 이로써 4월 5일에 제물포에 첫 내한 복음선교사로 상륙한 두 사람은 이미 현지어로 번역된 성경을 소지하고 입국함으로써, 선교 역사상 유례없는 역사의 주요 배역이 되었다.

일본에서 이수정은 김옥균 등 망명객들과의 관계가 악화되면서 자객에 의해 상처를 입었다. 이로써 신약성경 전체를 번역하려던 계획에도 차질이 생겼다. 이수정은 1886년 5월에 귀국한 것으로 알려졌다. 이후 병사했다는 설, 처형당했다는 설, 배교했다는 설이 서로 맞서고 있어서, 귀국 후 행적은 분명치 않다.

이용도李龍道 Yongdo Lee (1901-1933) 일제 시대 감리교 목사이자 부흥사로, 특유의 신비주의적 신앙 행태로 많은 추종자를 양산한 동시에 소속 교단인 감리교에서 이단 시비에 휩쓸리기도 했다. 이용도는 1901년에 황해도 금천에서 태어났다. 시변리공립보통학교를 거쳐 1915년에 개성 한영학교에 입학했다. 한영학교는 미국 남감리교가 세운 미션스쿨이었지만, 민족주의 정신도 강했다. 1919년 당시에는 송도고등보통학교 학생으로 *3.1운동에 참여한 후 2개월간 수감되었다. 1920년 기원절 사건, 1921년 성탄절 불온문서 사건, 1922년 태평양의회 사건에도 연루되는 등, 1924년에 *협성신학교에 입학하기 이전까지 네 차례에 걸쳐 3년 넘게 감옥 생활을 한 독립운동가이기도 했다.

협성신학교에 입학하여 1928년에 졸업한 이용도는 강원도 통천교회로 부임했는데, 여기서 새벽 기도 중에 교회 안에 가득 찬 악마와 싸우는 체험을 하고, 양양에서는 붉은 군대와 싸우는 환상을 체험했다. 이런 체험 후 부흥사로 거듭난 이용도는 통천, 양양, 개성 등 강원도와 경기도의 감리교회에서 부흥회를 인도했다. 1930년에 목사 임직을 받고, 전국주일학교연합회 간사로 활약하고, 이듬해에 감리교 경성지방 순회 부흥사로 임명된 후에는 장로교 등 다른 교파에서도 부흥사 초청을 자주 받았다. 그가 주로 강조한 주제는 회개와 신생 등이었고, 이런 주제를 다루며 한국교회의 어두운 면을 집중 비판했다. 때로 무교회주의자로 몰리기도 했는데, 이는 그가 집회에서 벽돌에 지은 것이 교회가 아니므로 모두 불 질러 버린 후에 그 잿더미 위에서 참된 예배를 드려야 교회라는 취지의 설교를 했기 때문이었다.

특히 그는 당시 천상과 지상을 넘나들며 극단적인 신비주의를 주창한 스웨덴 신학자이자 천문학자인 에마누엘 스베덴보리Emanuel Swedenborg, 1688-1772와 인도 신비주의자 선다 싱S. Singh, 1889-1929

을 따르며 강신극 소동을 일으키기도 한 한준명, 유명화 등과 교류했다. 이들이 이단 시비에 몰렸을 때도 이들을 변호했다. 결국 1931년 황해노회는 그에게 금족령을, 1932년 평양노회는 집회 규제령을 내렸다. 그 와중에 폐병이 다시 찾아와, 1933년 3월에 감리교 중부연회에서 휴직한 후 원산에서 요양하다가, 33세의 이른 나이로 10월에 사망했다.

그가 이단으로 몰린 결정적 계기는 요양 중이던 6월에 그 지역에 기거하던 신비주의자 백남주, 한준명, 황국주, 이호빈, 유명화 등과 함께 예수교회를 창설한 것이었다. 이 교회의 핵심 교리는 그리스도와 개인과의 신비적 합일이 기독교 신앙의 중심이며, 이 합일의 중간에 전통이나 성직자, 교리, 성례전 등 어떤 다른 매개도 끼어들 수 없다는 주장이었다. 이에 1933년 제22회 장로교 총회는 이용도와 예수교회를 이단으로 규정했다. 그러나 1933년에 장로교가 이용도를 이단으로 규정한 지 66년이 지난 1998년에 기독교감리회 제23회 총회는 이용도의 명예 복직을 만장일치로 결의했다.

이화학당 Ihwa Hakdang 미국 북감리교 첫 여성 선교사 메리 스크랜턴Mary Fitch Scranton, 1832-1909이 정동에 설립한 첫 서양식 여성 교육 기관. 아들 윌리엄 스크랜턴 의사 부부와 함께 1885년 6월에 한국에 입국한 메리 스크랜턴 여사는 남녀유별 질서가 엄격한 유교적 조선 사회에서는 여성만을 위한 학교가 따로 필요하다고 판단하고 1886년 5월에 학생 한 명과 함께 정동에 이화학당을 설립했다. 여성을 교육한다는 인식이 보편적이지 않은 상황에서, 학생 모집에는 어려움이 따랐다. 그래서 이후의 이미지와는 달리, 초기 학생 다수는 고아나 과부, 첩 등 소외 계층이었다. 그러나 1887년에 학생이 일곱 명으로 늘어난 직후에 명성 황후로부터 학교 이름을 '이화학당'梨花學堂으로 하사받았다. 이후 이화학당은 한국인에게 주로 '양국관'洋國館이라 불리며 성장했다. 1890년에는 유력한 개화파 인사 박영효朴泳孝의 딸이 이화학당에 와서 스크랜턴 여사와 함께 기거하며 공부하는 등, 양반층까지 포괄할 만큼 영향력을 확장했다. 동시에 서민층과 귀족층이 함께 공부하면서 근대적 신분 타파를 매개하는 기능도 감당했다.

초대 교장 스크랜턴 이후로 교장은 주로 미국 북감리교 여성 선교사들이 맡았다. 이후 학당은 유치원, 보통과(초등학과), 중등과, 고등과로 연령별 분화 교육을 했고, 1910년에는 대학과가 생겨 한국에서 여성이 대학 교육을 받을 수 있는 길도 열렸다. 1918년에는 고등과와 보통과가 각각 분리되어, 이화여자고등보통학교, 이화여자보통학교로 개교했고, 중등과가 이름을 바꾼 대학예과와 대학과가 1925년에 병합하여 이화여자전문학교로 개편되었다. 1935년에는 대학 위치를 정동에서 신촌으로 옮겼다. 원래의 이화학당이 있던 정동 지역에는 현재 이화여자고등학교와 이화여자외국어고등학교 캠퍼스가 있다.

한편, 1887년에 여성만을 위한 근대식 병원으로 이화학당과 연계되어 설립된 보구여관保救女館이 동대문에 분원을 내면서, 이 분원이 이화여대부속병원과 이화여대 의대로 발전한다. 이화여대 동대문병원은 2008년에 폐교되어 흥인지문공원이 되었고, 현재 이화여대병원과 의대는 목동으로 이전했다.

제중원 Chejungwon **광혜원, 세브란스 병원** 한국 최초의 서양 근대식 병원으로, 국왕의 윤허하에 국영(혹은 왕립) 병원으로 설립되었으나, 미국 북장로교 선교회가 실무를 책임졌다. 1884년 10월에 미국 공사관 소속 의사로 입국한 호러스 뉴턴 *앨런이 그해 12월에 터진 갑신정변에서 중상을 입은 민영익을 치료하여 살림으로써 고종 및 명성 황후 및 정부 관료의 신임을 얻었다. 이에 앨런은 정변 당시 살해된 홍영식의 집을 고종에게 하사받아 1885년 4월에 광혜원廣惠院이라는 이름으로 한국인을 대상으로 하는 최초의 근대식 병원을 열었다. "널리 시혜를 베푼다"는 의미의 광혜원은 곧 "민중을 구제한다"는 의미의 제중원濟衆院으로 이름을 바꾸었다. 제중원 자체는 전도를 위한 기관은 아니었지만, 초기 개신교 선교의 전초 기지 역할을 했다. 그해 4월에 입국한 북장로교 첫 복음전도 선교사 호러스 그랜트 *언더우드가 이곳에 머물며 한국어를 배우고 의료 보조로 활동했으며, 북감리교 의료선교사 윌리엄 스크랜턴도 독립된 감리교 병원을 세우기 전에 이곳에서 활동했다. 북장로교 의료선교사로 합정동 소재 외국인 묘지 양화진에 묻힌 첫 서양인 존 헤런John W. Heron, 1856-1890, 1886년에 입국한 북장로교 첫 여성 의료선교사 애니 엘러스Annie J. Ellers, 1860-1938도 제중원을 거쳤다.

북장로회 한국선교회는 이 병원을 1887년에 남대문 안 구리개 銅峴(현재 을지로 외환은행 본점 부근)로 확장 이전했다. 이후 앨런이 선교사직을 사임하고 미국 공사관 서기관으로 옮기자, 헤런이 원장직을 맡았다. 왕립병원이었던 제중원은 1894년에 캐나다인임에도 미국 북장로교 소속 선교사로 영입된 올리버 애비슨Oliver R. Avison, 1860-1956의 요청으로 북장로교에 완전히 이관된 선교병원이 되었다. 애비슨은 1900년에 미국에서 만난 미국인 석유 사업가 루이스 세브란스Louis. H. Severance, 1838-1913로부터 병원 설립 기금을 기부받아 1904년에 남대문 밖 복숭아골(현재 서울역 맞은편에 서 있는 세브란스빌딩 자리)에 병원을 세웠다. 이때부터 세브란스병원으로 불리기 시작했다. 오늘날 세브란스병원은 연세의료원과 연세대학교 의대 기능도 동시에 수행한다. 연세대학교라는 이름도 연희전문대학과 세브란스병원의 첫 글자를 병합하여 탄생했다.

현재 연세대학교 세브란스병원과 서울대학교부속병원 사이에 한국 첫 근대식 병원인 제중원의 실질적 계승자가 어디인지를 놓고 논쟁이 있다. 병원의 첫 설립 및 실질적 운영을 북장로교 선교회가 했다는 이유로, 반대로 제중원이 왕실이 윤허한 국영병원이라는 이유로 두 병원은 각각 자신이 제중원의 실질적 적통이라고 주장한다.

조용기趙鏞基 David Yonggi Cho (1936-2021) 세계에서 등록 교인 수가 가장 많은 여의도순복음교회를 설립하고, 담임목사로 51년간 사역한 후 2008년에 이 교회의 원로목사가 되었다. 2020년 7월에 뇌출혈로 쓰러진 후, 1년 여에 걸쳐 치료를 받다가 2021년 9월 14일에 향년 85세로 사망했다.

조용기는 1936년에 경남 울주군에서 태어났다. 부산 동래중학교를 졸업한 후에는 부산공업고등학교에 진학해 기술자가 되기 위해 준비했다. 그러나 학교 근처에 있던 미군 부대의 병사들에게 영어를 배우게 되면서, 미군 부대장과 학교 교장 간의 통역을 맡기도 했다. 고등학생 시절 폐결핵에 걸려 투병하는 중에, 병문안을 온 누나의 친구를 통해 기독교를 받아들였다. 병이 호전되지 않자 고향으로 가서 요양하며 부산으로 통원 치료를 다니던 중, 미국인 켄타이즈 선교사가 부산의 한 거리에서 인도하던 천막집회에 참석하게 되었다. 이후 오순절 계통 선교사들과 연결되어 이들의 통역을 맡고, 이들이 인도하는 집회에 참석하고 금식도 하면서, 환상을 보는 등 오순절식 성령 세례를 경험했다.

1956년에는 상경해서 순복음신학교에 입학했다. 1952년 12월에 미국의 대표적인 오순절교회인 하나님의성회Assemblies of God 교단이 파송한 첫 공식 선교사로 한국에 입국한 아서 체스트넛Arthur B. Chestnut 선교사가 1953년 4월에 박성산, 허홍, 배부근, 윤성덕, 곽봉조, 박귀임 등과 함께 기독교대한하나님의성회 총회를 창립했다. 이 총회가 5월에 시작한 총회신학교가 바로 순복음신학교였다. 이 학교에서 조용기는 평생 동역자이자 장모가 되는 최자실을 만났다.

1958년에 순복음신학교를 졸업한 조용기는 최자실과 함께 그해 5월에 서대문구 대조동(현재는 은평구) 최자실의 집에서 그녀의 가족과 함께 창립 예배를 드렸다. 이렇게 세워진 교회가 성장하여 천막교회로 발전했고, 1961년에는 서대문 로터리에 새로운 부지를 구입하여 새 교회당을 완공했다. 1968년 당시 교인 수가 8천 명이 넘어서자, 1969년부터 당시 모래벌판이던 여의도에 부지를 구입하여 1973년에 새 예배당을 완공했다. 여의도 이전 후 교인 수가 급속히 늘어, 1979년에는 10만, 1981년에는 20만, 1984년에는 40만, 1992년에는 70만 명이 되었다. 이후 여의도순복음교회는 지성전이라는 이름으로 전국에 순복음교회 지교회를 개척했는데, 그중 일부는 독립교회로 발전했다. 조용기는 2008년에 당회장 임기를 마치고, 이영훈에게 2대 담임목사직을 인계했다.

조용기의 신학은 미국에서 발전한 오순절운동의 신학과 큰 틀에서 거의 차이가 없다. 중생으로 인해 성령이 신자에게 내주한 이후에도 제2의 성령 세례를 받아야 능력 있고 성령 충만한 신자가 될 수 있는데, 그 성령 세례의 증거가 방언이라고 한다. 또한 그가 주장하는 삼박자 구원, 즉 영혼과 육체(신유)와 번영(물질 축복과 형통)의 축복을 받아야 한다고 주장하는 것도 큰 차이가 없다. 조용기와 순복음교회가 등장한 초기에는 장로교 및 감리교 등의 주류 교단이 조용기의 성령운동과 신학을 사이비 요소가 있는 것으로 여기고 경계했다. 그러나 자교단 내 조용기 추종자가 늘어나고, 조용기의 목회를 따라 하는 이들이 늘어나자, 1980년대 이후 이런 비판을 철회하기도 했다. 한국에서 조용기의 순복음교회는 해방 후 극심한 빈곤과 냉전 및 개발 독재 체제, 도시화, 산업화에 의한 이촌향도 현상과 결합하여, 새로운 구원과 치유, 번영을 추구하던 당대 한국인의 심성에 가장 잘 맞게 특화된 신앙 행태를 제공했기 때문에 유달리 빠르게 성장할 수 있었다는 평가도 받는다.

주기철朱基徹 Gicheol Ju (1897-1944) 신사참배에 저항하다 옥중에서 사망한 장로교 목사로, 한국 개신교의 대표적인 순교자로 인정받는 인물이다. 주기철은 1897년에 경남 창원 웅천에서 기독교 집안의 자제로 태어났다. 고향 마을에서 개통소학교를 다닌 그는 춘원 이광수의 강연을 듣고 감동하여 1913년에 16세 나이로 평북 정주 오산학교에 입학했다. 오산학교는 남강 이승훈이 세우고 고당 조만식이 교장을 지낸 학교로, 일제 강점기 초기 민족운동의 최고 산실이었다. 3년 동안 오산학교에서 공부하고 졸업한 주기철은 1916년에 연희전문 상과에 들어갔지만, 안과 질환 때문에 학업을 중단해야 했다. 이렇게 4년 반 기간을 실의 속에서 요양하던 그는 마산 문창교회에서 *김익두 목사가 인도하던 부흥회에서 큰 감흥을 받아 목회자가 되기로 결단하고 1922년에 *평양신학교에 입학했다. 졸업 후에는 부산 초량교회1926-1931, 마산 문창교회1931-1936, 평양 산정현교회1936-1944 등, 경남과 평양의 대표적인 교회에서 목회하며 전국적으로 유명해졌다.

그러나 상대적으로 조용했던 초량교회와 문창교회 목회에 비해, 8년간 사역한 평양 산정현교회 목회는 그에게 어려운 시험과도 같은 시기였다. 우선 그의 산정현교회 목회는 전임자 송창근에 이은 목회였는데, 송창근은 일본과 미국에서 유학해서 학위를 취득한 박사이자, 당시 한국 장로교에서 가장 진보적인 사상을 가진 신학자 중 하나였다. 또한 주기철 부임 당시 교회에는 조만식, 유계준, 오윤선 같은 존경받는 민족주의자들이 교인으로 출석하고 있었다. 이런 교회에 부임해서 목회한다는 것 자체가 젊은 주기철에게는 큰 어려움이 되었을 것이다. 그는 부임하자마자 예배당 건축에 착수하였고 1938년 3월에 예배당을 헌당했으나, 정작 그는 신사참배 반대를 이유로 이미 2월에 검속된 상태였다. 산정현교회 총 8년 목회 기간에 주기철은 네 차례 투옥되었다. 1차 1938년 2-6월, 2차 1938년 8월-1939년 1월, 3차 1939년 10월-1940년 4월, 4차 1940년 9월-1944년 4월 순교였다. 목회 기간보다 투옥된 기간이 훨씬 길었고, 그 기간에 가혹한 고문도 당했다. 실제 산정현교회에서 1940년 9월에 전한 "다섯 종목의 나의 기도"가 그의 마지막 설교였다. 이 설교 후 이틀 뒤에 검거된 그에게 평양노회는 목사직 파면을 선언했고, 산정현교회도 폐쇄되었다. 약 4년이나 이어진 4차 투옥 기간 말인 1944년 4월 13일에 병감病監으로 옮겨진 그는 8일 뒤에 신앙을 지키다 순교했다.

십계명의 1계명을 지키려는 신앙 절개 속에서 소천한 주기철 목사의 죽음이 순교라는 데 이의를 제기하는 이는 거의 없다. 그러나 그의 저항이 독립운동에 해당하느냐에 대해서는 논란이 많다. 그는 일차적으로 신앙을 지키기 위해 죽었지, 민족의 대의를 위해 죽은 것은 아니기 때문이다. 그러나 그의 의지는 하나님의 말씀에 대한 순종이었으나, 결과적으로 시대 상황 속에서 그의 죽음은 정치적이고 민족적인 독립저항운동으로 평가될 여지가 있다. 이는 당시 총독부가 주기철 등 신사참배 저항자들이 치안유지법을 위반하여 국가반역죄나 불경죄를 저지른 죄수로 간주했기 때문이다. 같은 이유로, 대한민국 정부도 1963년 3월 1일에 주기철을 독립운동 유공자로 인정하고 건국공로훈장을 추서했다.

토마스, 로버트 저메인 Thomas, Robert Jermain (1840-1866) 웨일스 출신의 중국 상하이 주재 선교사로, 미국 상선을 타고 평양으로 들어오다 조선군에 의해 사망한 인물. 1840년에 영국 웨일스에서 회중교회 목사의 아들로 출생했다. 1863년에 런던 대학을 졸업하고 임직받은 후, 런던 선교회 파송 선교사로 아내와 함께 상하이에 도착했다. 그러나 2년 만에 아내가 사망하고 선교지에서 동료 선교사와의 불화 등으로 적응이 어려워지자, 선교회에 사표를 제출했다. 선교사를 사임한 시기에 청국해관에서 통역으로 근무하면서 만난 한국인 및 선교사들로부터 한국에 대한 소식을 듣고 한국 선교를 염원했다. 1865년에는 황해도에 약 2개월 반 동안 체류하며 한국어를 배우고 중국어 성경도 배포했다.

런던 선교회에 복직한 후 1866년 8월에는 조선과의 통상을 원했던 미국 무장 상선 제너럴셔먼호에 통역자로 동승한 후 평양에 진출했다. 제너럴셔먼호가 조선군의 경고를 무시하고 대동강을 따라 평양으로 계속 들어오고, 한국 중군 이현익을 억류하면서, 두 진영 간 교전이 벌어졌다. 소강상태로 며칠이 지난 후 배가 양각도 모래톱에 걸려 좌초하자, 조선군이 화공으로 제너럴셔먼호를 불태워 버렸다. 이때 선원 전원이 물에 뛰어들자, 조선 군인과 민간인이 이들을 사로잡아 모두 살해했다. 이때 토마스도 함께 사망했다. 미국 정부는 이 사건을 구실 삼아 1871년에 해군을 조선에 파견하여 군사 행동을 펼쳤는데, 이 사건이 신미양요다.

한편, 토마스가 배에서 강으로 뛰어내려 타살되기 직전에 형리(관아의 벼슬아치 밑에서 일을 보던 사람)에게 성경책을 건넸고, 그가 1890년 이후 새뮤얼 마펫 선교사가 평양에서 선교할 때 찾아와 신자가 되었다는 일화가 있다. 이 일화가 1932년 이후 오문환의 『도마스목사전』에서 상당한 분량으로 서술되면서, 토마스를 '순교자'로 보는 시각이 널리 퍼졌다. 그러나 토마스의 최후 행적을 재구성할 수 있는 신뢰할 만한 사료는 매우 부족하다.

평양 대부흥 Great Pyongyang Revival 1907년 1월부터 6월까지 약 6개월간 평양을 중심으로 일어난 신앙 부흥 혹은 갱신으로, 감정, 체험, 실천을 중시하는 한국형 '가슴의 기독교'가 탄생하고 강화된 계기로 평가받는다. 1910년대에 일어난 한반도 부흥은 크게 세 단계로 분류할 수 있다. 1단계는 1903년 8월부터 1904년 11월까지 약 15개월간 원산을 중심으로 일어난 원산 부흥으로, 평양 대부흥으로 가는 길을 닦은 예비 부흥이었다. 2단계는 평양을 중심으로 약 6개월간 강렬한 불을 일으킨 평양 대부흥, 3단계는 1909년부터 1910년까지 진행된 백만인구령운동으로, 이전 두 부흥의 열기와 여파를 전도운동으로 연결시킨 대규모 캠페인이었다.

그중 평양 대부흥은 가장 짧았지만, 가장 파급력이 큰 부흥이었다. 1907년 1월 2일에 시작되어 15일까지 두 주간 평양장대현교회에서 열린 이 사경회는 이미 1906년 8월부터 장감선교사 연합기도회로 준비되었다. 9월에는 서울을 방문한 미국인 부흥사 하워드 존스턴Howard A. Johnston이 웨일스와 인도에서 일어난 부흥 소식을 전해 주었다. 소문과 소망이 결합하면서, 같은 부흥이 한국에서도 일어나기를 기대하는 기도회가 12월까지 이어졌다. 1907년 1월 2일에 1,500명이 모인 남자사경회에서 그레이엄 리, 윌리엄 블레어, 윌리엄 베어드, 윌리엄 스왈른 등의 북장로교 매코믹 신학교 출신 선교사들의 기도회 및 설교 인도와 한국인 길선주 장로 등의 인도로 뜨거운 부흥이 일어났다. 공개 죄 고백과 가슴을 쥐어뜯는 회개, 눈물의 상호 용서로 이어지는 영적 각성이 당시 부흥의 특징이었다.

이 부흥의 파급 효과는 컸다. 첫째, 평양 집회에 참석한 외지인이 이 소식을 고향에 전하며, 비슷한 부흥에 대한 열망으로 평양 지도자들을 초청해서 사경회를 연 후, 비슷한 경험을 한 이들이 늘어났다. 즉 부흥의 전국화가 이루어진 것이다. 평양 부흥 이후 한국어와 한국인의 정서에 더 익숙한 한국인 지도자가 부흥회 강사로 더 많이 초청받으면서, 교회 지도력이 선교사에서 토착 지도자로 이양되는 현상이 가속화되었다. 장로교의 경우, 그해 9월에 있었던 첫 독노회에서 한국인 일곱 명(한석진, 서경조, 양전백, 길선주, 방기창, 이기풍, 송인서)이 목사로 임직받은 일이 결정적인 계기가 되었다. 둘째, 회개와 애통, 용서와 기도, 전도로 이어지는 한국형 '가슴의 종교', 즉 체험과 실천의 복음주의 신앙이 뿌리를 내렸다. 셋째, 명목상 신자가 '갱신'되어 자기 신앙을 돌아보고 영적으로, 도덕적으로 변하는 일이 일어났다. 넷째, 이미 한국 개신교의 중심으로 성장하던 평양 및 서북 지역이 부흥 이후 한국교회 성장과 지도력의 주도권을 완전히 쥐는 일이 일어나, 해방 전후 한국 개신교 내 지역 갈등의 원인이 된다.

평양 대부흥은 한국교회의 성장, 갱신, 회복에 기여한 바가 크지만, 일정한 비판 또한 제기된다. 이 사건으로 인해 한국 기독교는 더 비정치화되고, 더 탈역사화되고, 더 타계화되었다는 비판을 받는다. 1905년에서 1910년에 이르는 민족 최대 수난기에 청년 및 학생층 기독교인이 의병운동이나 독립운동에 투신하다가 교회가 핍박받고 선교 활동에 제약받을까 우려한 선교사들이 인위적 시도를 통해 신자들의 관심을 오직 영적인 것에 머물게 하려고 의도했다는 비판도 있다.

평양신학교 Presbyterian Theological Seminary in Pyongyang 한국 장로교회 목회자 양성기관의 모태가 된 장로회 총회 신학교로, 공식 명칭은 '조선예수교장로회신학교'였다. 1901년에 개교하였고 1938년에 폐교되었다. 한국인은 학교가 평양에 소재한다는 이유로 주로 평양신학교라 불렀고, 선교사들은 이 기관이 장로교 네 개 선교회(미국 북장로교, 미국 남장로교, 캐나다 장로교, 호주 장로교)의 연합으로 운영된다는 점에서 유니언Union 신학교로 부르기도 했다.

네비우스 정책의 자전, 자치, 자립 원리 중, 특히 자전과 자치 원리, 즉 "한국인이 한국인을 전도케 한다"는 원리의 실현을 위해서는 현지 목회자 양성이 필요했다. 초창기 신학 교육은 1890년대부터 선교사들이 각 지역을 순회하며 '신학반'이라는 이름으로 지도자급 한국인을 모아 단기 교육하는 형태였다. 주로 겨울 농한기를 이용해서 1-2개월간 했기에, 집중성도 약했고, 전문성이 없는 선교사들이 교수 활동을 하다 보니 교수 내용도 성경 공부 수준을 벗어나지 못했다. 그러다 평양의 새뮤얼 마펫Samuel A. Moffett, 마포삼열, 1864-1939 선교사가 1901년에 네 개 장로교 선교회 연합으로 구성된 장로교선교공의회의 결의로 평양에 조선예수교장로회신학교를 열면서 목회자 양성 신학 교육이 공식적으로 시작되었다. 이 평양신학교는 1907년 6월 20일에 7인, 즉 길선주(40세), 방기창(58세), 서경조(58세), 송인서(40세), 양전백(39세), 한석진(41세), 이기풍(40세)을 첫 졸업생으로 배출했다. 이어서 9월에 열린 첫 노회(독노회)가 이들을 한국 첫 장로교 목사로 임직했다.

이후 학교는 네 개 장로교 선교회에서 추천받은 상대적으로 학식이 높은 이들을 일정 기간 교수로 활용했다. 1908년에는 시카고의 매코믹 여사의 지원으로 평양 하수구리 100번지에 신학교 교사가 착공되어 완공되었다. 1918년부터는 학교를 대표하는 정기 간행물로「신학지남」을 발행했다. 학교의 초대 교장은 마펫이었고, 1925년에는 2대 교장으로 북장로교의 스테이시 로버츠Stacy L. Roberts, 라부열, 1881-1946가 취임했다. 교수진에 한국인이 들어온 것은 1924년부터였다. 그해에 김선두가 첫 강사가 되었고, 1925년에 장로교 첫 신학 박사 남궁혁이 조교수로 정식 취임했다. 1930년대에는 *박형룡과 이성휘, *박윤선 등이 교수 및 강사로 가르쳤다.

로버츠는 1938년에 폐교될 때까지 14년 동안 교장직을 맡았다. 1930년대에 일제가 군국주의적 세계 침략 전쟁기에 정신 및 국론 통일을 목적으로 본토와 전 식민지에 신사참배를 강요하고, 그 결과 장로교 총회가 1938년 9월 10일에 신사참배를 가결했다. 그러자 평양신학교는 교장 로버츠의 주도 아래 열흘 후인 9월 20일로 예정되어 있던 개강을 무기한 연기했다. 이후 통신으로 남은 학기를 이수한 학생 52명에게 1939년 3월 28일자로 34회 졸업을 인정하고 졸업장은 우편으로 발송했다. 이것이 사실상의 폐교였다.

1938년에 원래의 평양신학교가 폐교된 후, 1939년 4월 11일, 신사참배 요구를 수용한 장로교 총회의 주도 아래 채필근을 중심으로 평양신학교가 개교했는데, 이를 원조 평양신학교와 구별하기 위해 주로 '채필근신학교' 또는 '후평양신학교'로 지칭한다. 현재 예장통합 장로회신학대학교 신학대학원과 예장합동 총신대학교 신학대학원, 예장고신 고려신학대학원 등의 학교는 행정 및 신학 등에서 자신들이 각각 1938년 이전 평양신학교의 유산을 계승한다고 주장한다.

한경직韓景職 Kyung-Chik Han (1903-2000) 한국 장로교, 특히 대한예수교장로회 통합 교단의 대표적인 목회자로, 영락교회를 설립했다. 청빈하고 겸손한 '아름다운 빈손' 목회자의 사표로 널리 존경받으나, 월남 후 창립한 영락교회 청년을 중심으로 서북청년회가 결성되는 과정에 관여하는 등, 한국교회가 반공주의의 보루가 되는 데 기여한 것으로 비판받기도 한다.

한경직은 1903년에 평안남도 평원군에서 태어났다. 어린 시절에 선교사가 세운 진광소학교에서 초등교육을 받은 후, 남강 이승훈이 평북 정주에 세운 오산학교를 졸업했다. 오산학교 졸업 후 1919년부터 평양의 영성소학교 교사로 재직하다가, 1922년에 평양 숭실전문 이과를 졸업한 후, 1926년에 미국인 선교사들의 추천을 받아 캔자스주 엠포리아 대학으로 유학했다. 1882년에 미국 중서부 지역 장로교인들이 세운 엠포리아 대학The College of Emporia, 1974년 폐교은 한국에 와서 활동한 매코믹 신학교 출신 북장로교 선교사들이 학부 시절에 다닌 여러 장로교계 대학 중 하나였다. 주로 한국 서북 지역에서 북장로교 선교사들의 관심을 받으며 젊은 시절을 보낸 한경직에게는 최선의 선택이었다. 엠포리아를 졸업한 한경직은 프린스턴 신학교로 진학하여 1929년에 졸업했다. 이 시기부터 결핵 투병을 시작했는데, 결국 더 이상 공부를 진행하지 못하고 1932년에 귀국하여 평양 숭인상업학교 교사, 평양 숭실전문 강사로 교수 활동을 했다.

그러나 그의 주 사역은 지역 교회 목회였다. 1933년부터 1945년 해방 이후 월남할 때까지 그의 마지막 근거지는 평북 신의주였다. 1933년에 신의주 제2교회에서 활동하면서 의산노회에서 목사 임직을 받았다. 1945년 해방을 맞은 한경직은 유하영 등과 함께 신의주에서 기독교사회민주당을 조직하여 공산당에 맞섰으나, 결국 월남을 결심하고 서울로 이주했다. 1946년 월남 후 미군정에 의해 적산으로 분류되어 있던 천리교 경성교구본부 터를 불하받아 베다니전도교회를 설립했다. 이 교회가 영락교회로, 초기 신자는 주로 월남한 북한 기독교인이었다. 1947년부터 2부 예배를 신설할 정도로 성장한 영락교회는 이후 일본인이 운영하던 가마쿠라 고아원을 인수하여 영락보린원을 세우고, 대광중·고등학교, 보성여자중·고등학교, 영락고등공민학교, 영락여자신학원 등 기독교계 학교 다수도 설립했다. 한경직은 1955년 대한예수교장로회 총회장이 되면서, 한국 장로교회를 대표하는 목회자로 명성을 떨쳤다.

그러나 1952년 고려파(고신) 분열, 1953년 기독교장로회(기장) 분열을 통해 이미 난항을 겪고 있던 한국 장로교회는 추가로 세계교회협의회WCC 가입 문제를 놓고도 내부 갈등에 휩싸여 있었다. 한국 장로교회도 세계 교회의 일원이 되어야 한다고 주장하는 파와 세계교회협의회가 자유주의와 공산주의를 용인한다며 가입을 반대하는 파로 주장이 양분되어 있었다. 한경직은 세계교회협의회 가입을 지지하는 진영의 대표자로 인식되었다. 결국 두 파는 1959년에 각각 연동파와 승동파로 갈라졌고, 이후 각각 통합과 합동으로 불리는 교단이 되었다.

1959년 이후 한경직은 국내에서는 장로교 통합 교단을 대표하는 목사로 널리 알려졌으며, 특히 유창한 영어 구사력과 세계교회협의회와의 연결성 등으로, 세계 교회에는 한국 개신교를 대표하는 목사로 명성을 누렸다. 대한예수교장로회 총회장, 홀트아동복지회 이사장, 월드비전 이사장, 숭실대학 학장 및 이사장, 영락학원 이사장, 서울여자대학 이사장, 장로회신학대학 이사장, 아세아연합신학원ACTS 이사장, 군복음화운동후원회 회장, 한국외항선교회 명예회장 등 한국에서 기독교인 지도자가 맡을 수 있는 요직을 두루 맡았다. 1973년에 영락교회 담임목사직에서 물러난 이후에도, 영락교회, 숭실대학교, 프린스턴 신학교 등에서 공로상 및 명예학위를 받았다. 1992년에는 종교계 노벨상으로 불리는 템플턴상을 수상했는데, 이 자리에서 자신이 일제 강점기 말기에 신사참배를 했다는 양심선언을 하기도 했다. 한경직은 은퇴 후 남한산성 자락에 있는 영락여자신학원 내 주택에서 요양하다가 향년 98세로 소천했다.

협성신학교 Methodist Theological Seminary 현재 서울 서대문구에 소재한 감리교신학대학의 전신으로, 1907년에 한국에서 선교하던 미국 북감리교와 남감리교가 연합하여 이전에 각각 진행되던 신학 교육을 통일하면서 세운 신학교다. 1885년에 내한한 첫 북감리교 선교사 헨리 *아펜젤러가 남자학교로 배재학당을 설립했다. 중고 등학생 연령대의 학생들을 위한 교양 교육이 우선이었으나, 1887년 9월부터는 신학 교육도 했다. 이런 이유로 감리교신학대학은 설립 연도를 1887년으로 잡는다. 그러나 1888년 영아 소동 등으로 중단된 신학반이 1893년 겨울에 재개되었고, 1899년에는 신학회로 개칭되었다. 그러나 이 신학반과 신학회는 북감리교가 시행한 교육이었다. 1895년부터 한국 선교를 시작한 남감리교는 별도의 신학 교육을 하지 않다가, 1899년부터 북감리교 신학회에 목회자 후보생 및 선교사를 신학생과 교수로 파견해서 북감리교에 위탁하는 형태로 교육을 했다. 1905년에 남북 연합신학교 설립 논의가 시작된 후, 1907년 6월에 연합신학교를 설립하고, 이름을 협성신학교라 칭했다. 장로교 *평양신학교가 네 선교회 연합이었기에 영어 명칭이 Union이었던 것과 같이, 이 학교도 영어로는 Union (Methodist) Theological Seminary였다.

이렇게 세워진 협성신학교는 남성만을 위한 학교였다. 따라서 여성 전도부인을 양성하던 남북 감리교 성경학원들이 1921년에 통합되어 서대문구 충정로에 '감리교 협성 여자신학교'가 설립되었다. 여자신학교 설립 이후에는 남녀 신학교를 하나로 통합하자는 논의가 진행되었다. 그 결과 2년간의 실험 기간을 거쳐, 1925년 4월부터 남녀 학교를 하나로 합병한 '감리교신학교'가 설립되었다. 이 학교는 한국 역사상 고등교육 기관 중 최초로 남녀공학을 실시한 학교가 되었다.

1930년대 후반 신사참배 강요가 종교계에도 이어질 때, 1936년 이후 감리교단과 감리교신학교는 신사참배에 순응하고 학교를 유지하는 편을 택했다. 그러다 1940년 5월에 일명 '삐라 사건'이 터졌다. 냉천동 캠퍼스에 신사참배와 창씨개명을 반대한다는 내용과, 친일을 한 감리교신학교에 학생을 보내지 말라는 내용이 담긴 전단이 뿌려졌다. 일본 경찰은 혐의를 받는 학생 일부 및 변홍규

학장을 구속했다. 정일형 학감도 소환되었다. 이후 10월 2일에 열린 이사회에서 무기한 휴교가 결의되면서, 학교는 해방 후 1946년 3월에 다시 개교할 때까지 사실상 폐교 상태에 들어갔다. 감리교신학교는 1959년에 대학으로 승격된 후, 오늘날까지 1954년에 설립된 감리교 대전신학원(오늘날의 목원대학교), 1977년에 세워진 감리교 서울신학교(오늘날의 협성대학교)와 함께 감리교 목회자 양성기관으로 존속한다.

YMCA(조선기독교청년회) 1903년에 황성기독교청년회로 창립된 후, 오늘날 대한기독교청년회연맹, 혹은 한국YMCA로 활동하는 기독교 민간단체. YMCAYoung Men's Christian Association는 영국 런던에서 1844년에 창립된 후, 1850년대에 미국을 통해 확장되면서 세계적인 단체로 성장했다. 첫 복음선교사 *언더우드와 *아펜젤러가 이런 포괄적인 청년학생 단체의 필요를 느끼고, 1899년에 한국 청년 150인의 진정서를 국제 본부에 보내 한국에도 YMCA 지부를 개설해 달라고 요청했다. 이 요청에 응답하여 1901년 9월에 필립 질레트Philip L. Gillett, 1874-1939가 한국 YMCA 담당자로 한국에 파견되었다. 우선 질레트는 한국어를 배우면서, 배재학당 기독학생회를 학생 YMCA로 재편했는데, 이 조직이 한국 YMCA의 시조였다. 1902년에는 학생 YMCA를 세계학생기독교연맹에 가입시키고, 1903년 10월 28일에 정동 유니언클럽에서 황성기독교청년회를 공식 결성했다. 당시 이사가 열두 명 선출되었는데, 그중 한국인은 김필수와 여병현 둘이었다. 해방 전 YMCA에서 활약한 유명 인사로는 외국인으로는 질레트, 제임스 게일, 호머 헐버트, 프랭크 브로크만, 언더우드, 애비슨 등이 있고, 한국인으로는 이상재, 윤치호, 김규식, 김필수, 여병현, 이승만, 신흥우, 김정식, 최재학, 육정수, 이교승, 김린, 서상륜, 전덕기, 최병헌 등이 있다. 해외에도 YMCA의 지부 격인 모임이 생겼다. 1906년에 조만식의 주도로 일본 도쿄에서 재일본조선기독교청년회가 설립되자, 김정식이 총무로 파견되었다. 학교별 YMCA도 결성되는데, 1910년 말부터 이승만이 학생부 간사로 활동했다.

YMCA 창립과 활동의 기본 목적은 일종의 계몽운동이었다. 대중 집회와 실업 교육이 두 가지 주요 방식이었는데, 우선 대중 집회는 불특정 다수를 대상으로 연설, 토론, 환등회(환등기로 스크린에 비추는 사진이나 그림을 함께 감상하는 모임) 등으로 의식을 개화시키는 것이었다. 공업과 강습소를 설립해서, 상업, 부기, 산수, 측량, 사진, 건축, 목공, 제화, 인쇄, 철공을 가르치고, 영어, 일본어, 한문 등의 외국어를 가르친 것도 이 과정의 일부였다. 야구, 농구 등 서양의 대표적인 스포츠를 체육 활동의 일환으로 한국에 소개한 것도 YMCA 외국인 활동가들이었다.

처음 YMCA가 결성되었을 때, 대한제국 황실은 큰 기대를 하고 지원금을 하사하기도 했다. YMCA 첫 회관은 오늘날 인사동에 속한 옛 태화궁太華宮 터에 있었는데, 1908년 12월에 미국에서 존 워너메이커 등의 후원을 받아 오늘날의 종로 터에 건물을 신축했다.

1910년 경술국치 후 황성 YMCA도 일제의 탄압을 받았다. 특히 1911년에 총독으로 새로 부임한 데라우치 마사다케 암살미수 사건을 빌미로 YMCA에 대한 탄압이 이루어졌다. 윤치호가 체포당하고, 이를 세상에 알린 질레트는 추방되었다. 1913년 초에는 유신회維新會라는 친일 단체를 통해 황성 YMCA를 일본 YMCA에 종속시키는 공작이 벌어졌다. 그 결과 그해 4월에 황성 YMCA는 조선중앙기독교청년회로 명칭이 변경되면서, 일본 YMCA 산하 단체로 격하되는 풍파를 겪었다.

이후에도 YMCA는 1921년에 기관지 「청년」을 창간하고, 1920년대에는 농촌운동과 물산장려운동, 해방과 한국 전쟁 후에는 YMCA 재건운동, 1970년대 사회개발단운동, 1980년대 시민자구운동을 전개하는 등, 오늘날까지 양심과 지성, 사회의식에 근거한 진보적인 사회 개혁을 도모하는 단체로 명성을 유지하고 있다. 2003년에 창립 100주년 행사를 열어 기념한 한국 YMCA는 현재 한국기독교교회협의회 회원 단체다.

연대표

플라톤 Plato (주전 427-347년)
동굴의 비유 Allegory of the Cave (주전 4세기)
아리스토텔레스 Aristotle (주전 384-322년)
스토아주의 Stoicism (주전 약300년)
에피쿠로스학파 Epicureanism
외경 Apocrypha

1세기

가현설 Docetism
이그나티우스 Ignatius (약35-약107년)
네로, 클라우디우스 (로마의 황제) Nero, Claudius, Roman emperor (37-68년)
도미티아누스, 티투스 플라비우스 (로마의 황제) Domitian, Titus Flavius, Roman emperor (51-96년)
트라야누스 (로마의 황제) Trajan, Roman emperor (약53-117년: 98-117년 재위)
파피아스 Papias (약60-130년)
폴리카르푸스, 성 Polycarp (약69-약155년)
니케아 공의회 이전의 Ante-Nicene
사도 교부 Apostolic Fathers (90-160년)
유스티누스, 순교자 성 Justin Martyr (약100-약165년)
클레멘스, 로마의 성 Clement of Rome (1세기 말)
에비온주의 Ebionitism (1-2세기)

2세기

은자 Anchorite
금욕주의 Asceticism
『디다케』 *Didache*
영지주의 Gnosticism
이레네우스, 성 Irenaeus (약130-200년)
몬타누스 Montanus (2세기)
클레멘스, 알렉산드리아의 Clement of Alexandria (약150-215년)
마르키온 Marcion (160년 사망)
테르툴리아누스, 퀸투스 셉티미우스 플로렌스 Tertullian, Quintus Septimius Florens (약160-약225년)
변증가 Apologists
아리스티데스, 성 Aristides (2세기)
오리게네스 Origen (약185-약254년)
역동적 단일신론 Dynamic monarchianism

아테나고라스 Athenagoras (2세기)
무라토리 정경 Muratorian Canon (2세기 말)
테오필루스 Theophilus (2세기 말)

3세기

알렉산드리아학파 Alexandrian School
풍유적 해석 Allegorical interpretation
속전설 Ransom to Satan Theory of Atonement
정경, 성경의 Canon of Holy Scripture
디오클레티아누스 (로마의 황제) Diocletian, Roman Emperor (245-313년)
데키우스 (로마의 황제) Decius, Roman emperor (251년 사망)
『헥사플라』 (오리게네스의) *Hexapla* by Origen
안토니우스, 성 Anthony (약251-356년)
헬레나 Helena, St. (약255-약330년)
키프리아누스, 성 Cyprian (258년 사망)
노바티아누스주의 Novatianism
에우세비우스, 카이사리아의 Eusebius of Caesarea (약260-약340년)
파코미우스, 성 Pachomius (약292-약346년)
아타나시우스, 성 Athanasius (약296-373년)

4세기

『기독교 교양』 (히포의 아우구스티누스의) *On Christian Doctrine* by Augustine of Hippo (4세기 초)
밀라노 칙령 Edict of Milan (313년)
키릴루스, 예루살렘의 성 Cyril of Jerusalem, St. (약315-387년)
니케아 공의회 Council of Nicaea (325년)
마르첼라, 성 Marcella (약325-411년)
카파도키아 교부 Cappadocian Fathers
그레고리우스, 나지안주스의 성 Gregory Nazianzus (약329-390년)
바실리우스, 카이사리아의 Basil of Caesaria (약330-379년)
그레고리우스, 니사의 성 Gregory of Nyssa (약330-약395년)
율리아누스, 배교자 (로마의 황제) Julian "the Apostate," emperor of Rome (약331-363년)
모니카 Monica, St. (약331-387년)
콘스탄티누스 대제 (로마의 황제) Constantine I, Roman emperor (337년 사망)
네스토리우스주의 Nestorianism
콘스탄티누스 증여 문서 Donation of Constantine
아리우스주의 Arianism
교회법 Canon Law
아폴리나리우스주의 Apollinarianism
공동체 수도생활 Cenobite monasticism

암브로시우스, 밀라노의 성 Ambrose of Milan (약339-397년)
도나투스주의 Donatism
파울라, 성 Paula (347-404년)
크리소스토무스, 요한 Chrysostom, John, St. (약347-407년)
히에로니무스 Jerome (약348-420년)
아우구스티누스, 히포의 성 Augustine, Aurelius, of Hippo (354-430년)
니니아누스, 성 (스코틀랜드로 간 선교사) Ninian (약360-432년)
카시아누스, 성 요한 Cassian, John (약360-430년)
에우티케스 Eutyches (약378-454년)
콘스탄티노플 공의회 Council of Constantinople (381년)
성모승천 Assumption of the Blessed Virgin Mary
파트리키우스, 아일랜드의 성 Patrick of Ireland (약389-약461년)
시메온, 주행자 Simon the Stylite (약390-459년)
펠라기우스 Pelagius (약419년 사망)

5세기

불가타 역본이 완성됨 Latin Vulgate Bible completed
『신국론』(히포의 아우구스티누스의) *The City of God* by Augustine of Hippo (416-422년)
에페수스 공의회 Council of Ephesus (431년)
키릴루스, 알렉산드리아의 성 Cyril of Alexandria, St. (444년 사망)
칼케돈 공의회 Council of Chalcedon (451년)
단성론 Monophysites
안티오키아학파 Antiochene School
켈트 교회 Celtic church
스콜라스티카, 성 Scholastica, St. (480-543년경)
베네딕투스, 누르시아의 성 Benedict of Nursia, St. (약480-약550년)

6세기

콜룸바, 성 (콜럼 실) Columba (Colum Cille), St. (약521-597년)
오랑주 공의회 Council of Orange (529년)
그레고리오 1세 (교황) Pope Gregory I (약540-604년)
필리오케 *Filioque* clause
무함마드 Muhammad (약570-632년)

7세기

단의론 Monothelitism
이슬람교의 대두 Islam emerges
아우구스티누스, 캔터베리의 성 Augustine of Canterbury (약604-609년 사망)
콜롬바누스, 성 Columbanus, St. (615년 사망)
위트비 공의회 Synod of Whitby (663-664년)

베다, 성 Bede (약673-735년)
『잉글랜드 국민의 교회사』 *Ecclesiastical History of the English Nation*
독일의 성 보니파티우스 Boniface of Germany, St. (약675-754년)
요한, 다마스쿠스의 성 John of Damascus (약675-749년)
캐드먼, 성 Caedmon (약680년 사망)
카롤루스 마르텔루스 Charles Martel (약690-741년)

8세기

투르 전투 Battle of Tours
앨퀸 Alcuin (약740-804년)
카롤루스 대제 Charlemagne (약742-814년)
양자설, 그리스도 Adoptionists (780년대)
라드베르투스, 성 파스카시우스 Radbert or Paschasius Radbertus (약790-약860년)

9세기

고트샬크 Gottschalk (약804-약869년)
에리게나(에리우게나), 요하네스 스코투스 Erigena (Eriugena), John Scotus (약810-약877년)
라트람누스(라트람) Ratram or Ratramnus (약868년 사망)
성찬 논쟁 Eucharistic Controversy

10세기

클뤼니 수도원 설립 Cluny monastery founded (909년)
추기경의 제정 (교회의 직급) Cardinal, church office of, established

11세기

그레고리오 7세, 성 (교황) Pope Gregory VII (1033-1085년; 1073-1085년 재임)
안셀무스, 캔터베리의 성 Anselm of Canterbury (약1033-1109년)
대성당 Cathedrals
분열, 1054년의 Schism of 1054
성직 임명권 논쟁 Investiture Controversy (1075-1122년)
아벨라르, 피에르 Abelard, Peter (1079-1142년)
베르나르, 클레르보의 성 Bernard of Clairvaux, St. (1090-1153년)
십자군 Crusades, Great (11-13세기)
시토회의 설립 Cistercians founded
카타리파 Cathars

12세기

롬바르두스, 페트루스 Peter Lombard (약1100-1160년)
성전 기사단 Knights Templar (1119년 창립)
베케트, 성 토머스 아 Becket, Thomas à (약1120-1170년)

이븐 루슈드 Averroes (1126-1198년)
가르멜회 Carmelites
프란치스코, 아시시의 성 Francis of Assisi (약1181-1226년)
왈도파 Waldensians
알비파 Albigensians
인노첸시오 3세 (교황) Innocent III, Pope (1198-1216년 재임)

13세기

라테란 공의회 Lateran Council (1215년)
보나벤투라, 성 Bonaventure, St. (1217-1274년)
토마스 아퀴나스, 성 Thomas Aquinas (약1225-1274년)
보니파시오 8세 (교황) Boniface VIII, Pope (약1234-1303년)
베긴회 Beguines
에크하르트, 마이스터 Eckhart, Meister (약1260-약1328년)
단테 알리기에리 Dante, Alighieri (1265-1321년)
둔스 스코투스, 요한 John Dun Scotus (약1266-1308년)
알베르투스 마그누스, 성 Albertus Magnus (1280년 사망)

14세기

윌리엄, 오컴의 William of Ockham (약1300-1349년)
교회의 바빌로니아 유수 Babylonian captivity of the church (1309-1377년)
위클리프, 존 Wyclif or (Wycliffe), John (약1330-1384년)
데보티오 모데르나 *Devotio Moderna*
카테리나, 시에나의 성 Catherine of Siena, St. (약1347-1380년)
롤라드파 Lollards
공동생활 형제단 Brethren of the Common Life
후스, 얀 Hus, Jan (Huss, John) (약1372-1414년)
대분열 Great Schism (1378-1417년)
토마스 아 켐피스 Thomas à Kempis (약1380-1471년)
구텐베르크, 요하네스 Gutenberg, Johannes (약1396-1468년)

15세기

니콜라우스 쿠자누스 Nicholas of Cusa (약1400-1464년)
발라, 로렌초 Valla, Lorenzo (약1406-1457년)
피사 공의회 Council of Pisa (1409년)
콘스탄츠 공의회 Council of Constance (1414-1418년)
비엘, 가브리엘 Biel, Gabriel (1420-1495년)
피치노, 마르실리오 Ficino, Marcilio (1433-1499년)
히메네스, 프란치스코 Ximenes, Francisco (1436-1517년)
기독교 인문주의 Christian humanism

활판 인쇄술 Printing with movable type (1450년대)

사보나롤라, 지롤라모 Savonarola (1452-1498년)

로이힐린, 요하네스 Reuchlin, Johannes (1455-1522년)

아드 폰테스 *Ad fontes* (1460년대)

르페브르 데타플, 자크 Le Fevre d'Etaples, Jacques (1455-1536년)

슈타우피츠, 요한 폰 Staupitz, Johann von (1460-1524년)

콜레트, 존 Colet, John (약1466-1519년)

에라스무스, 데시데리우스 Erasmus of Rotterdam (약1466-1536년)

울지, 토머스 ('추기경') Wolsey, Thomas "Cardinal" (약1472-1530년)

코페르니쿠스, 니콜라스 Copernicus, Nicholas (1473-1543년)

모어, 토머스 More, Thomas (1478-1535년)

후브마이어, 발타자르 Hubmaier, Balthasar (약1480-1528년)

외콜람파디우스, 요하네스 Oecolampadius, Johannes (Hussgen) (1482-1531년)

루터, 마르틴 Luther, Martin (1483-1546년)

츠빙글리, 울리히 Zwingli, Ulrich (1484-1531년)

크롬웰, 토머스 Cromwell, Thomas (약1485-1540년)

라티머, 휴 Latimer, Hugh (1485-1555년)

『말레우스 말레피카룸』 *Malleus Maleficarum* (1486년)

에크, 요한 Eck, Johann (1486-1543년)

오치노, 베르나르디노 Ochino, Bernardino (1487-1564년)

커버데일, 마일스 Coverdale, Mies (1487-1569년)

크랜머, 토머스 Cranmer, Thomas (1489-1556년)

파렐, 기욤 Farel, Guillaume (1489-1565년)

이그나티우스, 로욜라의 성 Ignatius of Loyola, St. (약1491-1556년)

부처, 마르틴 Bucer or (Butzer), Martin (1491-1551년)

헨리 8세 (잉글랜드의 왕) Henry VIII, king of England (1491-1547년)

틴들, 윌리엄 Tyndale, William (1494-1536년)

시몬스, 메노 Simons, Menno (약1496-1561년)

가디너, 스티븐 Gardiner, Stephen (약1497-1555년)

신의 사랑 오라토리오회 Oratory of Divine Love (1497년 설립)

그레벨, 콘라트 Grebel, Conrad (약1498-1526년)

보라, 카타리나 폰 Katharina von Bora (1499-1552년)

16세기

카를 5세 (황제) Emperor Charles V (1500-1558년)

불링거, 하인리히 Bullinger, Heinrich (1504-1574년)

해밀턴, 패트릭 Hamilton, Patrick (약1504-1528년)

하비에르, 성 프란치스코 Francis Xavier, St. (1506-1562년)

침례교, 일반 General Baptists

칼뱅, 장 Calvin, John (1509-1564년)

시모어, 제인 Seymour, Jane (1509-1537년)
얀 판 레이던 John of Leyden (1510-1536년)
녹스, 존 Knox, John (약1513-1572년)
카푸친 작은형제회 Capuchin Order
테레사, 아빌라의 성 Teresa of Avila (1515-1582년)
『노붐 테스타멘툼』(최초로 인쇄된 그리스어 신약성경) *Novum Testamentum*, first printed Greek New Testament (1516년)
폭스, 존 Foxe, John (1516-1587년)
메리 튜더 (여왕) Mary I, or Queen Mary Tudor (1516-1558년)
베자, 테오도르 Beza, Theodore (1519-1605년)
보름스 의회 Diet of Worms (1521년)
농민 반란, 독일의 German Peasants Revolt (1524-1525년)
칼뱅의 『기독교 강요』 Calvin's *Institutes*
슈파이어 의회, 제2차 2nd Diet of Speyer (1529년)
마르부르크 회담 Marburg Colloquy (1529년)
공재설 Consubstantiation
아나뱁티스트 Anabaptist
신자의 세례 Believers' Baptism
아우크스부르크 신앙고백(문)(서) Augsburg Confession (1530년)
뮌스터파 Münsterites (1530년대)
메노파의 형성 Mennonites founded
엘리자베스 1세 (잉글랜드의 여왕) Elizabeth I, Queen of England (1533-1603년)
금서 목록 *Index of Prohibited Books*
수장령 Act of Supremacy (1534년)
후터, 야코프 Hutter, Jakob (1536년 사망)
슈말칼트 신조 Schmalkaldic Articles (1537년)
에드워드 6세 (잉글랜드의 왕) Edward VI, King of England (1537-1553년)
6개 조항 (잉글랜드의) Six Articles, England (1539년)
예수회의 설립 Jesuits founded
『영신 수련』(로욜라의 이그나티우스의) *The Spiritual Exercises* by Ignatius Loyola (1541년)
가톨릭 종교개혁 Catholic Reformation
위그노의 형성 (프랑스) Huguenots founded in France (1546년)
트렌트 공의회 Council of Trent (1546-1563년)
도덕률 폐지론 Antinomianism
성공회 기도서 Book of Common Prayer
헬위스, 토머스 Helwys, Thomas (약1550-약1610년)
후커, 리처드 Hooker, Richard (약1553-1600년)
통일령 Acts of Uniformity (1560년대)
하이델베르크 신앙고백(문)(서) Heidelberg Confession (1562년)
트렌트 신앙고백(문)(서) Tridentine Profession of Faith (1563년)

39개 신조 (잉글랜드 국교회의) Thirty-Nine Articles of the Church of England (1563년)
청교도 운동이 잉글랜드에서 생겨남 Puritan origins in England
소키누스주의 Socinianism
메리 치하의 망명자들이 잉글랜드를 떠남 Marian exiles leave England under Mary I
갈릴레이, 갈릴레오 Galileo Galilei (1564-1642년)
제임스 1세 (잉글랜드의 왕) James I, king of England (1566-1625년)
아르미니우스주의 Arminianism
성 바르톨로뮤 축일의 대학살 St. Bartholomew's Day Massacre (1572년 8월 23-24일)
로드, 윌리엄 Laud, William (1573-1645년)
에임스, 윌리엄 Ames, William (1576-1633년)
일치 신조 Formula of Concord (1577년)
윌리엄스, 로저 Williams, Roger (약1582-1650년)
흐로티위스, 휘호 Grotius, Hugo (1583-1645년)
후커, 토머스 Hooker, Thomas (1586-1647년)
허친슨, 앤 Hutchinson, Anne (1591-1643년)
촌시, 찰스 Chauncy, Charles (약1592-1672년)
낭트 칙령 Edict of Nantes (1598년)

17세기

찰스 1세 (잉글랜드의 왕) Charles I, king of England (1600-1649년)
던스터, 헨리 Dunster, Henry (1609-1659년)
백스터, 리처드 Baxter, Richard (1615-1691년)
도르트 회의 Synod of Dort (1618-1619년)
필그림이 뉴잉글랜드로 떠남 Pilgrims leave for New England
파스칼, 블레즈 Pascal, Blaise (1623-1662년)
폭스, 조지 Fox, George (1624-1691년)
퀘이커 ('친우회') Quakers or "The Society of Friends"
버니언, 존 Bunyan, John (1628-1688년)
언약신학 Covenant theology
언약도 Covenanters
슈페너, 필리프 야코프 Spener, Philipp Jakob (1635-1705년)
하버드 칼리지의 설립 Harvard College founded (1636년)
매더, 인크리스 Mather, Increase (1639-1723년)
『베이 시편찬송가』 Bay Psalm Book (1640년 첫 출간)
스토더드, 솔로몬 Stoddard, Solomon (1643-1729년)
베스트팔렌 조약 Peace of Westphalia (1648년)
웨스트민스터 신앙고백(문)(서) Westminster Confession (1648년)
케임브리지 강령 Cambridge Platform (1649년)
중도 언약 Half-Way Covenant
정적주의 운동이 프랑스에서 생겨남 Quietist origins in France

프랑케, 아우구스트 헤르만 Franke, August H. (1663-1727년)

매더, 코튼 Mather, Cotton (1663-1728년)

테넌트, 윌리엄 Tennent, William (1673-1745년)

『천로역정』(존 버니언의) *Pilgrim's Progress* by John Bunyan (1678년)

프렐링하이즌, 시어도어 Frelinghuysen, Theodore (1691-약1748년)

라이마루스, 헤르만 S. Reimarus, Hermann S. (1694-1768년)

기독교 지식 보급 협회 The Society for Promoting Christian Knowledge (SPCK)

18세기

외지 복음 전파회 Society for the Propagation of the Gospel (SPG)

친첸도르프 백작, 니콜라우스 루트비히 그라프 폰 Zinzendorf, Count Nikolaus Ludwig Graf von (1700-1760년)

에드워즈, 조나단 Edwards, Jonathan (1703-1758년)

테넌트, 길버트 Tennent, Gilbert (1703-1764년)

웨슬리, 존 Wesley, John (1703-1791년)

촌시, 찰스 Chauncy, Charles (1705-1787년)

스턴스, 슈벌 Stearns, Shubal (1706-1771년)

물렌버그, 헨리 멜키오르 Muhlenberg, Henry (1711-1787년)

세라, 후니페로 Serra, Junipero (1713-1784년)

윗필드, 조지 Whitefield, George (1714-1770년)

브레이너드, 데이비드 Brainerd, David (1718-1747년)

홉킨스, 새뮤얼 Hopkins, Samuel (1721-1803년)

데이비스, 새뮤얼 Davies, Samuel (1723-1761년)

칸트, 임마누엘 Kant, Immanuel (1724-1804년)

로그 칼리지 Log College (약1726년 설립)

레싱, 고트홀트 에프라임 Lessing, Gotthold Ephraim (1729-1781년)

재럿, 데브로 Jarratt, Devereux (1733-1801년)

페인, 토머스 Paine, Thomas (1737-1809년)

애즈베리, 프랜시스 Asbury, Francis (1745-1816년)

드와이트, 티머시 Dwight, Timothy (1752-1817년)

이신론 Deism

맥그리디, 제임스 McGready, James (약1758-1817년)

앨런, 리처드 Allen, Richard (1760-1831년)

캐리, 윌리엄 Carey, William (1761-1834년)

알렉산더, 아치볼드 Alexander, Archibald (1772-1851년)

호바트, 존 헨리 Hobart, John Henry (1775-1830년)

비처, 라이먼 Beecher, Lyman (1775-1863년)

채닝, 윌리엄 엘러리 Channing, W. E. (1780-1842년)

밀러, 윌리엄 Miller, William (1782-1849년)

자유감리교회 Free Methodist Church

저드슨, 아도니람 Judson, Adoniram (1788-1850년)
캠벨, 알렉산더 Campbell, Alexander (1788-1866년)
피니, 찰스 그랜디슨 Finney, Charles G. (1792-1875년)
하지, 찰스 Hodge, Charles (1797-1878년)

19세기

터너, 내트 Turner, Nat (1800-1831년)
다비, 존 넬슨 Darby, John Nelson (1800-1882년)
케인 리지 부흥 Cane Ridge Revival (1801년)
영, 브리검 Young, Brigham (1801-1877년)
뉴먼, 존 헨리 Newman, John Henry (1801-1890년)
옥스퍼드 운동 (소책자 운동) Oxford Movement (Tractarian Movement)
캠프 집회 Camp meeting
쓰러짐 체험 Falling exercises
부슈넬, 호러스 Bushnell, Horace (1802-1876년)
귀츨라프, 카를 Gützlaff, Karl Friedrich August (1803-1851년)
포이어바흐, 루트비히 안드레아스 Feuerbach, Ludwig Andreas (1804-1872년)
스미스, 조셉 Smith, Joseph (1805-1844년)
건초더미 기도회 Haystack Prayer Meeting (1806년)
파머, 피비 W. Palmer, Phoebe W. (1807-1874년)
다윈, 찰스 Darwin, Charles (1809-1882년)
미국해외선교회 American Board of Commissioners for Foreign Missions (1810년 설립)
맥코시, 제임스 McCosh, James (1811-1894년)
키에르케고르, 쇠얀 오브이 Kierkegaard, Søren (1813-1855년)
하지, 아치볼드 알렉산더 Hodge, Archibald Alexander (1820-1886년)
와이트, 엘런 White, Ellen (1827-1915년)
순회 전도자 Circuit rider
부스, 윌리엄 Booth, William (1829-1912년)
플리머스 형제단의 창립 Plymouth Brethren founded
모르몬교의 형성 Mormons formed
성공회 고교회파 Anglo-Catholic
오벌린 칼리지 Oberlin College (1833년 설립)
카이퍼, 아브라함 Kuyper, Abraham (1837-1920년)
무디, 드와이트 L. Moody, Dwight L. (1837-1899년)
토마스, 로버트 저메인 Thomas, Robert Jermain (1840-1866년)
브릭스, 찰스 어거스티스 Briggs, Charles A. (1841-1913년)
이수정 Sujeong Lee (1842-1886년)
로스, 존 Ross, John (1842-1915년)
벨하우젠, 율리우스 Wellhausen, Julius (1844-1918년)
세대주의 Dispensationalism

구도자석, 혹은 애도자의 좌석 Anxious bench or mourner's bench
워필드, 벤저민 B. Warfield, Benjamin B. (1851-1921년)
러셀, 찰스 T. Russell, Charles T. (1852-1916년)
프로이트, 지그문트 Freud, Sigmund (1856-1939년)
아펜젤러, 헨리 거하드 Appenzeller, Henry Gerhard (1858-1902년)
앨런, 호러스 뉴턴 Allen, Horace Newton (1858-1932년)
『종의 기원』 (찰스 다윈의) *On the Origin of Species* by Charles Darwin (1859년)
언더우드, 호러스 그랜트 Underwood, Horace Grant (1859-1916)
라우쉔부시, 월터 Rauschenbusch, Walter (1861-1918년)
구세군의 창립 Salvation Army established (1865년)
길선주 Seonju Gil/Kil Sun Ju (1869-1935년)
시모어, 윌리엄 J. Seymour, William J. (1870-1922년)
『인간의 유래』 (찰스 다윈의) *The Descent of Man* by Charles Darwin (1871년)
파럼, 찰스 Parham, Charles F. (1873-1929년)
김익두 Ikdu Kim (1874-1950년)
코핀, 헨리 슬론 Coffin, Henry Sloane (1877-1954년)
성서 비평 Biblical criticism
양식사 (포름게쉬히테) *Formgeschichte* (Form history)
나이아가라 사경회 Niagara Conferences (1883-1897년)
불트만, 루돌프 Bultmann, Rudolf (1884-1976년)
여호와의 증인 창립 Jehovah's Witnesses founded
포스딕, 해리 에머슨 Fosdick, Harry Emerson (1878-1969년)
메이첸, 존 그레섬 Machen, J. Gresham (1881-1937년)
크리스천 사이언스 Christian Science
제중원 Chejungwon 광혜원 (1885년 설립)
이화학당 Ihwa Hakdang (1886년 설립)
바르트, 칼 Barth, Karl (1886-1968년)
풀러, 찰스 E. Fuller, Charles E. (1887-1969년)
브룬너, 에밀 Brunner, Emil (1889-1966년)
네비우스 정책 The Nevius Plan
맥퍼슨, 에이미 셈플 McPherson, Aimee Semple (1890-1944년)
니버, 라인홀드 Niebuhr, Reinhold (1892-1971년)
주기철 Gicheol Ju (1897-1944년)
박형룡 Hyung-Ryong Park (1897-1978년)
니버, H. 리처드 Niebuhr, Richard (1894-1962년)
근본주의 Fundamentalism

20세기

은사 운동 Charismatic movement
베델 성경 학교 Bethel Bible College

동양선교회 Oriental Missionary Society
이성봉 Seongbong Lee (1900-1965년)
평양신학교 Presbyterian Theological Seminary in Pyongyang (1901-1938년)
이용도 Yongdo Lee (1901-1933년)
김교신 Gyosin Kim (1901-1945년)
김재준 Jaejoon Kim (1901-1987년)
YMCA(조선기독교청년회) (1903년 설립)
한경직 Kyung-Chik Han (1903-2000년)
뒤 플레시, 데이비드 Du Plessis, David (1905-1987년)
박윤선 Yun Sun Park (1905-1988년)
아주사 스트리트 부흥 Azusa Street Mission Revival (1906년)
본회퍼, 디트리히 Bonhoeffer, Dietrich (1906-1945년)
평양 대부흥 Great Pyongyang Revival
협성신학교 Methodist Theological Seminary (1907년 설립)
105인 사건 105-Men Incident or the "Christian Conspiracy Case" (1910-1911년)
『근본적 원칙들』 The Fundamentals (1910-1915년)
헨리, 칼 F. H. Henry, Carl F. H. (1913-2003년)
하나님의 성회 Assemblies of God (1914년)
그래함, 윌리엄('빌리') 프랭클린 Graham, William Franklin "Billy" (1918-2018년)
3.1운동과 기독교 March 1st Movement and Christianity (1919년)
스콥스 재판 Scopes Trial (1925년)
김준곤 Joon Gon Kim (1925-2009년)
『환상의 미래』 (지그문트 프로이트의) The Future of An Illusion by Sigmund Freud (1927년)
킹 주니어, 마틴 루터 King, Martin Luther King, Jr. (1929-1968년)
과학적 인본주의 Scientific humanism
신사참배 Shinto Shrine Worship
인본주의 선언 Humanist Manifesto (1933년)
고백교회, (독일) Confessing Church, Germany
바르멘 선언(문) Barman Declaration (1934년)
정통장로교회 Orthodox Presbyterian Church (1936년 설립)
조용기 David Yonggi Cho (1936-2021년)
신복음주의자 Neo-Evangelicalism (20세기 중반)
바티칸 공의회, 제2차 Vatican II (1962-1965년)
해방신학 Liberation theology (1968년)

표제어 영문 색인

A

Abelard, Peter (Pierre) 아벨라르, 피에르
Act of Supremacy 수장령
Acts of Uniformity 통일령
ad fontes 아드 폰테스
adoptionism 양자설, 그리스도
adventism 안식교 (*밀러, 윌리엄; *와이트 앨런을 보라.)
aeon 아이온 (*영지주의를 보라.)
Albertus Magnus, St. 알베르투스 마그누스, 성
Albigensians (or Albigenses) 알비파
Alcuin 앨퀸
Alexander, Archibald 알렉산더, 아치볼드
Alexandrian school 알렉산드리아학파
allegorical interpretation 풍유적 해석
allegory of the cave 동굴의 비유
Allen, Richard 앨런, 리처드
Ambrose of Milan, St. 암브로시우스, 밀라노의 성
American Board of Commissioners for Foreign Missions 미국해외선교회
Ames, William 에임스, 윌리엄
Anabaptists 아나뱁티스트
anchorite (m.), anchoress (f.) 은자
Anglican, Anglicanism 성공회
Anglo-Catholic, Anglo-Catholicism 성공회 고교회파
Anselm of Canterbury, St. 안셀무스, 캔터베리의 성
Ante-Nicene 니케아 공의회 이전의
Anthony (or Antony), St. 안토니우스, 성
antinomianism 도덕률 폐지론
Antiochene school 안티오키아학파
anxious bench, or mourner's bench 구도자석, 혹은 애도자의 좌석
Apocrypha 외경
Apollinarianism 아폴리나리우스주의
apologist 변증가
apostolic fathers 사도 교부
Aquinas 아퀴나스 (*토마스 아퀴나스를 보라.)
Arianism 아리우스주의
Aristides, St. 아리스티데스, 성
Aristotle 아리스토텔레스
Arius 아리우스 (*아리우스주의를 보라.)
Arminianism 아르미니우스주의
Arminius, Jacobus 아르미니우스, 야코부스 (*아르미니우스주의를 보라.)
Asbury, Francis 애즈베리, 프랜시스
asceticism 금욕주의
assumption of the Blessed Virgin Mary 성모승천
Athanasius, St. 아타나시우스, 성
Athenagoras 아테나고라스
Augsburg Confession 아우크스부르크 신앙고백(문)(서)
Augustine of Canterbury, St. 아우구스티누스, 캔터베리의 성
Augustine of Hippo, St. 아우구스티누스, 히포의 성
Authorized Version 흠정역 성경 (*킹 제임스 성경을 보라.)
Azusa Street revival 아주사 스트리트 부흥

B

Babylonian Captivity of the church 교회의 바빌로니아 유수
Barmen Declaration 바르멘 선언(문)
Barth, Karl 바르트, 칼
Basil of Caesarea, St. 바실리우스, 카이사리아의
Battle of Tours 투르 전투
Baxter, Richard 백스터, 리처드

Bay Psalm Book 『베이 시편찬송가』
Becket, St. Thomas à 베케트, 성 토머스 아
Bede, St. 베다, 성
Beecher, Lyman 비처, 라이먼
Beguines 베긴회
believers' baptism 신자의 세례
Benedict of Nursia, St. 베네딕투스, 누르시아의 성
Bernard of Clairvaux, St. 베르나르, 클레르보의 성
Beza, Theodore 베자, 테오도르
biblical criticism 성서 비평
Biel, Gabriel 비엘, 가브리엘
Bonaventure, St. 보나벤투라, 성
Bonhoeffer, Dietrich 본회퍼, 디트리히
Boniface of Germany, St. 보니파티우스, 독일의 성
Boniface VIII 보니파시오 8세
Book of Common Prayer 성공회 기도서
Booth, William 부스, 윌리엄
Bora, Katharina von 보라, 카타리나 폰
Brainerd, David 브레이너드, 데이비드
Brethren of the Common Life 공동생활 형제단
Briggs, Charles Augustus 브릭스, 찰스 오거스터스
Brunner, Emil 브룬너, 에밀
Bucer (or Butzer), Martin 부처, 마르틴
Bullinger, Heinrich 불링거, 하인리히
Bultmann, Rudolf 불트만, 루돌프
Bunyan, John 버니언, 존
Bushnell, Horace 부슈넬, 호러스

C

Caedmon, St. 캐드먼, 성
Calvin, John 칼뱅, 장
Calvin's *Institutes* 칼뱅의 『기독교 강요』
Cambridge Platform 케임브리지 강령
camp meeting 캠프 집회
Campbell, Alexander 캠벨, 알렉산더
Cane Ridge revival 케인 리지 부흥
canon law 교회법
canon of Holy Scripture 정경, 성경의
Cappadocian fathers 카파도키아 교부
Capuchin, Order of Friars Minor 카푸친 작은형제회
cardinal 추기경
Carey, William 캐리, 윌리엄
Carmelites 가르멜회
Cassian, St. John 카시아누스, 성 요한
Cathars (Cathari) 카타리파
cathedral 대성당
Catherine of Siena, St., (Santa Caterina da Siena) 카테리나, 시에나의 성
Catholic reformation, Counter-Reformation 가톨릭 종교개혁, (로마)
Celtic churches 켈트 교회
Cenobitic monasticism, coenobitic- 공동체 수도생활
Chalcedon, Council of 칼케돈 공의회 (*공의회, 칼케돈을 보라.)
Channing, William Ellery 채닝, 윌리엄 엘러리
Charlemagne 카롤루스 대제
Charles I 찰스 1세
Charles Martel 카롤루스 마르텔루스
Charles V 카를 5세
Chauncy, Charles 촌시, 찰스
Chauncy, Charles 촌시, 찰스
chiliasm 천년왕국설
Christian humanism 기독교 인문주의
Christian Science 크리스천 사이언스
circuit rider 순회 전도자
Cistercians 시토회
City of God, the (De Civitate Dei) 『신국론』(神國論)
Clement of Alexandria 클레멘스, 알렉산드리아의

Clement of Rome, St. 클레멘스, 로마의 성
Cluny 클뤼니
Coffin, Henry Sloane 코핀, 헨리 슬론
Colet, John 콜레트, 존
Columba, St. (Colum Cille) 콜롬바, 성 (콜럼 실)
Columbanus, St. 콜룸바누스, 성
Confessing Church 고백교회, (독일)
Congregationalist ecclesiology 회중주의 교회론
consistory 콘시스토리움
Constance, Council of 콘스탄츠 공의회 (*공의회, 콘스탄츠를 보라.)
Constantine the Great 콘스탄티누스 대제
Constantinople, Council of 콘스탄티노플 공의회 (*공의회, 콘스탄티노플을 보라.)
consubstantiation 공재설
Copernicus, Nicholas 코페르니쿠스, 니콜라스
Council of Chalcedon 공의회, 칼케돈
Council of Constance 공의회, 콘스탄츠
Council of Constantinople 공의회, 콘스탄티노플
Council of Ephesus 공의회, 에페수스
Council of Nicaea 공의회, 니케아
Council of Orange 공의회, 오랑주
Council of Pisa 공의회, 피사
Council of Trent 공의회, 트렌트
Counter-Reformation 반동 종교개혁 (*가톨릭 종교개혁을 보라.)
covenant theology 언약신학
Covenanters 언약도
Coverdale, Miles 커버데일, 마일스
Cranmer, Thomas 크랜머, 토머스
Cromwell, Thomas 크롬웰, 토머스
Crusades 십자군
Cyprian, St. 키프리아누스, 성

Cyril of Alexandria, St. 키릴루스, 알렉산드리아의 성
Cyril of Jerusalem, St. 키릴루스, 예루살렘의 성

D

Dante Alighieri 단테 알리기에리
Darby, John Nelson 다비, 존 넬슨
Darwin, Charles 다윈, 찰스
Davies, Samuel 데이비스, 새뮤얼
deacon 집사
Decius 데키우스
deism 이신론
Descent of Man, The 『인간의 유래』
devotio moderna 데보티오 모데르나
Didache 『디다케』
Diet of Speyer, Second 슈파이어 의회, 제2차
Diet of Worms 보름스 의회
Diocletian 디오클레티아누스
dispensationalism 세대주의
docetism 가현설
Domitian, Titus Flavius 도미티아누스, 티투스 플라비우스
Donation of Constantine 콘스탄티누스 증여 문서
Donatism 도나투스주의
Du Plessis, David 뒤 플레시, 데이비드
Duns Scotus, John 둔스 스코투스, 요한
Dunster, Henry 던스터, 헨리
Dwight, Timothy 드와이트, 티머시
dynamic monarchianism 역동적 단일신론

E

Ebionitism 에비온주의
Ecclesiastical History of the English Nation 『잉글랜드 국민의 교회사』
Eck, Johann 에크, 요한
Eckhart, Meister 에크하르트, 마이스터

Edict of Milan 밀라노 칙령
Edict of Nantes 낭트 칙령
Edward VI 에드워드 6세
Edwards, Jonathan 에드워즈, 조나단
Elizabeth I 엘리자베스 1세
Ephesus, Council of 에페수스 공의회 (*공의회, 에페수스를 보라.)
Epicureanism 에피쿠로스학파
Epiphany 주현절
episcopal church government 주교제 교회 정치
Erasmus, Desiderius 에라스무스, 데시데리우스
Erigena (Eriugena), John Scotus 에리게나(에리우게나), 요하네스 스코투스
eucharistic controversy 성찬 논쟁
Eusebius of Caesarea 에우세비우스, 카이사리아의
Eutyches 에우티케스
excommunication 출교
Exsurge Domine 「엑수르게 도미네」
extreme unction (last rites) 병자성사 (종부성사)

F
falling exercises 쓰러짐 체험
Farel, Guillaume 파렐, 기욤
Feuerbach, Ludwig Andreas 포이어바흐, 루트비히 안드레아스
Ficino, Marsilio 피치노, 마르실리오
fideism 신앙주의
filioque 필리오케
Finney, Charles Grandison 피니, 찰스 그랜디슨
Formgeschichte 양식사(포름게쉬히테)
forms (Platonic) 형상, (플라톤의)
Formula of Concord 일치 신조
Fosdick, Harry Emerson 포스딕, 해리 에머슨
Fox, George 폭스, 조지

Foxe, John 폭스, 존
Francis of Assisi, St. 프란체스코, 아시시의 성
Francis Xavier, St. 하비에르, 성 프란치스코
Francke, August Hermann 프랑케, 아우구스트 헤르만
Frelinghuysen, Theodore 프렐링하이즌, 시어도어
Freud, Sigmund 프로이트, 지그문트
Fuller, Charles E. 풀러, 찰스 E.
fundamentalism 근본주의
Fundamentals, The 『근본적 원칙들』
Future of an Illusion, The 『환상의 미래』

G
Galilei, Galileo 갈릴레이, 갈릴레오
Gardiner, Stephen 가디너, 스티븐
General Baptists 침례교, 일반
Gnosticism 영지주의
Gottschalk 고트샬크
Graham, William ("Billy") Franklin 그래함, 윌리엄('빌리') 프랭클린
Great Awakening 대각성
Great Schism 대분열
Grebel, Conrad 그레벨, 콘라트
Gregory I 그레고리오 1세
Gregory of Nazianzus, St. 그레고리우스, 나지안주스의 성
Gregory of Nyssa, St. 그레고리우스, 니사의 성
Gregory VII, St. 그레고리오 7세, 성
Gross Münster 그로스 뮌스터
Grotius, Hugo 흐로티위스, 휘호
Gutenberg, Johannes 구텐베르크, 요하네스

H
hagiography 성인전

Half-Way Covenant 중도 언약
Hamilton, Patrick 해밀턴, 패트릭
Harvard College 하버드 칼리지
Haystack Prayer Meeting 건초더미 기도회
Heidelberg Confession 하이델베르크 신앙고백(문)(서)
Helena 헬레나
Helwys, Thomas 헬위스, 토머스
Henry VIII 헨리 8세
Henry, Carl F. H. 헨리, 칼 F. H.
Hexapla 『헥사플라』
higher criticism 고등 비평
Hobart, John Henry 호바트, 존 헨리
Hodge, Archibald Alexander 하지, 아치볼드 알렉산더
Hodge, Charles 하지, 찰스
Holiness churches 성결교회
Hooker, Richard 후커, 리처드
Hooker, Thomas 후커, 토머스
Hopkins, Samuel 홉킨스, 새뮤얼
Hubmaier, Balthasar 후브마이어, 발타자르
Huguenots 위그노
humanism 인문주의
Humanist Manifesto 인본주의 선언
Hus, Jan (Huss, John) 후스, 얀
Hutchinson, Anne 허친슨, 앤
Hutterites 후터파

I

Ibn Rushd 이븐 루슈드
icon 성상
Ignatius 이그나티우스
Ignatius of Loyola, St. 이그나티우스, 로욜라의 성
immaculate conception 무염시태
Index of Prohibited Books 금서 목록
indulgences 면벌부
inner light 내면의 빛
Innocent III 인노첸시오 3세
Inquisition 종교재판
Investiture Controversy 성직 임명권 논쟁
Irenaeus, St. 이레네우스, 성
Islam 이슬람교

J

James I 제임스 1세
Jarratt, Devereux 재럿, 데브로
Jehovah's Witnesses 여호와의 증인
Jeremiad 애가
Jerome (Eusebius Hieronymous Sophronius), St. 히에로니무스, 성
Jesuits (Society of Jesus) 예수회
Joachim of Fiore 요아킴, 피오레의
John Chrysostom 크리소스토무스, 요한
John of Damascus, St. 요한, 다마스쿠스의 성
John of Leyden 얀 판 레이던
Judson, Adoniram 저드슨, 아도니람
Julian of Norwich 줄리안, 노리치의
Julian the Apostate 율리아누스, 배교자
justification by faith 이신칭의
Justin Martyr, St. 유스티누스, 순교자 성
Justinian I 유스티니아누스 1세

K

Kant, Immanuel 칸트, 임마누엘
Kierkegaard, Søren Aabye 키에르케고르, 쇠얀 오브이
King James Version 킹 제임스 성경
King, Martin Luther, Jr. 킹 주니어, 마틴 루터
Kino, Eusebio 키노, 유세비오
Knights Templar 성전 기사단
Knox, John 녹스, 존
Kuyper, Abraham 카이퍼, 아브라함

L

last rites 종부성사 (*병자성사를 보라.)
Lateran Council, Fourth 공의회, 제4차 라테란
Lateran Councils 공의회들, 라테란
Latimer, Hugh 라티머, 휴
Laud, William 로드, 윌리엄
Lefèvre d'Étaples, Jacques (Faber, Jacobus) 르페브르 데타플, 자크
Lent 사순절
Lessing, Gotthold Ephraim 레싱, 고트홀트 에프라임
liberalism 자유주의
liberation theology 해방신학
Log College 로그 칼리지
Lollards 롤라드파
lower criticism 저등 비평 (*본문 비평을 보라.)
Luther, Martin 루터, 마르틴

M

Machen, J. Gresham 메이첸, 존 그레셤
Macrina the Younger, St. 마크리나, 소(小) 성
Magna Mater 마그나 마테르
Malleus maleficarum 『말레우스 말레피카룸』
Manichaeism 마니교
Marburg Colloquy 마르부르크 회담
Marcella, St. 마르켈라, 성
Marcion 마르키온
Marian exiles 메리 치하의 망명자들
Marian martyrs 메리 치하의 순교자들
Martin of Tours, St. 마르탱, 투르의 성
Mary Tudor 메리 튜더
Mather, Cotton 매더, 코튼
Mather, Increase 매더, 인크리스
McCosh, James 맥코시, 제임스
McGready, James 맥그리디, 제임스
McPherson, Aimee Semple 맥퍼슨, 에이미 셈플
meetinghouse 집회소
Melanchthon, Philipp 멜란히톤, 필리프
Mennonites 메노파
metropolitan 대주교
millennialism 천년왕국설
Miller, William 밀러, 윌리엄 (*밀러파를 보라.)
Millerites 밀러파
modalism 양태론
Monica 모니카
monophysitism 단성론
monothelitism 단의론
monothelitism 단일신론
Montanus 몬타누스
Moody, Dwight L. 무디, 드와이트 L.
Moravian Brethren 모라비아 형제단
More, Thomas 모어, 토머스
Mormon 모르몬교
Muhammad 무함마드
Muhlenberg, Henry Melchior 뮬렌버그, 헨리 멜키오르
Münsterites 뮌스터파
Muratorian canon 무라토리 정경
mystery religions 신비 종교
mysticism, Christian 신비주의, 기독교

N

natural selection 자연선택
neo-evangelical 신복음주의자
Neo-Platonism 신플라톤주의
Nero, Claudius 네로, 클라우디우스
Nestorianism 네스토리우스주의
New Learning 신학문
Newman, John Henry 뉴먼, 존 헨리
Niagara Bible Conferences 나이아가라 사경회
Nicaea, Council of 니케아 공의회 (*공의회, 니케아를 보라.)
Nicholas of Cusa 니콜라우스 쿠자누스

Niebuhr, H. Richard 니버, H. 리처드
Niebuhr, Reinhold 니버, 라인홀드
Ninian, St. 니니아누스, 성
nominalism 유명론 (*실재론과 유명론을 보라.)
Novatianism 노바티아누스주의
Novum Testamentum 『노붐 테스타멘툼』

O

Oberlin College 오벌린 칼리지
Ochino, Bernardino 오치노, 베르나르디노
Oecolampadius, Johannes (Hussgen) 외콜람파디우스, 요하네스
On Christian Doctrine 『기독교 교양』
On the Trinity 『삼위일체론』
Orange, Council of 오랑주 공의회 (*공의회, 오랑주를 보라.)
Oratory of Divine Love 신의 사랑 오라토리오회
Origen 오리게네스
Owen, John 오웬, 존
Oxford Movement (or Tractarian Movement) 옥스퍼드 운동 (소책자 운동)

P

Pachomius, St. 파코미우스, 성
paedobaptism 유아 세례
Paine, Thomas 페인, 토머스
Palmer, Phoebe W. 파머, 피비 W.
Papias 파피아스
Parham, Charles F. 파럼, 찰스
Particular Baptists 침례교, 특수
Pascal, Blaise 파스칼, 블레즈
Patrick of Ireland, St. 파트리키우스, 아일랜드의 성
patripassianism 성부 수난설
Paul of Samosata 바울, 사모사타의
Paula, St. 파울라, 성
Paulicians 바울파
Peace of Westphalia 베스트팔렌 조약
Peasants' Revolt, German 농민 반란, 독일의
Pelagianism 펠라기우스주의
Pelagius 펠라기우스
Pentecostalism 오순절 운동
perpetual virginity 평생 동정
Peter Lombard 롬바르두스, 페트루스
Peter Martyr Vermigli 베르미글리, 피에트로 마르티레
pietism 경건주의 (*프랑케, 아우구스트 헤르만; *슈페너, 필리프 야코프를 보라.)
Pilgrim's Progress, The 『천로역정』
Pilgrims 필그림
Pisa, Council of 피사 공의회 (공의회, 피사를 보라.)
Plato 플라톤
Plymouth Brethren 플리머스 형제단
Polycarp, St. 폴리카르푸스, 성
Post-Nicene fathers 니케아 공의회 이후의 교부들
presbyterian church government 장로교 교회 정치
priesthood of all believers 만인 제사장설
primogeniture 장자 상속제
printing with movable type 활판 인쇄술
purgatory 연옥
Puritans 청교도

Q

quietism 정적주의

R

Radbert (Paschasius Radbertus), St. 라드베르투스, 성 파스카시우스
ransom-to-Satan theory of atonement 속전설
Ratram (Ratramnus) 라트람누스 (라트람)

Rauschenbusch, Walter 라우센부시, 월터
realism and nominalism 실재론과 유명론
recapitulation theory of the atonement 총괄갱신설
Reimarus, Hermann S. 라이마루스, 헤르만 S.
relic 유해(遺骸)
Reuchlin, Johannes 로이힐린, 요하네스
Roman peace 팍스 로마나
Roman syncretism 로마의 혼합주의
rule of faith (*regula fidei*) 레굴라 피데이
Russell, Charles T. 러셀, 찰스 T.

S

Sabellianism 사벨리우스주의 (*양태론을 보라.)
Salvation Army 구세군
Savonarola, Girolamo 사보나롤라, 지롤라모
Schism of 1054 (the East-West Schism 또는 Great Schism으로도 알려진) 분열, 1054년의
Schleiermacher, Friedrich 슐라이어마허, 프리드리히
Schmalkaldic Articles, Smalcald- 슈말칼트 신조
Scholastica, St. 스콜라스티카, 성
scientific humanism 과학적 인본주의
Scopes Trial 스콥스 재판
Scotch-Irish (Scots Irish) 스코틀랜드계 아일랜드인들
Seekers 구도자들
Semipelagianism 반(半)펠라기우스주의
Serra, Junipero 세라, 후니페로
Seymour, William J. 시모어, 윌리엄 J.
Simon the Stylite 시메온, 주행자
Simons, Menno (Simonszoon or Simon's son) 시몬스, 메노
Six Articles 6개 조항
Smith, Joseph 스미스, 조셉
social gospel 사회 복음
Socinianism 소키누스주의
Sojourner Truth, or Isabella Baumfree 소저너 트루스, 이저벨라 바움프리
sola scriptura 오직 성경
Spanish Inquisition 종교재판, 스페인
SPCK (the Society for Promoting Christian Knowledge) 기독교 지식 보급 협회
Spener, Philipp Jakob 슈페너, 필리프 야코프
SPG (the Society for the Propagation of the Gospel in Foreign Parts) 외지 복음 전파회
Spiritual Exercises, The 『영신 수련』
St. Bartholomew's Day Massacre 성 바르톨로뮤 축일의 대학살
Staupitz, Johann von 슈타우피츠, 요한 폰
Stearns, Shubal 스턴스, 슈벌
Stoddard, Solomon 스토더드, 솔로몬
Stoicism 스토아주의
Stone, Barton W. 스톤, 바턴 W.
Synod of Dort 도르트 총회
Synod of Whitby, Council of Whitby 공의회, 위트비

T

Tennent, Gilbert 테넌트, 길버트
Tennent, William 테넌트, 윌리엄
Teresa of Avila, St. 테레사, 아빌라의 성
Tertullian, Quintus Septimius Florens 테르툴리아누스, 퀸투스 셉티미우스 플로렌스
textual criticism 본문 비평
Thecla, St. 테클라, 성
Theodotus, "The Cobbler" 테오도투스, 비잔티움의

Theophilus 테오필루스
Thirty-Nine Articles 39개 신조
Thomas à Kempis 토마스 아 켐피스
Thomas Aquinas, St. 토마스 아퀴나스, 성
Tractarians 소책자 운동가
Trajan 트라야누스
treasury of merit (treasury of the church) 공로의 보고(교회의 보고)
Trent, Council of 트렌트 공의회 (*공의회, 트렌트를 보라.)
Tridentine Profession of Faith 트렌트 신앙고백(문)(서)
Turner, Nat 터너, 내트
Tyndale, William 틴들, 윌리엄

U

uniformitarianism 균일설
Unitarianism 유니테리언주의

V

Valla, Lorenzo 발라, 로렌초
Vandals 반달족
Vatican I, or First Vatican Council 공의회, 제1차 바티칸
Vatican II 공의회, 제2차 바티칸
via media 비아 메디아
Vulgata, Latin Vulgate 불가타

W

Waldensians 왈도파
Warfield, Benjamin B. 워필드, 벤저민 B.
Wellhausen, Julius 벨하우젠, 율리우스
Wesley, Charles 웨슬리, 찰스
Wesley, John 웨슬리, 존
Westminster Confession 웨스트민스터 신앙고백(문)(서)
Whitby, Council of 위트비 공의회 (*공의회, 위트비를 보라.)
White Horse Inn, The 와이트 호스 여관
White, Ellen 와이트, 엘런
Whitefield, George 윗필드, 조지
William of Ockham 윌리엄, 오컴의
Williams, Roger 윌리엄스, 로저
Wolsey, Thomas 울지, 토머스
Wyclif (or Wycliffe), John 위클리프, 존

X

Ximenes, Francisco 히메네스, 프란치스코

Y

Young, Brigham 영, 브리검

Z

Zinzendorf, Count Nikolaus Ludwig Graf von 친첸도르프 백작, 니콜라우스 루트비히 그라프 폰
Zwingli, Ulrich (or Huldreich) 츠빙글리, 울리히

IVP(InterVarsity Press)는
캠퍼스와 세상 속의 하나님 나라 운동을 지향하는
IVF(InterVarsity Christian Fellowship)의 출판부로
생각하는 그리스도인을 위한 문서 운동을 실천합니다.

교회사 용어 사전

초판 발행_ 2022년 8월 29일

지은이_ 네이선 P. 펠드머드·이재근(한국 교회사 부분 저자 및 번역 감수)
옮긴이_ 송동민
펴낸이_ 정모세

펴낸곳_ 한국기독학생회출판부
등록번호_ 제2001-000198호.(1978.6.1)
주소_ 04031 서울시 마포구 동교로 156-10
대표 전화_ (02)337-2257 팩스_ (02)337-2258
영업 전화_ (02)338-2282 팩스_ 080-915-1515
홈페이지_ http://www.ivp.co.kr 이메일_ ivp@ivp.co.kr
ISBN 978-89-328-1949-5 94230
    978-89-328-1876-4 94230(세트)

ⓒ 한국기독학생회출판부 2022

책값은 뒤표지에 있습니다.
무단 전재와 복제를 금합니다.